기독교문서선교회(Christian Literature Center: 약칭 CLC)는 1941년 영국 콜체스터에서 켄 아담스에 의해 시작되었으며 국제 본부는 미국 필라델피아에 있습니다. 국제 CLC는 59개 나라에서 180개의 본부를 두고, 약 650여 명의 선교사들이 이동도서차량 40대를 이용하여 문서 보급에 힘쓰고 있으며 이메일 주문을 통해 130여 국으로 책을 공급하고 있습니다. 한국 CLC는 청교도적 복음주의 신학과 신앙서적을 출판하는 문서선교기관으로서, 한 영혼이라도 구원되길 소망하면서 주님이 오시는 그날까지 최선을 다할 것입니다.

이승우 교수의 설교학 강의

10강으로 끝내는
설교학 이론편

What is Preaching?
Written by Seung Woo Lee
All rights reserved.
Korean Edition Copyright ⓒ 2024 by Christian Literature Center, Seoul, Korea.

10강으로 끝내는 설교학(이론편)

2024년 04월 15일 초판 발행

지 은 이	이승우
편 집	이신영
디 자 인	서민정, 이보래
펴 낸 곳	(사)기독교문서선교회
등 록	제16-25호(1980. 1. 18.)
주 소	서울특별시 동대문구 천호대로71길 39
전 화	02-586-8761-3(본사) 031-942-8761(영업부)
팩 스	02-523-0131(본사) 031-942-8763(영업부)
이 메 일	기독교문서선교회kor@gmail.com
홈페이지	www.기독교문서선교회book.com
송금계좌	기업은행 073-000308-04-020 (사)기독교문서선교회
일련번호	2024-43

ISBN 978-89-341-2678-2 (93230)

이 책의 출판권은 (사)기독교문서선교회가 소유합니다.
신저작권법에 의하여 한국 내에서 보호받는 저작물이므로 무단 전재와 무단 복제를 금합니다.

What is Preaching?

10강으로 끝내는
설교학

이론편

이승우 지음

CLC

목차

저자 서문   8

제1장   설교학의 이해   10

    1. 설교학에 관한 오해   10
    2. 설교학의 관심사   12
    3. 설교학의 위치: 실천신학으로서의 설교학   15
    4. 설교란 무엇인가?   17

제2장   설교의 5요소: 예배   28

    1. 설교를 설교 되게 하는 설교의 구성 요소   28
    2. 설교의 5요소   30
    3. 예배의 이해   37
    4. 예배와의 관계성에 발견하는 설교의 목적과 내용   57

10강으로 끝내는 설교학 (이론편)

제3장 설교의 5요소: 하나님   59

    1. 설교의 주인공은 하나님   59
    2. 성도들이 원하는 것은?   61
    3. 어떻게 하나님을 드러낼 것인가?   66
    4. 설교에서 하나님을 제거해 버림   72
    5. 설교가 설교 되게 하시는 분, 하나님   79
    6. 만들어 낼 수 없는 하나님의 은혜   82

제4장 설교의 5요소: 설교자   83

    1. 설교에서 설교자의 역할   84
    2. 하나님의 자리를 자치하는 설교자   85
    3. 수사학과 에토스(ethos)   89
    4. 설교자를 넘어서는 설교   93
    5. 설교자 이미지 이해   100
    6. 준비된 설교자가 되라   105
    7. 설교자를 부르시고 사용하시는 하나님   111

목차

제5장 설교의 5요소 : 청중 — 113
1. 청중은 누구인가? — 113
2. 설교에서 청중의 역할 — 121
3. 설교에서의 청중의 적극적 역할 — 128
4. 은혜 받았다는 의미 — 134
5. 청중 분석 — 140

제6장 설교의 5요소: 본문 — 144
1. 본문은 해석되어야 한다 — 145
2. 본문의 왜곡 — 152
3. 하나의 의미 vs 다양한 의미 — 165
4. 본문의 음성에 귀 기울이기 — 172

제7장 본문 주해의 이해 — 175
1. 벗어야 할 안경 — 176
2. 써야 할 안경: 신학적 해석틀 — 192
3. 하나님 중심적 해석 — 196
4. 본문 해석의 기본 원리 — 198

10강으로 끝내는 설교학 (이론편)

제8장　개혁신학의 이해와 하나님 중심 설교　　201

1. 설교를 위한 개혁신학의 이해 필요성　　202
2. 개혁신학이란 무엇인가?　　204
3. 개혁신학의 핵심 강조점　　208
4. 개혁신학적 설교의 이해　　212
5. 개혁신학과 비슷한 이름들　　216
6. 개혁신학적 설교는 하나님 중심 설교　　217

제9장　설교학의 발전 이해　　219

1. 전통적 설교학(The Traditional Homiletics)　　220
2. 신설교학(The New Homiletics)의 이해　　222
3. 후기 신설교학(A Post-New Homiletics)　　225
4. 설교학 발전의 이해를 통한 칼빈 설교 평가　　226
5. 새로운 고민이 필요하다　　245

제10장　하나님 중심 설교　　248

1. 설교란 무엇인가?　　248
2. 하나님 중심 설교　　252

에필로그　　263

참고 문헌　　266

저자 서문

믿음은 들음에서 난다(롬 10:17).

  설교는 하나님의 백성을 만들어 내며, 성장시키는 중요한 수단이다. 그런데 설교가 중요한 만큼 말도 많고 탈도 많다. 교회는 설교를 통해 성장해 왔다. 성경과 기독교 역사는 말씀을 통해서 변화된 많은 사람의 이야기로 가득하다. 하지만, 이것이 언제나 우리의 이야기는 아닐 수 있다.

  말씀을 사모하는 성도들이 마주하는 현실은 만만하지 않다. 성도들은 하나님의 말씀을 기대하며 예배당으로 들어오지만, 들려오는 설교는 지루하고 세상적인 이야기로 가득차 있을 때가 얼마나 많은지 모른다. 성도들은 말씀으로 채워지지 않는 현 상황에 낙심하며 좌절하거나 다른 곳에서 갈급한 영혼을 채우려고 애쓴다.

  주 여호와의 말씀이니라 보라 날이 이를지라 내가 기근을 땅에 보내리니 양식이 없어 주림이 아니며 물이 없어 갈함이 아니요 여호와의 말씀을 듣지 못한 기갈이라 (암 8:11).

잘못된 설교, 부족한 설교는 교회에 독이 되기도 한다. 부족한 설교, 이상한 설교를 하면서 청중에게 경청을 강요하는 것은 믿음이라는 탈을 쓴 폭력이다. 그러므로 설교자들은 더 좋은 설교를 하기 위해서 더 많은 고민과 노력을 해야 한다. 그 고민과 노력에 부족한 본서가 조금이나마 보탬이 되기를 간절히 바란다.

본서는 현재 대신대학교 신학대학원에서 학생들에게 설교학을 가르치는 내용 일부를 정리하여 출판한 것이다. 유학을 마치고 강사로 설교학을 가르칠 기회가 주어졌을 때, 갑자기 15주 강의 계획을 만들어야 해서 난감한 적이 있었다. 그때 스승인 Johan H. Cilliers 교수님의 책 『설교 심포니, 살아 있는 복음의 음성』(기독교문서선교회 刊)의 논의 방식을 빌려 강의안을 만들게 되었고 지금까지 기본 골격을 유지하며 학생들을 지도하고 있다.

그러므로, 본 책은 Cilliers 교수님께 많은 빚을 지고 있다고 해도 과언은 아니다. 물론, Cilliers 교수님뿐 아니라 많은 믿음의 선배들의 영향으로 여기까지 올 수 있었기에 모든 분에게 감사한 마음이다. 특별히 늘 지지해 주고 응원해 준 가족과 주변 동료 교수님들께도 감사한 마음을 전한다.

2024년 2월 대신대학교 연구실에서

제1장

설교학의 이해

1. 설교학에 관한 오해

많은 사람이 설교학을 설교의 전달 기술을 공부하는 학문쯤으로 이해하거나 설교를 잘하는 비법을 가르쳐주는 학문쯤으로 인식한다. 물론, 설교를 어떻게 잘 구성하고 그것을 어떻게 효과적으로 전달할 것인가의 문제도 설교학의 중요한 관심사다. 하지만, 설교학은 그런 설교 전달 방법에만 몰두하지는 않는다.

설교학을 설교 전달 기법만을 다루는 학문이라고 생각하면 오해다. 설교학의 범위는 생각보다 넓다. 설교학은 설교와 관련된 전반적인 영역을 연구한다.

설교학의 관심 분야가 매우 넓고 다양하다는 사실은 설교에 관한 고민이 기교와 방법에만 머물러서는 안 된다는 결론으로 자연스럽게 연결된다. 전달력 좋은 설교가 언제나 좋은 설교라고 말할 수 없다. 말을 잘하는 설교자가 언제나 좋은 설교자라고 말할 수 없는 것과 같다. 전달력이 좋으면 좋은 설교를 할 가능성이 커지지만, 그 반대의 경우도 있을 수 있다.

잘못된 내용을 잘 전하면 어떻게 될지 상상해 보라. 가짜뉴스가 사회를 혼탁하게 하는 것과 마찬가지로 잘못된 설교 내용을 잘 전달하면 성도들을 잘못된 길로 더 잘 인도하는 결과를 가져올 수밖에 없다. 그러므로 전달력만으로 설교를 판단할 수 없다. 물론, 좋은 설교는 전달력이 뛰어나겠지만 그 이상의 많은 요소가 어우러져 만들어진다. 결국, 좋은 설교, 올바른 설교를 위해서 효과적으로 메시지를 전달하는 기술뿐만 아니라, 더 다양하고 다방면의 고민이 필요하다.

설교를 잘한다는 것은 단순히 말을 재미있게 하거나 청중들을 잘 집중하게 만드는 것 이상의 의미가 있다. 많은 사람이 좋아하고 호응한다고 할지라도 어떤 설교는 나쁜 설교일 수 있다. 반대로 사람들의 호응을 제대로 끌어내지 못했지만, 오히려 그 설교가 바른 설교일 수 있다. 선지자들의 예언은 많은 경우 사람들에게 외면당했다. 그렇다고 그들이 전한 메시지가 잘못된 것이라고 말할 수 없다. 예수님을 생각해 보라. 예수님의 가르침은 많은 종교지도자에게 공격당했다. 스데반은 설교 후 순교 당했다. 결국, 우리의 고민이 전달 기술의 문제에만 머물러서는 안 된다는 결론에 이를 수밖에 없다.

그렇다면, 설교를 잘한다는 것은 무엇인지 고민해 보자.

하나님 앞에서 추구해야 하는 바른 설교는 어떤 모습이어야 할까?

앞서 언급했던 것처럼 설교는 단순하게 내용을 잘 전달하는 말의 기술에 관한 것만이 아니다. 설교는 다양한 과정을 거쳐서 청중들에게 전달된다.

설교는 기본적으로 성경 본문에 대한 정확한 해석[1]을 요구한다. 하지만, 성경을 잘 해석했다고 해서 그것이 언제나 좋은 설교로 이어지는 것은 아니다. 올바른 주해와 해석을 통해 나온 설교의 핵심 내용은 효과적 설교 형식으로 구성되어야 한다. 서론도 있어야 하고 필요하다면 예화도 적절한 곳에 배치해야 한다.

그뿐만이 아니다. 아무리 좋은 설교문이 있을지라도 이것을 제대로 전달하지 못하면 하나님의 말씀은 청중에게 도달하지 못하고 공중에서 사라져 버릴지도 모른다. 그러므로 설교학은 다양한 영역에서의 필요들을 다뤄내야 한다. 해석과 설교의 구성 그리고 전달까지 연구의 영역은 매우 넓다. 그리고 설교를 전달해야 하는 설교자와 그 설교를 듣는 청중에 대한 고민까지, 설교학의 연구 영역은 넓고 다양하다.

2. 설교학의 관심사

설교학에서 관심을 가져야 하는 분야가 어디까지인지 좀 더 구체적으로 살펴보자.

설교학은 무엇을 연구하는 학문인가?

---

[1] 물론, 정확한 해석이 가능한가에 대해서는 논란이 있을 수 있다. 어쩌면 그 누구도 자신의 해석이 정확하고 완벽하다고 말할 수 없을지 모른다. 하지만, 최선이라고 말하는 범위에는 들어가야 올바른 해석이라고 말할 수 있을 것이다. 이 부분은 뒤에서 다루기로 한다.

설교학이 단순하게 설교를 잘하는 기술을 연구하는 학문이라면 세상의 수사학이나 커뮤니케이션 이론과 별 차이가 없다. 설교학이 많은 부분에서 수사학과 커뮤니케이션 이론에 도움을 받은 것은 사실이지만 설교학은 이런 설교 기법에만 머물러 있을 수 없다.

설교학은 설교자가 누구인지, 그리고 설교자는 어떤 사람이어야 하는지 연구한다. 설교자의 인격, 영성과 같은 부분도 연구 대상이 된다.

또한, 설교학은 설교를 듣는 청중에도 관심을 가진다. 청중이 누구인지부터 시작해서 청중이 설교에서 어떤 역할을 해야 하는지, 그리고 청중을 어떻게 이해하고 그들에게 설교를 전해줘야 하는지도 고민거리다. 설교를 듣는 청중의 태도도 설교학의 고민거리가 될 수 있다. 아무리 설교가 잘 전달되어도 듣는 사람들이 전혀 들을 마음이 없다면 설교는 제대로 전달될 수 없기 때문이다.

그뿐만 아니라, 설교학은 성경 본문에 관해서도 관심을 가진다. 성경 해석의 문제는 성경신학의 영역이라고 말할 수 있다. 하지만, 성경신학에서 관심을 두는 해석과 설교를 위한 해석에는 다소 차이가 있다. 설교는 주해를 담고 있고 그 주해에 기반하지만, 그렇다고 설교가 주해는 아니다. 설교에 필요한 해석의 범위와 수준은 성경신학에서 요구하는 것과 다를 수 있다. 설교를 위한 해석의 수준은 좀 더 평범하고 일상적이다. 설교의 대상이 일반 성도이기 때문이다.

설교가 깊은 신학적 내용을 다룰 수 없는 것은 아니지만 청중이 원하는 것은 복잡하고 어려운 신학적 내용이 아니라 본문이 어떻게 자기의 삶과 연결되는가에 있다. 청중의 신앙과 삶을 다뤄야 하는 설교에 필요한 성경 해석의 목표는 성경신학과는 다를 수밖에 없다.

그래서 해석한 본문의 주제를 어떻게 설교의 주제로 변환시킬 것인지도 설교학의 중요한 연구 주제가 된다.

  설교학은 설교의 대상이 되는 청중뿐만 아니라, 설교가 설교 되게 하는 하나님에 관해서도 연구한다. 그 역할의 중심에는 성경을 깨닫게 하고, 설교할 때 청중들의 마음을 변화시키며, 말씀을 들은 청중들이 하나님의 백성으로 그 말씀에 순종하며 살아가게 만드는 성령님이 계신다.

  물론, 설교학은 어떻게 설교를 효과적으로 전달할 것인지에 대한 방법론에 관해서도 연구한다. 본문의 특성과 어울리는 효과적인 설교 형식은 어떤 것인지, 어떻게 하면 청중이 설교에 집중하게 할 수 있을지를 고민한다. 이를 위해서 언어학, 문학이론, 커뮤니케이션 이론 등을 연구한다. 그 외에도 예배와 설교의 관계, 설교의 주제, 본문 선택 등 다양한 영역이 좋은 설교, 바른 설교를 위해서 연구되어야 한다.

  이렇게 설교학은 매우 광범위한 내용을 다루는 학문이다. 그 이유는 이런 모든 영역이 제대로 이해되고 설교에 적용될 때, 설교가 온전해질 수 있기 때문이다. 설교학의 이런 관심사들을 제대로 이해할 때 설교자들은 건전한 설교, 효과적인 설교를 할 수 있게 된다. 그러므로 설교학을 공부하는 사람들은 설교에 대한 다양한 관심 분야들을 익히고 다양한 영역이 설교에 어떤 영향을 주는지 관심을 가져야 한다.

3. 설교학의 위치: 실천신학으로서의 설교학

신학에는 다양한 연구 분야가 있다. 그 영역들은 다음과 같다.

성경신학	구약신학, 신약신학
역사, 조직신학	역사신학, 조직신학
실천신학	설교학, 예배학, 선교학, 상담학, 기독교교육 등

설교학은 실천신학의 한 분야다. 실천신학은 성경신학이나 조직신학 같은 신학 이론을 교회와 같은 실천적인 분야에서 어떻게 활용하고 적용할 것인지 연구한다. 그래서 실천신학은 신학의 꽃이라고 말한다. 다양한 신학 이론이 실천신학에서 적용되어 꽃을 피우게 되기 때문이다. 다양한 신학 이론들은 실천신학을 통해서 교회와 성도들을 섬긴다. 신학은 머리에만 머물러 있는 죽은 지식이 아니라, 교회와 삶의 현장에서 실천되어야 한다.

신학이 학문의 영역에만 머물러 있다면 공허한 지식으로, 그 가치를 상실할 수밖에 없다. 신학은 교회와 하나님의 나라를 위해서 연구되어야 한다. 그러므로 이론 신학은 실천신학을 지원하고 실천신학은 성경신학, 역사신학, 조직신학의 든든한 기초 위에서 세워져야 한다.

무엇보다도 설교와 성경신학은 매우 밀접한 관계가 있다. 설교의 기본 텍스트가 되는 성경을 제대로 알아야 바른 설교를 할 수 있기 때문이다. 성경과 연결되지 않는 설교는 존재할 수 없다. 본문을 해석할 능력이 없다면, 성경에 대한 기본적인 지식이 없다면, 아무리 전달력 높은 설교라 할지라도 하나님의 말씀을 전하는 설교라고 부를 수 없다. 바른 주해에 기반을 두지 않는 설교는 세상의 잡다한 소리보다 못한 잡음일 뿐이다.

조직신학도 매우 중요하다. 신학적 소양이 부족한 사람이 설교하게 되면 어떤 일이 벌어질지 생각해보라. 본문을 통해서 일관된 메시지가 나오기보다는 상황에 따라, 해석자의 생각에 따라 일관성이 없는 설교가 나올 위험성이 높아진다. 조직신학은 성경 해석의 기본 방향과 틀을 마련해주며 해석의 적절성을 평가하는 기준을 제공한다.

예를 들어보자.

> 하나님은 모든 사람이 구원을 받으며 진리를 아는 데에 이르기를 원하시느니라 (딤전 2:4).

이 말씀을 어떻게 해석해야 할까?

일차적으로는 원어와 문맥 등을 살피면서 본문을 해석해야 한다. 하지만, 이 본문은 해석자의 신학적 배경에 따라 다르게 해석된다. 이 말씀을 칼빈주의를 표방하는 개혁신학에서는 본문의 "모든"을 이 세상 모든 사람이라고 해석하기보다는 하나님이 선택한 사람으로서의 "모두"라고 해석한다. 그 이유는 칼빈주의의 "제한적 속죄"(Limited Atonement)라는 교리 때문이다.[2]

---

[2] 칼빈주의 5대 교리는 다음과 같다. ① 전적 타락(Total Depravity) ② 무조건적 선택(Unconditional Election) ③ 제한적 속죄(Limited Atonement) ④ 불가항력적 은혜(Irresistable Grace) ⑤ 성도의 견인(Perseverance of Saints).

하지만, 다른 신학적 배경을 가진 사람들은 "모든"을 문자 그대로 세상 모든 사람으로 해석한다. 여기서 교리 논쟁을 하자는 것이 아니다. 각자의 교리적 입장은 차이가 있을 수 있다.

분명한 것은 신학이 성경 해석에 영향을 주고 이 해석은 다시 설교에 영향을 줄 수밖에 없다는 사실이다. 그러므로 설교가 제대로 행해지려면 성경신학, 조직신학에 대한 이해가 충분해야 한다. 탄탄한 신학적 기반이 있을 때, 설교가 설교다워지고 본문의 의미가 제대로 전달될 수 있다.

설교학에서 기초 신학의 중요성은 아무리 강조해도 지나치지 않다. 어떤 사람들은 신학의 무용론을 주장하기도 한다. 신학은 골치 아픈 것이고 실제 우리 신앙에 별다른 도움을 주지 못한다고 주장한다. 신학교에서 배운 지식이 실제 목회 현장에서는 별로 도움이 안 된다고 불평하기도 한다. 하지만, 절대 그렇지 않다. 신학은 목회의 체계를 세워주고 바른길로 안내해 주는 지도와 같다.

실천신학으로서의 설교학은 반드시 다른 신학 분야의 도움과 조화 속에서 제대로 세워질 수 있다. 그러므로 바른 설교하기 위해 설교와 관련된 다양한 분야를 공부하는 것과 더불어 설교에 필요한 다른 신학 분야까지 골고루 공부하는 것이 필요하다.

4. 설교란 무엇인가?

그렇다면, 이제 가장 기본적인 질문을 던져 보자.
설교란 무엇인가?

너무 기초적인 질문이면서 가장 중요한 질문이다. 그리고 이 책 대부분 내용은 이 질문에 답을 찾아가는 과정이 될 것이다. 물론, 이 책을 읽고 있는 대부분의 독자는 설교가 무엇인지에 대한 나름의 이해와 정의를 가지고 있을 것이다. 명확한 한 문장으로 표현할 수 없을지는 모르지만, 그리고 거창한 학문적인 용어로 꾸며지지 않을지는 모르지만, 각자의 머릿속에 어렴풋이 담겨있다. 물론, 그 이해는 신앙 형성의 과정에 따라, 혹은 신학적 배경에 따라 다를 수는 있다.

그리고 각각의 이해는 옳고 그름의 기준으로는 평가할 수 없는 고유한 가치가 있다. 필자는 어떤 이해만 옳고 다른 것들은 틀렸다고 단정하여 주장하고 싶지 않다. 그리고 어떤 특별한 설교의 이해를 일방적으로 강요하지도 않을 것이다.

중요한 것은 좋은 설교, 올바른 설교, 하나님이 인정하시는 설교가 무엇인지를 찾아가는 여정 속에서의 노력이며, 그 여정을 통해 얻게 되는 성장이다. 기존에 자신이 가졌던 설교에 대한 이미지와 이해가 성장하기를 바란다. 치우친 이해는 균형을 더하고 약점은 보완되기를 바란다. 모두가 똑같은 결론은 아니더라도 좀 더 균형 있고 성숙한 이해를 기대한다.

1) 설교의 이해는 설교 사역에 영향을 미친다

설교가 무엇인지 이해하는 것은 매우 중요하다. 설교의 이해는 설교 사역의 방향과 내용 그리고 방법에까지 영향을 미치기 때문이다. 설교의 이해는 설교 사역에 전반적으로 영향을 미친다. 그러므로 설교를 잘하려고 하기 이전에 먼저 설교가 무엇인지 이해하는 것이 매우 중요하다. 좋은 설교를 하기 위해서는 설교에 대한 균형 잡힌 관점이 필수적이다. 좀 더 건강한 이해, 좀 더 깊은 설교 이해는 좀 더 건강하고 깊은 설교를 얻는 유일한 길이다. 설교학은 기법이 아니라 철학이며 깊은 신학적 사고에서 시작되어야 한다.

설교의 이해가 어떻게 설교 사역에 영향을 미치는지 생각해보자. 예를 들어, '설교는 하나님의 말씀을 선포하는 것이다'라는 개념을 가진 사람을 생각해보자. 이 사람에게 설교를 듣는 청중에 대한 고려와 배려는 약해질 수밖에 없다. 선포라는 개념은 일방적이고 권위적인 전제를 기본으로 하기 때문이다. 그리고 선포로서의 설교 이해가 강하면 강할수록 설교 전달의 방법론은 경시될 수 있다. 성경 해석에는 큰 관심을 두겠지만 설교 전달 기술에 관해서는 소홀히 할 가능성이 크다.

반면, 설교는 청중과의 대화라는 개념을 가진 설교자라면 어떨까? 무엇보다 설교 전달 방법에 관심을 가질 것이다. 또한, 청중의 고민과 관심사에 귀를 기울이고 실제적인 필요가 무엇인지 알기 위해 노력할 것이다. 이렇게 설교의 관점에 따라 방법과 관심사가 달라진다. 설교는 선포의 이미지도 갖고 있고 대화의 이미지도 갖고 있다.

둘 다 틀린 것은 아니지만, 한쪽으로 치우칠 때 설교 사역은 균형을 잃고 왜곡될 수밖에 없다. 이렇듯 설교의 이해는 설교의 방법과 내용 그리고 설교자의 태도까지 좌우한다. 그러므로 자신이 설교에 대해 어떤 이해를 하고 있는지를 살펴보는 것은 매우 유익하다.

세상에 완벽한 이해는 없다. 장점만 존재하는 방법론이나 관점도 존재하지 않는다. 설교도 마찬가지다. 설교를 바라보는 다양한 관점이 있을 수 있다. 그리고 각 관점 혹은 이미지는 나름의 장점과 단점을 가지고 있다. 그러므로 설교가 무엇인지 이해하는 과정을 통해서 각자가 가진 기존 이해의 장단점을 파악하는 것이 필요하다. 이를 통해 장점은 더 강화하고 단점은 지속해서 보완하는 노력이 필요하다.

단순하게 설교학자들이 제시하는 설교 정의를 비판 없이 받아들이는 것은 설교의 균형 잡힌 이해를 위해서는 별로 도움이 되지 않는다. 오히려 나름의 건전하고 균형 잡힌 설교와 설교학에 대한 다각도의 이해 추구를 통한 건강한 설교 사역을 추구해야 한다.

2) 설교의 정의를 내리는 다양한 방법들

설교란 무엇인가?

이 물음에 답하기 위해 많은 방법이 사용된다. 그 방법들은 다음과 같다.

접근법	내용
어원적 접근	히브리어, 헬라어, 라틴어, 영어 등의 어원과 용례 연구
성경신학적 접근	성경에 나타나는 설교의 의미 파악
조직신학적 접근	신학적으로 설교가 의미하는 바를 탐구
역사신학적 접근	교회사에서 설교의 의미가 어떻게 변화하고 발전했는지 탐구

대부분 학문의 개론서는 What(무엇, 정의)의 문제를 제일 먼저 다룬다. 철학에 관한 책이라면 '철학이란 무엇인지' 정의 내리면서 시작한다. 경제학 개론서라면 경제학의 정의를 가장 먼저 설명한

다. 마찬가지로 대부분의 설교학 책은 '설교'라는 단어의 정의로 시작한다.

예를 들어, 영어의 설교를 의미하는 단어 Preaching과 Sermon 그리고 Homily 등의 뜻을 살펴보는 것이다. 또한, 헬라어, 히브리어, 라틴어 등의 어원을 알아보면서 설교가 무엇인지 탐구한다. 이런 언어적 접근은 대부분의 설교학 개론서에서 다루고 있어서 여기서는 반복하지 않을 것이다.

언어적 접근은 설교가 무엇인지 살펴보는 가장 보편적이고 오래된 방법이다. 분명 이런 방법은 설교를 이해하는 데 좋은 인사이트를 제공해 준다. 하지만, 이런 어원적 접근은 설교에 대한 폭넓은 이해를 제한하는 한계를 가진다. 몇몇 단어가 말해주는 정의에는 많은 정보가 담길 수 없다.

다시 말해, 제한된 정보로 많은 것을 유추해야 하는 문제가 생길 수 있다. 또한, 언어는 그 사회의 문화와 상황을 담고 있는데, 이런 상황이 꼭 성경적이라고 볼 수 없다. 그뿐만 아니라, 그 당시의 사회적 이해가 긍정적인 역할만을 했다고 볼 수도 없다.

다음으로, 성경신학적인 접근 방법을 생각해보자. 성경신학적 접근은 성경에 등장하는 설교의 개념을 연구하는 방법으로 설교에 관한 성경적 이해를 할 수 있다는 장점이 있다. 모든 것의 기준이 되는 성경에서 말하는 설교의 개념을 살핀다는 점은 굉장히 매력적이다. 성경에 나타난 설교 관련 용어들을 살펴보기에 언어적 접근과 비슷한 부분이 많으면서도 언어적 접근보다는 좀 더 깊고 올바른 정보를 제공해 줄 가능성이 크다.

하지만, 여전히 단점도 존재한다. 엄격하게 말해서 지금 우리가 논의하는 설교는 초대교회 때부터 있던 것이다. 물론, 그전에도 설교와 비슷한 개념들이 있지만, 그것이 꼭 오늘날의 설교를 말하는 것은 아니다. 예를 들어, 구약 선지자들이 했던 예언 활동을 설교라 볼 수 있는지 의문이 제기될 수 있다. 예언이 설교와 비슷한 부분이 있지만, 오늘의 설교와는 분명 다른 면이 있다. 예언은 하나님의 직접 계시를 받은 선지자가 사람들에게 그 예언의 말씀을 전하는 것이다.

선지자는 말씀을 해석할 필요도 없고 어떻게 전해야 할지 수사학적으로 고민할 필요도 없다. 하지만, 오늘날의 설교는 청중의 상황도 고려하고 그들과 어떻게 소통할지 고려해야 한다. 이런 관점에서 본다면 선지자들의 예언 활동을 설교의 모델로 그대로 취할 수 없다. 단순하게 선지자를 설교자로 치환하여 생각하면 오히려 왜곡된 설교관을 얻을 위험성이 있다. 불가능하거나 전혀 관계가 없다는 의미가 아니라, 너무 단순하게 생각할 부분은 아니라는 의미다.

예수님의 가르침을 생각해 보자. 우리는 쉽게 예수님의 가르침을 설교라고 생각한다. 하지만, 예수님의 가르침을 오늘날의 설교와 같은 개념으로 봐야 하는지 고민해 봐야 한다. 예수님은 무리와 제자들을 가르치셨다. 예수님이 하셨던 설교는 설교라기보다는 오히려 교육에 가깝다. 물론, 설교가 교육의 기능을 포함하지만, 설교가 가르침과 동일한 개념은 아니다. 사람들은 강의와 설교를 자연스럽게 구분한다. 설교와 가르침은 다르기 때문이다.

예수님은 비유를 통해서 청중에게 감춰진 천국 복음을 전하기도 하셨다. 예수님이 비유를 사용하신 이유는 청중이 깨닫지 못하게 하시려는 의도가 있었다.

> 제자들이 예수께 나아와 이르되 어찌하여 그들에게 비유로 말씀하시나이까 대답하여 이르시되 천국의 비밀을 아는 것이 너희에게는 허락되었으나 그들에게는 아니되었나니 무릇 있는 자는 받아 넉넉하게 되되 없는 자는 그 있는 것도 빼앗기리라 그러므로 내가 그들에게 비유로 말하는 것은 그들이 보아도 보지 못하며 들어도 듣지 못하며 깨닫지 못함이니라(마 13:10-13).

설교에서 청중이 못 알아듣게 의도한다는 것은 말이 안 된다. 이런 예수님의 가르침을 설교로 볼 수 있는지는 고민이 필요하다. 예수님의 가르침은 설교적 요소가 분명 있지만 그렇지 않은 부분도 있다. 이런 면에서 예수님의 가르침을 오늘날의 설교로 단순히 이해하는 것은 문제가 있다.

결국, 단순히 하나님의 말씀을 전하는 행위 전반을 설교로 봐야 하는지 고민이 필요하다. 설교의 개념을 너무 확대하면 전도, 예언, 가르침 등이 모두 설교에 포함될 수 있다. 그리고 그런 광의의 개념에서 다양한 교훈을 얻고 설교에 좋은 인사이트를 얻을 수도 있다.

하지만, 설교의 범위를 너무 넓게 생각하면 오히려 혼란을 가져올 수 있다. 앞에 언급했던 예수님의 비유 사용이 그 예가 될 수 있다. 이렇게 성경신학적으로 설교의 개념을 이해하려는 시도는 현재 우리에게 필요한 설교의 개념과 괴리될 위험이 있다. 성경신학적 접근이 전부 잘못되었다는 것이 아니다. 이러한 접근은 여러 한계를 가진다는 사실을 지적하고 싶을 뿐이다. 성경적 접근은 자칫하면 설교를 지나치게 단순하게 보거나 과거의 설교 정의에 함몰될 위험이 크다.

  이런 한계를 보완하는 방법이 신학적 접근이다. 신학적 접근은 설교가 신학적으로 어떤 의미가 있는지 알아보는 것이다. 하지만, 신학적 접근은 위에서 살펴본 두 방법의 장점이 약해질 수 있는 단점이 있다.

  그렇다면, 교회사적으로 접근하는 것은 어떤가?

  역사 속에서 나타나는 설교의 정의와 유형들을 통해서 설교를 이해하는 데 많은 도움을 얻을 수 있다. 그리고 성경신학적 방법에서 다루지 않은 시대까지 살펴볼 수 있는 장점도 있다. 무엇보다도 초대교회 시대의 설교가 어떠했는지 살피는 것은 큰 의미가 있다.

  또한, 종교개혁 시대의 설교를 연구하면서 교회의 타락이 설교의 회복을 어떻게 견인했는지 살피는 것도 의미가 있다. 하지만, 역시 단점도 있다.

  우선 초대교회에 관한 문헌들이 너무 적어 당시 설교에 관한 깊은 연구를 하기 어렵다. 그뿐만 아니라, 중세와 같이 설교가 제대로 이뤄지지 않았던 긴 시간이 있었기에 설교가 어떻게 발전해 왔는지 살피기는 쉽지 않을 수 있다. 물론, 중세에도 수도원에서의 가르침이나 순회 설교자를 통한 설교가 있었지만, 설교 사역은 일상적이지 않았다.

  이렇듯 다양한 접근법들은 나름의 장점과 단점을 가진다. 따라서, 설교를 제대로 이해하기 위해서 다양한 접근법들을 균형적으로 사용해야 한다는 결론에 이르게 된다. 모든 것들이 다 그렇지만, 설교를 이해하는 데는 다양하면서도 균형 잡힌 접근이 필요하다. 치우친 방식은 치우친 이해를 낳을 뿐이다.

3) 설교란 무엇인지 생각해보자

설교란 무엇인가?

학자가 아니더라도 그리스도인이라면, 나름의 교회 생활을 해본 사람들이라면, 각자가 생각하는 설교의 개념이 있을 것이다. 학자들도 나름의 이해로 설교를 정의해 왔다. 필자는 여기서 학자들의 정의들은 다루지 않도록 하겠다. 그런 이해들은 앞서 말했던 것처럼 학자들의 성경신학적, 조직신학적, 실천신학적 이해를 바탕으로 나온 하나의 학문적 정의일 뿐이다. 100% 완벽한 정의는 없다. 그리고 설교에 관한 나름의 정의를 내리는 순간, 설교는 그 정의 안에 갇힐 수밖에 없다. 여기서는 설교를 정의하고 명확한 개념을 문장으로 확립하기보다는 설교에 대한 전반적인 이야기를 통해 설교의 이해를 높이고자 한다.

설교를 "하나님을 말씀을 전하는 행위"라고 정의해 보자. 이런 정의에 관해 대부분 공감하겠지만, 이 정의에 의하면 설교와 성경 공부 사이의 차이점이 별로 없게 된다. 전도와도 별 차이가 없다.

설교를 "하나님의 말씀을 선포하는 일"이라고 정의하면 어떤가?

이런 정의도 많은 사람이 동의할 만한 좋은 정의다. 하지만, 선포라는 개념은 설교자를 일방적으로 말씀을 전하는 이미지로 한정할 수 있다. 하나님의 말씀을 선포하는 일이라고 설교를 정의할 때 설교자는 사자(Herald)의 이미지에 국한된다. 이 정의로는 목자, 이야기꾼, 교사 등의 이미지를 설명해 낼 수 없다.[3]

---

[3] 토마스 롱(Thomas G. Long)은 『설교자는 증인이다』(The Witness of Preaching)에

예를 들어, 선생과 같이 가르침을 주려는 의도로 말씀을 전하는 것은 위의 정의에 따르면 잘못된 설교가 될 수 있다. 이렇듯 한 문장의 규정은 설교가 가진 풍성한 의미를 다 담아내기 어렵다.

설교는 우리가 생각하는 것보다 더 복잡한 개념을 가진다. 그러므로 설교의 풍성한 의미를 알기 위해 설교라는 넓고 깊은 바다를 폭넓게 여행할 필요가 있다. 설교의 다양한 특성을 풍성하게 탐구하고 고민할 때 설교를 바르게 이해할 수 있다.

사람들은 자신만의 신학을 가지고 있다. 잘못된 신학을 가지고 하나님을 섬기는 사람들도 있고 나름 건전한 신학을 가지고 신앙 생활을 하는 사람도 있다. 설교를 이야기할 때도 마찬가지다. 모두 설교를 몇 문장으로 명확하게 정의하진 못할지라도 설교에 대한 나름의 관점을 가지고 있을 것이다. 설교는 어때야 하는지, 어떤 설교가 좋은 설교인지 나름의 판단 기준을 가지고 있다.

설교가 무엇인지?
설교는 어떤 방향을 가져야 하는지?
설교의 내용은 무엇으로 채워져야 하는지?

이 책을 통해서 성경적이고 바른 신학에 기반한 건전하고 균형 잡힌 설교의 관점을 가질 수 있기를 바란다. 그리고 이런 논의를 통해

서 설교자의 이미지를 통해서 설교에 관해 이야기하려 했다. 그는 설교자의 이미지를 사자(Herald), 목자(Pastor), 이야기하는 자(Storyteller), 증인(Witness) 등으로 설명하면서 증인이 가장 설교를 설명하기에 가장 적절한 이미지라고 주장했다. Thomas G. Long, *The Witness of Preaching*, 서병채 역, 『설교자는 증인이다』 (서울: 기독교문서선교회, 1998), 32-70.

서 기존에 자신의 가진 설교 이해를 점검하고, 혹시 그 이해가 한쪽으로 치우쳐 있다면 바른 방향으로 교정할 수 있기를 바란다. 잘못된 관점은 교정하고, 협소한 관점은 넓혀야 한다.

  이 책은 당신의 신학적 지식을 점검하고 제대로 설교에 적용할 수 있도록 도울 것이다. 이제부터 논의하게 될 설교학의 이론들과 여러분들에게 제시될 여러 고민거리를 통해서 설교에 대한 깊은 통찰력이 세워지길 기대한다.

설교의 5요소: 예배

1. 설교를 설교 되게 하는 설교의 구성 요소

앞장에서 설교를 어떻게 이해하고 정의하는지 여러 접근 방법들에 대해서 살펴봤다. 언어적, 신학적, 성경적, 역사적 접근 모두 좋은 방법이다. 이런 방법들은 다른 설교학 개론서에서 많이 다뤄진 내용이므로 본서에서는 과거 내용의 반복보다는 조금은 다른 방향으로 설교가 무엇인지 살펴보도록 하자.

본서에서 사용할 방법은 설교가 설교 되게 만드는 기본 요소들을 살펴보는 것이다. 설교의 각 요소를 살피면서 설교가 무엇으로 구성되어 있고 어떤 부분을 다루고 있는지 그리고 이를 통해서 설교가 무엇이고 어떤 목적과 방향을 가져야 하는지 확인할 것이다.

이런 접근이 새로운 것은 아니다. 요한 실리에(Johan H. Cilliers)는 『설교 심포니』(기독교문서선교회)에서 설교 요소들의 조화를 통한 설교 이해를 추구한 바 있다.[4] 본서에서는 비슷한 접근법이지만 더 발

---

[4] Johan H. Cilliers, "*The living Voice of the Gospel: Revisiting the basic principles of preaching*", 이승진 역, 『설교 심포니, 살아 있는 복음의 음성』 (서울: 기독교문서선교회, 2014), 49-79.

전적 내용으로 설교가 무엇인지 살피려 한다.

일반적으로 설교를 구성하는 4가지 요소로 하나님, 설교자, 청중 그리고 성경을 말한다.[5] 이 4가지 요소는 설교를 구성하는 가장 기본적인 틀로 이 중 하나라도 빠지면 설교는 더 이상 설교일 수 없게 된다. 설교자 없는 설교는 행해질 수 없다. 또한, 설교자만 있고 청중이 없다면 이는 단순한 개인의 독백일 뿐 하나님의 말씀을 전하는 설교는 될 수 없다. 설교에서 성경이 빠진다고 가정해 보자. 설교는 성경 말씀을 청중에게 전해야 한다.

하지만, 하나님 말씀을 전하지 않는 설교는 설교가 아니라 세상에서 하는 강의, 좋은 이야기와 다를 바 없다. 설교의 내용은 성경이 아닌 다른 것으로 채워져서는 안 된다. 하나님도 마찬가지다. 설교에서 하나님이 빠진 설교는 인간의 행위일 뿐이다. 설교의 시작부터 끝까지 하나님, 특별히 성령님의 개입과 간섭이 없다면 설교는 설교로서의 가치를 상실한다.

이렇게 설교의 4가지 요소는 설교를 이루는 핵심축이다. 그러므로 이 4가지 요소를 전반적으로 살펴보면 설교가 무엇인지 어느 정도 해답을 얻을 수 있을 것이다.

---

5 Thomas G. Long, "*The Witness of Preaching*", 서병채 역, 『설교자는 증인이다』(서울: 기독교문서선교회, 1998), 31.; Cilliers, 『설교 심포니, 살아 있는 복음의 음성』, 49-53.; Fred B. Craddock, *Preaching*, 김영일 역, 『설교-열린 체계로서의 귀납적 설교방식』(서울: 컨콜디아사, 1997), 28-37.

2. 설교의 5요소

1) 설교의 4요소로 충분히 설명되지 않는 설교

그런데 필자는 설교의 4가지 요소만으로는 설교를 설명해 내는 데 한계가 있다고 생각한다. 이 4가지 요소만으로는 설교의 독특성을 제대로 드러낼 수 없다. 설교는 다른 것들과는 비교되는 독특성을 가졌기 때문이다.

교회 안팎에서도 설교와 비슷한 행위들이 많다. 대중 강연이나 학교에서 하는 수업을 생각해보자. 말하는 자와 청중 그리고 강의의 내용을 담은 교재 등이 있다면 외양으로는 설교와 다를 바 없다. 설교와 강의가 별 차이가 없다면 설교 기법을 강의에 사용할 수도 있고 좋은 강의 기법들을 설교에 활용할 수 있다. 실제 설교학은 일반 수사학의 영향을 많이 받아왔다.

현대에는 커뮤니케이션 이론도 설교학 발전에 도움을 주었다. 하지만, 설교와 강의는 분명 차이가 있다. 교회에서 하면 설교이고, 외부에서 하면 강의가 되는 것이 아니다. 만약 둘 사이에 별 차이가 없다면 설교학을 굳이 공부하고 연구할 필요가 없게 된다. 그냥 세상의 강의 기법을 충실히 배워서 적용하면 된다. 하지만, 세상의 기법을 적절하게 동원한다고 바른 설교를 할 수 있는 것은 아니다. 분명 도움이 되겠지만 그것만으로는 충분하지 않다.

설교와 세상 강의나 강연은 비슷한 점도 있지만, 차이점도 분명히 존재한다.

그렇다면, 설교와 강의를 구분 짓는 기준을 생각해보자. 그 기준이 앞서 살펴봤던 설교의 4가지 요소이다. 설교의 요소를 통해서 설교와 아닌 것을 어느 정도 구분할 수 있다.

강의와 설교를 비교해 본다면, 일단 말하는 강사가 목회자[6]가 아니다. 또한, 강의 내용도 성경을 가지고 하지 않기 때문에 둘 사이는 분명한 차이가 있다.

그뿐만 아니라, 강의를 듣는 청중도 성도가 아니다. 또한, 하나님의 역사를 생각하기도 어렵다. 이렇듯, 생각해 보면 일반 강의와 설교는 겉모습은 비슷해 보이지만, 내용상으로는 분명한 차이가 있다.

하지만, 설교의 4가지 요소만으로는 구별이 완벽하지는 않다. 이런 강연을 생각해 보자.

강연자가 목사고 강의 내용이 성경에 관한 것이라면 어떤가?

목사가 성경을 가지고 강의한다고 할 때, 이것은 설교와 어떤 차이가 있는가?

강의라고 해야 할지, 설교라고 해야 할지 애매해진다. 강의를 듣는 사람이 설교와 차이가 난다고 말할 수 있다. 그러면, 그 강의를 교회 안으로 가져와 보자. 교회에서 성도들에게 하는 강의를 생각해 보자. 그렇다고 이를 설교라고 할 수 있는지 여전히 고민이다. 실제 이런 강의는 교회에서도 많이 열린다. 성경 특강, 교사 세미나와 같은 것을 생각해보자. 이런 형태의 강의들은 설교와의 경계가 모호하다.

---

[6] 설교자가 반드시 목회자 혹은 목사일 필요는 없다. 평신도 설교가 불가능한 것도 아니다. 하지만, 일반적으로 설교 대부분은 목사 혹은 목회자를 통해서 이뤄진다. 이런 일반적 의미에서 설교자를 목사로 전제하는 것이다.

그래도 많은 사람이 성경 특강을 강의라고 생각하지, 설교라고 부르진 않을 것 같다. 재미있는 것은 대부분 사람이 이유를 설명 못하더라도 어떤 것은 설교라고 하고 어떤 것은 강의라고 쉽게 구분한다는 사실이다. 그 기준이 무엇인지 명확하게 말하지는 못할지라도 사람들은 설교라는 행위를 나름의 기준을 가지고 구분한다.

심지어 설교 같은 강의, 강의 같은 설교라고 평가하면서 설교와 강의를 나름대로 구분해 낸다. 이런 점에서 보면, 정확하지는 않지만, 사람들은 희미하게나마 설교가 무엇인지에 관한 기준을 가지고 있다는 것을 알 수 있다.

그렇다면, 사람들이 희미하게나마 가지고 있는 설교와 설교 아닌 것의 구분점을 생각해보자.

사람들은 어떻게 강의와 설교를 구분하는 것일까?

신학교에서 혹은 교회에서 성경 과목을 가르치는 강의는 설교와 어떻게 구분할 수 있을까?

강의 내용이 성경 말씀이라면, 가르치는 사람이 목회자라면, 듣는 학생이 모두 성도라면, 가르침 가운데 은혜도 있고 성령의 역사가 있다면, 하나님의 일하심이 분명 느껴진다면, 그렇다면 이것은 설교인가 강의인가?

성경 공부도 비슷하다. 교사가 분명 성경을 가지고 사람들을 가르친다.

만일, 말씀을 배우면서 하나님이 주시는 은혜가 나타났다면, 이것을 설교라고 말할 수 있는가?

설교와 비슷하지만, 대부분 성경 공부는 성경 공부라고 생각한다. 성경 공부를 인도하는 사람이 목사라면 어떤가. 그러면 성경 공부 모임에서 가르치는 것은 설교가 될 수 있는가. 좀 자유롭게 둘러앉아서 성경을 배우면 성경 공부고, 예배당에서 장의자에 앉아 강대상을 보고 있으면 설교인가. 어떤 사람은 성경 공부나 강의는 좀 딱딱하고 지식 중심이라면 설교는 그렇지 않다고 생각하면서 설교와 강의를 구분하려 한다. 그런 면이 없지는 않지만, 성경 공부라고 늘 딱딱한 지식 중심이라고 생각할 필요는 없다.

소위 말해, 뜨겁게 성경 공부를 할 수도 있고 설교시간보다 성경 공부를 통해서 더 많이 감동할 수도 있다. 반면에, 어떤 설교는 성경 공부 시간보다 더 딱딱하고 지식 전달 중심적일 수도 있다.

핵심은 무엇인가?

성경 공부가 절대 설교가 될 수 없다는 이야기가 아니다. 사람들의 마음속에 설교와 설교 아닌 것을 구분하는 나름의 기준이 있다는 것이다. 그리고 이런 구분은 설교의 4요소로는 구분하기 어렵다는 점이다.

설교의 4요소로는 설교가 무엇인지 명확하게 드러내는 데는 한계가 있다. 물론, 설교의 개념을 포괄적으로 생각하고 전도, 강의, 성경 공부, 설교 등을 모두 설교의 범위에 포함할 수도 있다. 불가능한 것도 아니고, 잘못된 것도 아니다. 때로는 이런 포괄적 정의가 도움이 될 수도 있다. 실제 수사학적 설교 기법이 설교에만 사용되는 것도 아니기 때문이다.

하지만, 필자가 이런 구분의 기준을 계속해서 고민해 보는 이유는 설교가 다른 사역들과는 달라야 한다는 생각 때문이다. 설교만의 독특성을 제대로 고려하지 않으면, 설교는 설교와 비슷한 세상의 활동과 차별성이 사라지기 때문이다.

심지어 설교와 비슷한 기독교적 활동(성경 공부, 전도, 성경 강의 등)이라 할지라도 설교만의 독특성을 찾고 추구하는 것은 매우 중요하다. 설교는 교회가 가진 중요한 가치이기 때문이다. 설교의 독특성을 제대로 인식하지 않는다면, 설교를 위한다는 명분으로 세상적이고 잘못된 방법을 기꺼이 사용하려 할 것이다. 그리고 설교가 무엇인지 제대로 이해하지 못한다면, 설교가 될 수 없는 것으로 설교의 자리를 채우려는 문제도 발생할 것이다.

그러므로 설교가 설교 되게 하는 비슷한 행위와 차별되는 설교만의 독특성을 이해하는 것은 설교를 더 깊게 이해하고 바른 설교를 하는 데 매우 중요하다.

설교를 더 깊게 이해하기 위해서 설교의 4요소로 설명되지 않는 설교의 독특성을 생각해 보자. 설교가 비슷한 다른 행위들과 다른 점은 생각해보라. 다른 것과 구분되는 설교만의 특색을 찾아보라. 그것은 바로 설교의 배경(context)인 "예배"다.[7]

---

[7] 설교의 독특성을 이해하기 위해서 예배라는 컨텍스트를 고려해야 한다는 주장은 필자의 석사논문의 주요 주장 중 하나다. Seungwoo. Lee, *"The Relationship between Preaching and Worship : A Practical-Theological Enquiry."* (M.Th. Diss, Stellenbosch University, 2014).

2) 설교의 5번째 요소: 예배

설교는 예배 안에서 행해지는 행위다. 예배는 설교의 배경이 되며 설교가 행해지는 자리다. 예배라는 요소를 가지고 설교를 생각해 본다면, 앞에서 던졌던 질문에 어느 정도의 해답을 얻을 수 있다.

성경 강의가 설교가 될 수 없는 이유는 예배 안에서 행해지지 않기 때문이다. 성경 공부도 마찬가지다. 성경 공부에서의 가르침은 공부일 뿐이다. 물론, 모든 것을 정확하게 구분하기는 쉽지 않다. 이러한 구분은 현재 우리가 드리고 있는 예배 그리고 설교를 생각하면서 역으로 유추된 것이다. 그리고 지금 말하는 설교는 아주 넓은 의미의 설교, 다시 말해, 선지자의 예언이나 예수님의 가르침 등 말씀을 전하는 모든 행위를 지칭하는 것이 아니다.

오늘날 우리가 설교라고 말할 때, 전형적으로 머릿속에 떠오르는 이미지로서의 설교를 말한다. 우리의 관심은 오늘날의 설교다. 현재 사람들이 머릿속에 어렴풋이 규정하는 설교의 모습을 확인해 보는 과정이다. 다시 말하지만, 광의의 설교는 현재 논의의 대상이 아니다. 오늘날의 설교를 규정하기 위해서 사용하는 방식과 모델을 구약 선지자들의 예언 활동에서 가져온다면 문제가 발생하기 때문이다.

앞에서도 언급했듯이 예언 활동을 설교로 보게 되면, 청중을 배려하거나 고려하는 태도는 오히려 잘못된 것이 된다. 하지만, 오늘날의 설교는 그렇지 않다. 오늘날의 설교자는 선지자의 예언 활동과는 거리가 있다. 설교자들에게 하나님의 직통 계시가 있는 것도 아니다.

선지자들은 오늘날처럼 기록된 성경을 읽으면서 활동하지 않았다. 예언과 설교가 완전히 다른 활동이라고 말하는 것이 아니다. 예언에서 설교의 모습을 전혀 찾을 수 없다고 하는 것도 아니다. 분명 연속성도 있지만, 불연속성도 분명히 있다.

그러므로, 오늘날 우리에게 필요한 설교의 개념을 파악하기 위해서는 오늘날의 관점에서 설교를 생각해야 한다. 그렇지 않으면 맞지 않은 사울의 갑옷을 입은 다윗처럼 어정쩡할 수밖에 없다.

우리는 설교가 무엇인지 설교의 방향과 목적은 무엇인지 살펴보고 있다. 그 설교는 오늘날 우리가 설교라고 생각하는 바로 그 설교다. 그러므로 지금 우리가 설교라고 생각하는 것이 무엇인지 다루는 것에 초점을 맞춰야 한다. 좀 더 정교하게 논하기 위해서 오늘 우리가 설교라고 인식하고 있는 그것이 무엇이며, 그것을 어떻게 구분해 내고 있는가를 살펴봐야 한다. 이 필요를 위해서 예배라는 설교의 컨텍스트를 살펴보는 것이 필요하다.

모든 설교가 언제나 예배 안에서 이뤄진다고 단언할 수는 없지만, 대부분의 설교는 예배 안에서 이뤄지고 그 예배 안에서 설교로서의 정체성을 갖게 된다. 그러므로 필자는 설교의 구성 요소에 예배를 추가하기를 제안한다.

3) 설교를 알기 위해 예배를 알아야 한다

설교의 새로운 요소로 제시한 예배를 살펴보자.

예배가 설교를 이해하는데 중요한 요소라면, 우리는 설교를 이해하기 위해서 다시 예배를 이해할 필요가 있다. 일반적으로 예배 안에서 말씀을 전하는 행위를 설교라고 한다. 설교는 예배라는 문맥 속에서 설교다워진다. 예배라는 환경을 빼버리면 설교는 다른 행위들과의 차별성을 잃어버린다. 설교는 예배 안에 있을 때 설교라는 독특성을 가지게 된다.

예배 안에 있기에 강의와 비슷하지만, 설교가 되고, 설교가 예배의 한 요소이기 때문에 큐티 나눔이나 성경 공부와 기능상의 차별성을 가진다. 설교는 예배와의 관계 속에서 정의되고 이해될 수 있어야 한다. 이런 의미에서 설교는 예전적(liturgical) 성격을 가진다.

설교를 이해하기 위해서는 예배를 이해하는 것이 필수적이다. 이런 면에서도 설교학이 다른 학문과 얼마나 밀접한 관계가 있는지 알게 된다. 예배 자체가 우리의 관심은 아니므로 예배에 관한 이야기는 설교와의 관련된 것으로 한정하도록 한다. 기본적으로 예배가 무엇인지, 예배 속에서 설교를 어떤 위치를 차지하는지, 설교와 예배의 관계는 무엇인지 살펴보도록 하자.

3. 예배의 이해

1) 예배란 무엇인가?

"예배에 목숨을 걸어라"라는 구호가 교회에 가득하지만, 실제 예배에 관한 이해는 부족한 것이 현실이다. 이렇게 교회들은 예배에 대해서 강조하지만, 실제로 예배가 무엇인지, 어떻게 예배를 드려야 하는지 제대로 이해하지 못하고 있다.

예배란 무엇인가?

이 또한 설교가 무엇인지에 대한 논의와 마찬가지로 매우 어렵고 심오하다. 설교와 마찬가지로, 예배를 정의하기는 쉽지 않다. 성경에서 명확하게 예배가 무엇인지 정의하지 않고 있기 때문이며, 성경이 말하는 예배도 오늘날의 예배와는 차이가 있기 때문이다. 앞서 선지자의 예언이 설교와 같지 않은 것처럼, 예배라는 단어가 쓰였다고 해서 오늘 우리가 생각하는 예배와는 언제나 같은 개념이 사용되는 것은 아니다.

보통 구약의 제사를 예배라고 생각하는 경향이 많은데 잘못된 생각이다. 예배를 넓은 의미에서 하나님을 섬기는 태도나 행동으로 생각하자면 제사도 예배의 일종으로 이해할 수 있다.

하지만, 구약의 제사는 기본적으로 속죄를 의미한다. 그런데 오늘 우리가 드리는 예배에는 속죄의 의미가 강조되지 않는다. 구약의 제사는 그리스도의 십자가 사건을 상징하고 예표하지만, 오늘날의 예배는 십자가와 대속을 상징하는 것이 아니다. 오히려 구속받은 하나님의 백성이 감사와 경배의 의미로 하나님과 교제하는 예식적 행위다. 제사에서 설교와 같이 말씀을 전하는 일도 없다.

이렇듯 오늘날의 예배 개념은 성경에서 말하는, 특별히 구약에서 말하는 내용과는 분명한 차이가 있다. 그러므로 설교를 알아보기 위해서 살펴야 하는 예배는 구약에서 말하는 예배가 아니라, 오늘날 우리가 드리는 예배라는 것을 놓치지 말아야 한다.

일반적으로 사람들은 예배를 하나님과의 "교제"라고 말한다. 혹은 하나님과의 "만남"이라고 이해한다. 맞는 말이다. 하지만, 이런 정의는 너무 일반적이고 넓은 개념이다. 예배는 광의(廣義)의 예배와 협의(狹義)의 예배로 나눌 수 있다.

광의의 예배는 삶의 예배를 말한다. 삶에서 하나님을 향한 우리의 태도가 하나님을 경외하고 찬양하는 예배자의 모습을 가져야 한다는 의미이다. 삶의 모든 영역에서 하나님과 교제하고 그분을 높이는 삶의 태도를 예배라고 말할 수 있다. 예를 들어, "우리의 삶의 목적은 하나님을 예배하는 것이다"라고 말할 때의 예배는 광의의 예배를 지칭한다.

협의의 예배는 주일에 드리는 소위 말하는 '대예배'를 말한다. 예전적(liturgical) 의미에서 드리는 형식을 갖춘 예배다. 필자는 이를 예전적 예배(Liturgical Worship)라고 부른다.[8] 광의의 예배와 협의의 예배는 연속성을 가지며 서로 연결되어 있다. 삶의 예배가 제대로 되지 않으면서 주일 예배가 제대로 될 수 없다. 반대로 공동체가 함께 하나님을 예배하는 주일의 예배를 통해서 하나님의 백성은 온전한 삶의 예배자로 설 힘과 능력을 얻게 된다. 이는 마태복음 5장의 말씀과 일맥상통한다.

> 그러므로 예물을 제단에 드리려다가 거기서 네 형제에게 원망들을 만한 일이 있는 것이 생각나거든 예물을 제단 앞에 두고 먼저 가서 형제와 화목하고 그 후에 와서 예물을 드리라(마 5:23-24).

설교를 이해하기 위해 다뤄야 할 "예배"는 삶의 예배와 같은 넓은 의미가 아니라, 주일에 드리는 예전적 예배를 의미한다. 여기서 말

---

[8] 본서에서 특별한 언급이 없다면 예배는 예전적 예배의 의미로 사용한다.

하는 예배는 개인적으로 하나님을 만나는 시간이 아니다. 하나님은 우리를 개인으로도 부르셨지만, 궁극적으로는 공동체로 부르셨다. 하나님은 아브라함을 부르셨다. 하지만, 아브라함이라는 개인이 아니라 약속의 백성, 하나님 나라 백성을 부르는 시작점이었다. 그래서 하나님은 아브라함에게 개인의 복을 약속하신 것이 아니라 인류의 복을 약속하셨다.

> 내가 너로 큰 민족을 이루고 네게 복을 주어 네 이름을 창대하게 하리니 너는 복이 될지라 너를 축복하는 자에게는 내가 복을 내리고 너를 저주하는 자에게는 내가 저주하리니 땅의 모든 족속이 너로 말미암아 복을 얻을 것이라 하신지라(창 12:2-3).

하나님께서는 이스라엘이라는 "민족"을 부르셨고 개인이 아닌 "교회"를 부르셨다. 그리고 그들과 교제하신다. 백성, 교회 등 모두가 개인이 아니라 공동체다. 공동체는 하나님을 높이고 하나님을 찬양하는 정기적이고 규범적인 공동체적 시간을 갖게 되는데, 이것이 바로 "예전적 예배"다.

그래서 예배는 공동체가 일정한 규칙이 가지고 정한 시간에 다 함께 하나의 통일된 순서로 하나님을 예배하게 된다. 이 예배를 통해서 교회는 하나님과의 공동체적인 언약 백성으로서의 정체성을 되새기게 되고 하나님 나라를 이해하게 된다.

2) 예배에서의 설교의 기원과 그 위치

예배 안에서 설교가 행해진 기원에 대해서는 다양한 의견이 있을 수 있다. 그런데 여기에서 논의하는 설교는 오늘날 우리가 접하는 설교를 말하므로, 설교의 기원은 기본적으로는 유대인들의 회당 모임에서 찾을 수 있다. 회당은 초대교회 그리스도인들의 모임에 많은 영향을 주었다. 기독교로 회심한 유대인들은 모두 회당의 경험이 있었고 자연스럽게 회당 모임은 초대 그리스도인에 상당한 영향을 주게 된다.

그러므로 오늘날 예배의 기원을 찾는 데도 회당 모임에 관한 연구는 필수적이다. 회당 모임의 중요한 순서 중 하나는 토라(율법)를 읽고 이를 설명하는 것이었다. 이것이 초대교회 설교로 자연스럽게 이어지게 되었다.

초대교회 예배의 핵심은 "말씀과 성찬"이다. 이렇게 설교는 유대교의 전통뿐만 아니라 초대교회 모임에서 중요한 역할을 차지하고 있었다. 하지만, 이런 설교의 중요성은 성찬을 넘어서지 않았다. 오히려 어떤 의미에서 초대교회는 예배의 강조점을 그리스도의 살과 피를 기념하는 성찬에 두고 있었다고 볼 수 있다. 말씀 예전 때는 모든 성도가 참여하지만, 성찬은 그중에 세례를 받은 사람만 참여할 수 있는 핵심 예전이었기 때문이다.

이런 말씀과 성찬 중심의 예배는 중세시대로 넘어가면서 성찬(성례) 중심으로 옮겨가게 되고 설교의 중요성은 점차 감소한다. 이런 분위기는 종교개혁 이전까지 계속된다.

설교의 중요성이 강조되는 것은 종교개혁 이후다. 종교개혁 이후에 여전히 성찬에 대한 강조가 있었고 많은 논쟁이 있었지만 결국 말씀이 예배의 중심에 자리잡게 된다.

로마 가톨릭의 한계와 문제를 극복하기 위한 개혁자들의 노력이 이런 결과를 가져왔다. 말씀으로 돌아가려는 그들의 노력은 자연히 설교의 강조로 이어졌고 예배 가운데서도 설교가 우위에 놓이게 된다. 이렇게 설교를 강조하는 전통은 오늘날까지 계속되고 있다. 칼빈과 같은 종교개혁자들이 성찬과 설교 사이의 균형을 추구하려고 노력했지만, 개신교의 예배는 설교 중심의 예배로 자리잡게 된다.

3) 예배의 요소로서의 설교

오늘날 대부분 개신교회는 설교 중심성을 추구하고 있다. 일부 현대적 예배를 추구하는 곳에서는 회중찬양의 중요성이 많이 강조되었지만, 여전히 설교 중심적 예배를 넘어서지는 못하고 있다. 이런 설교 중심적 예배가 종교개혁의 훌륭한 유산이기는 하지만, 꼭 긍정적인 부분만 있는 것은 아니다.

많은 사람이 설교와 예배를 동일시하는 경향을 보인다. 설교가 곧 예배라는 생각을 하고 있다. 설교를 들으면 예배에 참석했다고 생각하는 사람들이 있고, 설교를 제대로 듣지 못하면 예배를 제대로 드리지 못했다고 생각하는 경향도 있다.

물론, 틀린 이야기는 아니지만, 설교의 중요성이 과도하게 강조되는 것은 분명하다. 예배의 핵심 척도가 설교가 되어 버렸다. 예배는 설교만으로 채워지는 것이 아니다. 공동체적으로 하나님을 높이고 그분께 영광을 돌리는 예식으로서의 예배는 설교만으로 채워질 수 없다.

모두가 아는 것처럼 기도, 찬양, 교제 등 다양한 순서가 함께 예배를 이룬다. 분명 설교가 예배에서 매우 중요하지만, 그렇다고 설교가 예배일 수는 없다. 설교가 예배의 모든 부분을 대신할 수 없으며 설교는 예배의 한 요소로서 다른 요소들과 조화를 이뤄야 한다.

물론, 이런 조화와 균형이 예배 각 요소의 균일한 시간적 배분이나 강조를 의미하지는 않는다. 어느 정도 각 예배 요소마다 경중이 있을 수 있고 시간상으로도 설교가 차지하는 비중이 높을 수밖에 없다. 하지만, 이런 상황이 설교 중심적 예배를 정당화할 수는 없다. 예배 전체를 생각하는 균형 잡힌 신학적 시각이 필요하다. 설교 중심의 예배는 예배의 각 요소 사이에 균형을 깨버린다. 그러므로 설교를 예배의 여러 요소 중 한 요소로서 인정하고 전체 예배 '안에서' 설교를 이해하는 노력이 필요하다.

설교는 예배의 한 요소다. 설교는 예배의 한 부분이자 구성 요소로서 전체 예배의 영향을 받는다. 설교는 예배의 한 요소로서, 예배의 전체적인 방향과 일치를 이뤄야 한다. 설교가 예배에서 많은 시간을 차지한다고 해서, 혹은 설교 중심적 예배를 추구한다고 해서 설교가 전체 예배 다른 독립적 방향성을 가질 수는 없다. 예배의 방향성과 설교의 방향성은 다를 수 없다. 설교는 예배를 섬겨야 하고 예배의 다양한 요소들은 예배의 한 요소인 설교와 조화를 이뤄야 한다.

4) 예배의 방향성을 통한 설교의 방향성 찾기

예배와 설교가 밀접한 관계가 있어야 하고, 설교가 예배의 한 요소라면 설교가 예배 안에서 독립적인 역할을 해서는 안 된다. 설교는 예배의 한 요소로서 예배의 전체적인 흐름과 방향에 종속되어야 한다. 만약, 설교가 전체 예배보다 더 중요하다는 생각을 가진다면 예배의 모든 요소, 다시 말해, 예배 전체가 설교를 섬기는 형국이 되고 만다. 하지만, 예배에서 설교만 중요한 것이 아니다. 당연히 예배 전체가 중요하다.

그러므로 설교는 예배 전체의 흐름과 조화를 이루며 함께 가야 한다. 이것이 사실이라면, 우리는 예배의 방향이나 목적을 살펴봄으로 설교의 방향과 목적 등을 유추할 수 있게 된다. 방향이 정해지면 그에 따른 세부 사항들이 전체 방향과 연결되어 결정되는 원리와 같다. 설교를 이해하기 위해서 예배의 목적과 방향을 아는 것이 매우 중요해진다.

이 책의 기본 논의는 설교가 무엇인가이다. 이 고민에 중요한 단서를 제공할 수 있는 것이 바로 예배와 설교와의 관계다. 예배의 목적과 방향이 설교의 방향과 목적이 될 수 있다. 설교의 목적에 관해서는 다양한 주장이 있을 수 있다. 시대마다 그 강조점과 방향에 대한 이해가 달랐다. 설교의 목적을 구원이라고 말하는 사람도 있다.

설교의 방향은 성도의 변화에 둬야 한다고 주장하기도 한다. 설교가 성도들의 삶의 기준을 제시하는 데 초점을 맞춰야 한다는 논의도 적지 않다. 이렇게 설교의 목적과 방향은 다양하고 모든 주장이 나름의 정당성을 가진다. 그러므로 하나의 결론에 이르기는 쉽지 않다.

5) 예배의 목적과 방향

설교와 예배는 밀접한 관계가 있다. 그러므로 오히려 예배의 방향과 목적을 이해함으로써 좀 더 쉽게 설교의 방향에 대한 해답을 얻을 수 있을 것이다.

그렇다면, 예배의 목적과 방향은 무엇인지 생각해보자.

물론, 이 부분에 대해서도 여러 주장이 있을 수 있다. 예배가 무엇인지 정의하고 그 목적을 파악하기도 매우 까다로울 수 있다. 예배에 대한 성경에서의 명확한 정의가 없을 뿐 아니라 역사적으로도 예배의 형식은 늘 변해왔기 때문이다. 하지만, 예배의 목적에 관한 논의가 설교의 목적과 방향에 관한 논의보다는 어느 정도 일치된 견해를 가지고 있다.

예배에는 많은 목적이 있을 수 있다. 하지만, 예배의 핵심은 하나님께 영광을 돌리는 것이다. 예배는 인간을 위한 것이 아니다. 예배의 일차적 목적은 하나님이다. 하나님의 백성으로 부름을 받은 교회가 하나님과 만남의 자리에서 하나님께 영광을 돌리고 그분을 찬양하는 것이 예배이며, 우리가 추구해야 할 예배의 목적이다. 이런 예배에 대한 기본적인 이해에는 큰 이견이 있을 수 없다.

예배를 통해서 예배자인 인간은 은혜를 얻고 회복을 얻는다. 예배를 통해서 공동체가 교제하고 하나가 되기도 한다. 하지만, 이런 것들은 예배에서 다뤄야 할 부수적인 부분이다. 예배의 핵심 목적은 하나님께 영광을 돌리는 것이다.

예배의 초점은 인간이 아니라 하나님이시다. 우리가 예배를 드리는 일차적 이유는 은혜를 받기 위함이 아니라, 하나님을 온전히 높이고 그분의 영광을 찬양하기 위함이다. 이런 예배의 목적에 올바로 매여있을 때 우리는 예배를 통해 기쁨과 감격의 은혜를 얻게 된다.

예배에서 우리가 받는 은혜는 예배의 일차적 목적이 될 수 없다. 이는 우리가 마땅히 해야 할 것을 한 결과로 주어지는 말 그대로의 은혜일 뿐이다. 창조의 목적대로 행했을 때 주어지는 자연스러운 결과일 뿐이다. 그러므로 예배의 핵심은 하나님과 그분을 향한 영광이다. 이런 이해는 하나님께 영광을 돌리는 것을 가장 중요하게 생각하는 개혁신학과도 일맥상통한다. 잘 알려진 웨스트민스터 신앙고백서 대요리문답 첫 번째 물음도 이를 분명히 한다.

> Q. 사람의 첫째 되는 목적은 무엇인가?
> A. 사람의 첫째 되는 목적은 하나님을 영화롭게 함과 영원토록 하나님을 온전히 즐거워함이라.

예배는 하나님과의 만남이다. 하나님과 인간이 교제하는 자리가 바로 예배의 공간이다. 주일 예배는 이 만남을 정례적이고 규범적으로 만들어 공동체가 함께하는 모임이다. 그 만남에서 공동체는 하나님을 높이고 찬양해야 한다. 하나님이 하신 일을 기억하고 기념하며 그분께 영광을 돌리는 것이 바로 예배이며 예배의 목적이다.

6) 예배 속에서의 설교의 목적과 방향

예배의 한 요소로서의 설교는 예배와 같은 목적과 방향을 가져야 한다. 그러므로 설교의 목적과 방향은 예배와 같이 하나님께 영광을 돌리는 것이 되어야 한다. 설교는 하나님을 찬양하고 하나님께 영광을 돌리는 일에 집중하고 그 일이 잘될 수 있도록 해야 한다.

예배의 중심이 인간이 아니라 하나님이신 것처럼 설교의 중심도 인간이 아니라 하나님이 되어야 한다. 설교는 하나님께 영광을 돌리는 데 우선순위를 둬야 한다.

그렇다면, 설교는 어떻게 이 부분을 감당할 수 있을까?

예배 속에서 설교는 하나님을 드러내는 통로가 되어야 한다. 하나님의 뜻을 드러내고 하나님이 하신 일을 말해주며 하나님이 공동체에 하실 일을 기대하게 해야 한다. 설교는 하나님의 계시의 완전한 수단인 성경을 청중에게 전한다. 예배자들은 해석된 하나님의 말씀인 설교를 통해서 하나님을 더 알아가고 그분의 뜻과 하신 일 그리고 하실 일을 깨닫게 된다.

공동체는 설교의 말씀 속에서 오늘도 살아 계셔서 역사하시는 하나님을 만나고 깨닫고 경험하게 된다. 설교를 통해 하나님을 만나고 그분의 은혜를 깨닫게 된다. 이렇게 설교에서 드러난 하나님을 찬양하고 기뻐하는 것이 예배이며 찬양과 기도가 이런 반응의 통로가 된다.

7) 설교의 내용

설교의 목적은 설교의 내용을 결정하게 된다. 설교의 목적이 하나님께 영광을 돌리고 그분을 드러내는 것에 맞춰져 있다면, 설교의 내용은 이를 충실히 따라야 한다.

그렇다면, 어떻게 설교를 통해서 하나님께 영광을 돌릴 수 있을까?

어떻게 하나님을 드러내며 그분께 영광을 돌릴 수 있을까?

해답은 하나님이 누구이신지에 집중하는 것이다. 하나님이 누구인지를 알기 위해서는 하나님이 하신 일에 집중하는 것이 필요하다. 성경은 하나님이 하신 일의 기록으로 채워져 있다.

물론, 겉으로는 아브라함, 이삭, 야곱, 모세와 다윗과 같은 개인의 이야기로 채워져 있다. 성경은 이스라엘 민족의 역사와 이스라엘을 통치한 왕들이 이야기로 가득하다. 신약에는 예수님의 이야기와 함께 예수님을 만난 사람들의 이야기가 있다. 이렇게 성경은 사람들의 이야기로 채워져 있는 것 같다.

하지만, 사실 성경은 인간의 이야기가 아니라, 그들을 통해서 일하시는 하나님의 이야기이다. 인간의 이야기가 많은 부분을 차지하지만, 정작 그 이야기의 주인공은 인간이 아니라 하나님이다. 하나님은 자신을 인간들의 삶 속에서 계시하심을 통해서 자신의 영광을 드러내셨다. 하나님이 이 세상을 창조하신 목적이 바로 자신의 영광 때문이다. 하나님의 백성을 창조하신 이유도 바로 하나님을 향한 찬송과 영광을 돌리게 하기 위함이다.

> 이 백성은 내가 나를 위하여 지었나니 나를 찬송하게 하려 함이니라(사 43:21).

하나님의 모든 행위는 바로 그분의 영광을 위함이었다. 그러므로 설교가 해야 할 일은 하나님이 어떤 분이신지 드러내고 이를 통해서 그분을 깨닫고 그분께 영광을 돌리는 것이다. 예수님은 성찬을 우리에게 명하시면서 "나를 기념하라"고 말씀하셨다.

> 또 떡을 가져 감사 기도하시고 떼어 그들에게 주시며 이르시되 이것은 너희를 위하여 주는 내 몸이라 너희가 이를 행하여 나를 기념하라 하시고(눅 22:19).

> 축사하시고 떼어 이르시되 이것은 너희를 위하는 내 몸이니 이것을 행하여 나를 기념하라 하시고(고전 11:24).

예배 시간에 말씀을 통해서 하나님이 어떤 분이신지, 그분이 우리에게 행하신 일이 무엇인지 기념하고 기억해야 한다. 우리를 구원하신 십자가 사건과 예수 그리스도를 기념하고 드러내는 것이 설교의 목적이다.

하나님은 자신을 보여주시기 위해서 많은 일을 행하셨다. 이런 성경의 역사적 사건을 기술하고 설명함을 통해서 하나님을 드러내고 전해야 한다. 그리고 하나님을 드러냄을 통해서 하나님께 영광을 돌리는 것이 설교의 목적이 되어야 한다. 이 목적에서 벗어나는 설교는 예배와의 관계가 단절된 것이다.

그러므로 하나님을 드러내고 하나님께 영광을 돌리지 않는 설교는 궁극적으로는 잘못된 설교다. 설교가 지나치게 인간에게 초점을 맞추고 그들의 이야기만으로 채워진다면 그 설교는 목적과 방향을 상실한 것이다. 세상의 복과 안위에만 초점을 맞추는 설교는 하나님이 기뻐하지 않으신다. 설교는 인간 그리고 인간의 관심사가 아니라 하나님을 드러내야 한다.

그런데, 오늘날 설교는 어떠한가?

설교가 담고 있는 내용의 핵심이 하나님이 아닐 때가 얼마나 많은지 모른다. 하나님이 설교의 중심에서 주변부로 밀려날 때가 얼마나 많은지 모른다. 인간의 필요와 욕망이 설교의 주제가 되는 인본주의적 설교가 예배를 채우고 있는 것이 오늘의 현실이다. 설교가 지나치게 세상적인 지식을 주려고 노력한다.

이런 설교를 세련되고 멋있는 설교라고 생각하는 것 같다. '가정을 회복시키는 법', '세상에서 승리하는 법', '긍정적 언어생활', '결혼생활 십계명', '이성 교제', '성실' 등. 이런 이야기들은 사실 세상 강의에서도 충분히 들을 수 있는 내용이다.

물론, 설교에서 이런 내용을 담을 수 있다. 이런 이야기는 절대 할 수 없다는 것은 아니다. 하지만, 분명한 것은 그 목적과 방향은 언제나 하나님을 드러내고 그분께 영광을 돌리는 것이어야 한다는 점이다. 그렇지 않고 성경 이야기로 포장된 세상적인 이야기에 그친다면 그 설교는 이미 설교로서의 정체성을 잃어버린 것이다.

설교는 하나님께 영광을 돌리기 위해서, 그분을 드러내기 위해서 그분이 행하신 일에 집중해야 한다. 설교에서 하나님을 드러낼 때, 청중들은 예배 가운데서 하나님을 경험하고 하나님을 만나게 될 것이다.

8) 양육과 훈련은 설교에서 다루지 못할 내용인가?

설교의 목적은 예배와 함께 하나님을 높이고 그분의 영광을 드러내는 것이다. 그러므로 설교의 내용은 하나님이 누구이신지 드러내고 이를 위해서 하나님이 하신 일에 집중해야 한다. 설교에서 지나치게 인간의 필요와 세상적인 복을 추구하는 것은 적절하지 않다.

설교에서 하나님만 드러내고 하나님께만 집중해야 한다면 성도들을 위한 양육과 훈련은 어떻게 해야 하는지에 관한 의문이 생길 수 있다. 설교에서는 하나님 이야기만 해야 하는지 의문이 들 수 있다. 이런 질문에 답하기 위해서 우리는 예배와 예배 아닌 것을 구분할 필요가 있다.

필자는 설교는 예배 안에서 이뤄지는 것으로 제한하였다. 그러므로 예배 안에서는 하나님께 집중하는 것이 필요하다. 그 외 모임에서는 성도를 양육하기도 하고 훈련하는 목회적 필요를 채워줄 수 있다. 때로는 성도를 위로하고 격려하며 복을 빌어줄 수도 있다. 그러므로 예배가 무엇인지, 예배를 어디까지 인정할지 결정하는 문제까지 고민해야 한다.

9) 예배와 예배 아닌 것 구분하기

예배가 설교의 방향을 정하는 것에 중요한 기준이 된다면 예배를 좀 더 연구해 볼 필요가 있다. 앞에서 설교와 관계된 예배는 광의의 예배가 아니라 협의의 개념인 예전적 예배라고 했다. 그렇다면, 어디까지를 예전적 예배로 봐야 하는지 규정하는 것도 중요해진다. 그래야 어디까지를 우리의 논의 대상인 설교로 볼 수 있는지 확인할 수 있기 때문이다.

일단, 예전적 예배라는 것은 한 공동체가, 특정한 시간에 규칙적으로 한 공간에 모여, 하나님을 높이고 찬양하는 시간을 갖기로 한

예식으로서의 모임이다. 한국 교회에서는 광의의 개념과 협의의 개념으로서의 예배가 혼동되어 사용되고 있다.

교회의 다양한 모임을 모두 예배라고 부르는 잘못된 전통을 만들어 버렸다. 모든 경건 모임을 예배와 같이 중요하게 생각하려는 좋은 의도에서 시작되었겠지만, 부작용도 만만치 않다. 모든 것이 중요하다고 말하기 시작하면, 결국에는 아무것도 중요하지 않게 된다.

한국 교회는 경건을 위한 신앙 모임 대부분을 예배라 부르고 있다. 예배라고 부르기 시작했기 때문에 그 모임에 예전적 예배의 형식을 함께 사용했다. 구역 모임도 구역예배로, 장례예식도 장례예배로 만들었다. 그뿐만이 아니다. 결혼예배, 돌예배, 개업예배 등 여러 기독교 예식과 모임에 예배라는 명칭을 붙였다. 새벽기도회는 새벽예배가 되었고 수요기도회는 수요예배로 금요기도회는 금요예배로 불리고 있다.

그리고 예배라는 이름에 걸맞게 모든 모임에 소위 말하는 설교를 도입한다. 조금 다른 이야기이지만 한국 교회에 설교 사역이 많아진 이유는 바로 모든 모임을 예배화했기 때문이다. 이렇게 모든 모임을 예배로 만들어 놓고 정작 해야 할 일을 제대로 못 하는 것은 아닌지 염려된다. 기도회였던 새벽, 수요, 금요기도회에서 기도의 비중은 점차 줄어들고 설교의 비중이 늘어나 버렸다.

이런 모임들이 별로 중요하지 않다고 말하는 것이 아니다. 예배라는 표현을 절대 붙일 수 없다는 말도 아니다. 다만, 이렇게 예배라는 용어를 남용할 때, 원래 예배의 의미가 퇴색되어 버릴 위험이 커진다는 문제를 지적하고 싶을 뿐이다. 예배는 하나님을 높이고 하나님께 영광을 돌리는 예식이다. 예배에 중심은 하나님께 있어야 한다.

예배와 돌잔치는 함께할 수 없다. 돌잔치의 주인공은 사실 생일을 맞은 아기다. 그런 모임에 예배라는 용어를 사용하는 것은 문제가 있다. 결혼식도 마찬가지다. 결혼식은 하나님께 영광을 돌리는 예배가 될 수 없다. 결혼식은 예배가 아니다. 그냥 기독교 예식으로 치르면 되는 것이다. 구역예배는 구역 모임으로 서로를 돌아보고 나누는 공동체의 소그룹 모임이지 예배가 아니다. 가정에서 가지는 경건 모임도 예배라는 단어를 쓰기에는 거창하다.

그렇다면, 예배와 예배 아닌 것을 구분하는 기준을 생각해 보자. 그 기준 중 핵심은 성찬이다. 성찬의 시행 여부에 따라 예배와 예배 아닌 것을 나눌 수 있다. 초대교회로부터 예배의 핵심 두 기둥은 성찬과 말씀이었다. 이 전통은 역사 속에서 지금까지 계속됐다. 때로는 성찬 중심으로 예배가 진행되기도 하고 때로는 설교 중심으로 예배가 이뤄지기도 했지만, 말씀과 성찬이 함께 가야 한다는 신학적 사실에는 지금까지 변화가 없다. 종교개혁도 이 부분을 재확인했다.

이 관점에서 본다면 성찬이 없는 예배는 예배가 아니다.

그렇다면, 성찬이 들어가는 예배는 무엇인가?

바로 주일 오전 예배다.[9] 물론, 주일 오전 예배에서 매주 성찬을 하는 것은 아니다. 하지만, 여러 현실적 상황 때문에 실천하지 못하는 것일 뿐이다. 원래 성찬은 매주 해야 한다. 그리고 성찬을 하는 시간은 주일 공동체가 예배 시간으로 정한 그때다. 대부분 교회는

---

9 물론, 예배를 주일 오전에만 드리라는 법은 없다. 공동체가 함께 정기적인 모임을 결정하면 그 시간에 맞춰 예배를 드리는 것이다. 교회 규모가 큰 교회는 예배 모임을 나눠서 드리기도 하지만, 핵심은 소위 대예배라고 불리는 한 번의 예배가 본서에서 말하는 예전적 예배라고 할 수 있다.

주일 오전에 성찬이 속한 예배 모임을 하고 있다. 그리고 나름 다른 예배 모임과 구분하기 위해서 소위 "대예배"라는 명칭을 사용하기도 한다.

이런 명칭의 혼란은 예배라고 명명되는 모임이 너무 많기 때문이기도 하다. 원래 교회 모임이 이렇게 많은 것은 아니었다. 한국처럼 이렇게 공동체 전체가 모이는 공식 모임이 많은 경우도 매우 드물다. 물론, 초대교회는 날마다 모였지만 모임의 핵심은 주님이 부활하신 주일이었고 그들은 주일에 예배를 드렸다. 초기에는 날마다 모였지만 이후에는 주일 예배가 정착되었다.

한국 교회는 세계 어느 교회보다 열정이 넘쳤다. 그래서 자주 모였고 각종 모임으로 경건 생활을 이어왔다. 수요일에 모여 기도했고, 금요일에는 밤을 새우면서 기도했다. 또한, 매일 새벽을 깨우며 기도했다. 이런 신앙의 전통이 예배로 변화되면서 원래 모임의 의도와는 사뭇 다른 형태가 되어 버렸다. 이런 다양한 경건 모임이 예배의 형태를 가지면서 예배의 경계가 모호해지게 되었다. 물론, 이런 경건 모임들이 한국 교회를 이렇게 성장시킨 원동력이기도 하다. 분명 자주 모이기를 힘쓰는 한국 교회의 순수한 열정과 헌신은 분명 계속 지켜가야 하는 중요한 핵심가치다.

하지만, 모든 모임이 예배가 되면서 설교의 횟수를 너무 과하게 늘려놓았고 설교자의 부담이 커지게 되었다. 기도회라면 꼭 설교가 없어도 문제가 되지 않는다. 물론, 간단하게 말씀을 나누고 그 말씀을 중심으로 기도하면 더욱 좋겠지만 설교가 필수로 들어갈 필요는 없다. 하지만, 한국 교회는 새벽, 수요, 금요일의 모임을 기도회에서 예배로 전환해 버렸고 예배의 형식을 취한 경건 모임의 중심에 설교가 자리를 잡게 되었다.

　만약, 엄격하게 예배의 기준을 적용한다고 생각해 보자. 수요기도회를 예배로 보지 않는다면 그곳에서 행하는 설교는 우리가 생각하는 설교가 아니다. 강의의 의미가 될 수도 있고 성경 공부의 의미가 될 수도 있다. 물론, 설교가 없어도 큰 문제는 없다. 예배가 아니라 기도회이기 때문이다. 만약 이것이 사실이라면 수요기도회, 금요기도회 등에서 행하는 소위 말하는 설교와 예전적 예배에서 하는 설교를 어느 정도 구분할 필요가 있다. 그 차이점은 앞서 예배의 관계성에서 살펴봤던 하나님 중심이다.

　예배에서의 설교는 하나님을 드러내는 설교에 초점을 맞추어야 한다. 그분께 영광을 돌리는 목적에 초점을 맞춰야 한다. 그래서 설교의 내용은 하나님과 하나님이 하신 일과 그 의미로 채워져야 한다. 하지만, 목회적 필요에서 성도들을 교육하고 양육할 필요도 있다. 이런 필요를 예배가 아닌 다른 모임 시간에 채울 수 있다. 주일이 아닌 시간에는 좀 더 성도의 삶을 돌아보고 양육하는 부분에 초점을 맞출 수 있다. 예를 들어, 금요기도회를 금요예배로 본다면 그때 설교는 하나님께 영광을 돌리는 일에 초점을 맞춰야 한다. 예배이기 때문이다.

　하지만, 기도회로 본다면 그때 전해지는 말씀은 성도들이 올바른 기도를 할 수 있도록 인도해 주는 역할을 하면 된다. 이런 세심한 구분이 다시 세워진다면 교회는 좀 더 본질을 추구하는 데 집중할 수 있게 될 것이다.

　물론, 수요기도회와 금요기도회는 절대 예배가 될 수 없고 늘 모든 모임을 정확한 구분을 해야 한다고 주장하는 것은 아니다. 본질을 기억하고 각 모임의 명확한 구분을 통해서 각각의 모임 시간이 가지는 의미들을 되살리고 그 지식을 실천적으로 적용할 필요성이 있다고 주장하는 것일 뿐이다. 때로는 명확하게 구분을 짓는 것이 분명 어려울 수도 있다. 그렇지만 어느 정도의 구분은 우리가 설교와 예배를 이해하는 데 큰 도움이 될 수 있다.

이런 의미에서 예전적인 예배의 범위는 어느 정도 정해져야 한다. 주일에 드리는 예배를 예배로 볼 것인지 수요일, 금요일, 새벽 모임 모두를 예배로 볼 것인지 고민해야 한다. 그리고 그에 따른 설교의 목적성과 방향성을 결정하는 것이 필요하다. 예배 속에서 설교는 분명한 방향성을 가지고 행해져야 한다. 설교는 예배가 가야 하는 방향과 다른 방향으로 흘러가서는 안 된다. 바라기는 주일 예배와 다른 경건 모임들을 구분하고 각 특성에 맞게 모임을 하는 것이 좋겠다.

예배 이외의 경건 모임에서 말씀을 전하는 시간은 필수적이지 않으며, 만약 전하게 된다면 그 모임의 특성과 목표에 맞게 전하면 된다. 하지만, 예배 시간만큼은 하나님께 집중하고 좀 더 하나님 중심적으로 설교하는 노력이 필요하다.

10) 예배 밖의 설교

설교는 예배 안에서 말씀을 전하는 것이다. 그렇다면, 예배 밖에서는 말씀을 전할 수 없는지, 예배 밖의 설교는 불가능한지 의문이 생긴다. 앞서 논의에 기초한다면 예배 밖에서의 설교는 가능하지 않다. 물론, 예배 이외의 모임에서 말씀을 전할 수 있다. 그리고 넓은 의미에서 그것을 설교로 부를 수도 있다. 하지만, 예배가 무엇인지, 설교가 무엇인지 조금 더 명확하게 정의하는 차원에서, 설교는 예배 안에서 이뤄지는 것이며 그렇기에 예배 밖에서 이뤄지는 설교는 전도, 성경 공부, 강의 등 설교와는 다른 것으로 이해할 필요가 있다.

다양한 경건 모임에서 말씀을 전하는 것은 가능하고 그런 일들이 설교의 형태와 닮아있고 설교와 구분하기 어려운 것도 사실이다. 지나치게 엄격한 경계를 만들고 구분 자체에 집착하거나 매달리는 것은 별다른 유익이 없다. 이런 경계와 구분을 만드는 이유는 바른 설교의 방향성을 이해하려는 노력 때문이다.

교회에서 모든 모임을 예배로 명명하고 예배가 가지는 중요성을 다른 모임에도 강요하는 경우가 있다. 이런 과도한 강조는 불필요한 율법주의를 낳게 된다. 우리는 예배 아닌 것에 너무 몰두하고 있는 건 아닌지 고민해 볼 필요가 있다. 예배에 관한 생각이 변화되면 설교에 임하는 우리들의 태도에도 어느 정도 변화가 있을 수 있다. 중요한 것은 어느 것이 예배인지 아닌지에 대한 구분과 구별이 아니다. 분명한 예배와 설교에 대한 이해를 통해서 우리에게 주어진 사역에 하나님이 원하시는 뜻에 맞게 충실하게 감당하는 것이 핵심이 되어야 한다.

4. 예배와의 관계성에 발견하는 설교의 목적과 내용

지금까지 논의를 통해서 설교와 예배의 관계성을 살폈고, 이를 통해서 설교가 추구해야 할 방향과 목적 그리고 내용을 확인했다. 설교는 하나님께 영광을 돌리는 예배와 분리될 수 없다. 그러므로 설교의 목적과 내용은 예배의 방향성과 일치를 이뤄야 한다. 예배에서 하나님께 집중하는 가치를 핵심에 놓는다면 설교도 마찬가지여야 한다.

설교에서 인간적이며 세상적인 이야기는 설교의 중심에서 사라져야 한다. 설교는 하나님이 드러나는 하나님 중심성을 잃지 않아야 하며, 이런 가치를 이어갈 때 설교는 설교다워지고 예배는 예배다워질 것이다.

설교의 5요소: 하나님

두 번째로 살펴볼 설교 요소는 "하나님"이다. 여기서 말하는 하나님은 설교를 통해서 드러나게 되는 하나님, 설교 속에 임재하시는 하나님 그리고 설교의 말씀이 살아 역사하도록 일하시는 하나님의 사역까지 포함하는 포괄적인 요소이다.

1. 설교의 주인공은 하나님

왜 설교의 요소에 하나님이 있어야 할까?

이는 설교의 목적과 연결된다. 우리는 앞 장에서 설교의 목적이 하나님께 영광을 돌리는 것이어야 함을 살펴봤다. 설교의 목적은 예배와 마찬가지로 하나님을 높이고 하나님께 영광을 돌리는 하나님 중심적이어야 한다. 그러므로 설교의 내용은 하나님을 드러내고 그분을 높이는 것으로 채워져야 한다. 예배가 하나님을 높이는 것에 근원적인 초점을 맞추고 있다면 예배의 한 요소로서의 설교 또한 당연히 예배의 방향성과 보조를 맞춰야 하기 때문이다.

이러한 설교의 하나님 중심성은 설교의 요소로서 하나님이라는 부분에서도 동일하게 증명된다. 설교에서 하나님이란 요소가 빠져 버리면 설교는 세상 어디서나 들을 수 있는 인간의 이야기가 될 수밖에 없다. 하나님이 빠진 설교에서도 성경의 이야기가 다뤄질 수는 있다.

하나님, 은혜, 구원 등 기독교의 핵심을 담은 용어들이 다양하게 등장할 수도 있지만, 그 이상의 의미는 없다. 하나님이 주인공이 되지 않는 설교, 하나님께 집중하지 않는 설교, 하나님을 드러내지 않는 설교는 설교의 바른 목적에서 벗어난 설교다.

때론 설교에서 하나님이 직접으로 잘 드러나지 않을 수 있다. 설교에서 일하시는 하나님이 쉽게 인식되지 않을 수 있다. 그러나 하나님은 설교의 출발점이자 목적지가 되어야 한다. 설교에서 하나님을 눈으로 보거나 손으로 만질 수 없다. 그래서 설교의 주인공인 하나님이 설교에서 쉽게 인식되지 않는다. 하지만, 하나님은 설교의 중심이며 설교를 설교 되게 하시는 분이다. 설교자가 설교를 위해 성경 본문을 해석하려 할 때, 성령의 조명이 없다면 하나님의 말씀을 제대로 이해할 수 없다.

설교자가 성경을 통해서 말씀하시는 하나님의 음성을 들을 수 없다면 성도들에게 하나님의 말씀을 전한다고 말할 수 없다. 설교자는 설교할 때 성령의 역사를 기대한다. 부족하고 연약한 설교자를 통해서 전해지는 성경의 이야기가 성도들의 마음에 뿌리내리는 것 또한 성령의 역할이다. 아무리 잘 구성되고 좋은 내용으로 가득차 있더라도 설교는 세상의 이야기와는 차별되는 하늘의 이야기, 생명의 이야기다.

그러므로 성령의 일하심이 아니면 설교는 죽은 설교가 될 수밖에 없다. 반면에 성령 하나님이 일하시는 설교는 생명을 낳는 진리의 말씀이 된다. 이렇게 성령의 역사를 통해서 드러나는 것은 다름 아닌 하나님 자신이다. 하나님은 자신을 계시하시는 분이다. 하나님은 특별히 이 시대에 말씀을 통해서 자신을 드러내신다. 이 계시의 중요한 방편이 바로 설교이다.

결국, 설교의 주제, 설교를 설교 되게 하는 것, 설교의 영향력 그리고 설교의 목적까지 모두 하나님이라는 단어를 빼고는 설명할 수 없다. 그렇다. 설교에 하나님이 회복되고 그분이 온전하게 드러나고 일하시게 될 때 건강한 설교가 회복될 수 있다. 그렇다면 좀 더 구체적으로 설교 속에서 드러나시는 하나님은 어떤 분인지, 어떻게 하나님을 드러내야 하는지 그리고 그렇지 못하는 경우는 무엇인지 살펴보도록 하자.

2. 성도들이 원하는 것은?

1) 성도들이 교회에 오는 이유

성도들이 교회에 오는 이유는 무엇인가?
성도들이 교회에서 경험하고 싶은 것은 무엇인가?
교회는 어떤 곳인가?

교회는 하나님 백성들의 모임이다. 하나님의 백성들이 하나님을 예배하는 곳이 바로 교회다. 설교는 이런 성도들에게 하나님의 말씀을 전하는 핵심 통로다.

성도들이 예배에 참석하는 궁극적 목적은 하나님이다. 성도들이 예배드리는 목적은 하나님을 높이고 그분과 교제하기 위함이다. 성도들은 예배를 통해서 하나님을 높인다. 예배 공동체로 부름을 받은 하나님의 백성들에게 하나님께 영광을 돌리는 것은 성도의 마땅한 의무이다. 성도들은 예배 가운데서 자신의 의무를 수행한다. 위대한 하나님, 찬양 받기에 합당하신 하나님을 만나고 교제하며 그분을 높인다.

성도들이 교회에 오는 목적은 이런 예배를 맛보기 위함이다. 예배 가운데서 하나님을 경험하고 하나님을 경배하기 위해 교회에 나온다. 교회가 이것을 제대로 제공해 주지 못한다면 교회의 존재 이유는 사라지는 것이다.

2) 성도들이 설교에서 듣고 싶은 이야기는 무엇인가?

예배 가운데 하나님을 높이고 위대한 하나님을 만나 경배하기를 원하는 성도들은 설교를 통해서 하나님을 만나고 그분의 뜻을 깨닫기를 원한다. 설교의 목적과 방향은 예배의 방향과 일치되어야 한다. 하나님께 집중하고 그분을 드러내고 그분께 영광을 돌리는 것이 예배의 목적이기에 설교는 그 목적에 부합한 방향으로 진행되어야 한다. 설교자는 설교에서 하나님이 어떤 분인지, 그분이 어떤 일을 하셔서 자신의 영광을 드러내시고 자신을 계시하셨는지 청중에게 전해주어야 한다. 설교의 핵심은 하나님이 되어야 한다.

그런데, 어떤 사람들은 청중이 하나님께만 집중된 하나님 중심적 메시지를 설교에서 듣고 싶어하지 않을 것이라고 걱정한다. 그래서 사람들은 청중이 원하는 것이 무엇인지 늘 귀를 기울이고 설교에 반영해야 한다고 주장하기도 한다. 청중이 관심을 두는 이야기를 설교에 담아내지 않으면 청중은 귀를 닫을 것으로 걱정한다.

과연 그런가?
성도들은 무엇을 듣고 싶어할까?
성도들이 설교에서 진정으로 듣고 싶은 메시지는 무엇일까?

과연 하나님을 믿는 성도들의 관심이 세상에서 성공하고 자신의 문제가 해결되고 물질의 풍요를 얻는 것만을 기대하는지 진지하게 고민해 봐야 한다. 사실 성도들은 하나님의 백성들은 하나님이 어떤 분인지 알고 싶어 한다. 하나님의 뜻이 무엇인지 깨닫고 싶어한다.

성도의 정체성을 생각해 보라. 성도는 하나님을 사랑하는 사람이다. 하나님을 사랑하지 않는 사람은 하나님의 백성이 될 수 없다. 그래서 하나님은 하나님을 사랑하라고 명령하셨다. 하나님을 사랑하는 것은 하나님 백성의 마땅한 삶의 모습이다.

> 너는 마음을 다하고 뜻을 다하고 힘을 다하여 네 하나님 여호와를 사랑하라(신 6:5).

그러므로, 하나님의 백성이 들어야 하는 말씀은 사랑하는 하나님을 드러내는 말씀이다. 성도들이 설교에서 듣고 싶은 것은 세상의 잡다한 지식이 아니라 하나님이 어떤 분이신지 알려주는 성경 말씀이다. 성도들이 가장 기뻐하는 것 그리고 기뻐해야 하는 것은 하나님을 알아가는 것이다. 하나님은 무한하신 분이다.

그 무한하신 분을 우리는 평생 그리고 영원토록 알아가게 될 것이다. 이것이 성도의 본분이다. 이것이 성도의 가장 큰 기쁨이며 천국에서의 누리게 될 위대한 복이다. 바울은 이 가치를 깨닫고 그리스도를 알기에 힘썼다. 그리고 그리스도를 전하기 위해 평생을 헌신했다. 설교자는 바울의 길을 따라야 한다.

> 그러나 무엇이든지 내게 유익하던 것을 내가 그리스도를 위하여 다 해로 여길뿐더러 또한 모든 것을 해로 여김은 내 주 그리스도 예수를 아는 지식이 가장 고상하기 때문이라 내가 그를 위하여 모든 것을 잃어버리고 배설물로 여김은 그리스도를 얻고(빌 3:7-8).

3) 교회가 전해야 할 메시지

물론, 성도 중에서는 하나님을 드러내는 설교가 아니라 세상적인 유익을 다루는 설교에 더 많은 관심을 보이는 사람들도 적지 않다. 자신의 필요를 채우기 위해서 하나님을 찾는 사람들도 분명히 있다. 예수님께 나왔던 사람들의 일차적 목적은 대부분 질병의 치유였다. 예수님께 나왔던 사람 대부분은 자신의 문제 해결을 위해서 예수님을 찾았다. 그들에게 하나님의 영광 같은 것은 일차적 관심사가 아니었다.

마찬가지로 교회에 오래 다닌 사람 중에서도 여전히 세상에서 성공하고 당면한 문제가 해결되기를 바라는 기복주의적인 관심 때문에 예배당에 앉아 있는 사람들이 많다. 이것이 현실이고 우리의 목회 현장에서 맞닥뜨리는 실제 상황이기도 하다.

　반면에, 잊지 말아야 할 것은 설교의 궁극적 목적이며 이를 위해 헌신해야 하는 설교자의 사명이다. 청중이 인본주의적이고 기복주의적인 설교 메시지에 기뻐하고 반응한다고 해서 설교자가 그것을 따라간다는 것은 자신에게 주어진 사명을 포기하는 것이다.

　성실한 설교자는 여전히 하나님을 제대로 알지 못하고 진리를 깨닫지 못하는 자들에게, 혹은 잠시 세상의 유혹에 마음이 빼앗긴 사람들에게 하나님을 드러내고 그분의 말씀을 전하여 진리를 알게 해야 한다. 설교 속에, 설교를 통해 임하시는 하나님을 통해 사람들은 하나님 백성으로서의 정체성을 회복하게 될 것이다. 설교를 통해서 하나님을 만나고 하나님의 뜻을 깨닫게 되면 세상 것들을 구하던 마음에서 하나님 나라를 구하고 그분의 통치를 기뻐하는 마음으로 변화할 것이다.

　진정한 신자라면 하나님의 말씀을 깨달아 다시 하나님 앞으로 돌아오게 될 것이다. 하나님을 알아가는 기쁨을 맛본 사람은 더욱더 하나님을 알아가기를 기대한다. 설교자는 이런 선순환이 설교에서 나타날 수 있도록 중심을 잡고 사명에 헌신해야 한다.

　교회는 그 일을 위해 부름을 받았다. 하나님을 만나고 교제하고 그분의 영광을 경험하기를 원하는 자들이 하나님의 은혜를 경험하도록 해야 한다. 아직도 하나님의 은혜를 모르고 세상적 가치관에 빠져 살아가는 사람들에게는 진리를 전하여 성도의 존재 목적에 맞는 삶을 살도록 도전하고 양육해야 한다.

3. 어떻게 하나님을 드러낼 것인가?

1) 하나님은 자신을 드러내시는 분이다

　우리의 희망은 자신을 자기 백성에게 드러내시기 기뻐하시는 하나님의 속성이다. 하나님은 자신을 계시하시는 분이다. 하나님은 자신을 하나님의 백성들에게 드러내기를 기뻐하신다. 이를 통해 하나님의 백성들이 하나님을 알고 온전히 예배하기를 원하신다.

　물론, 하나님이 자신을 드러내시고 계시하시기를 기뻐하신다는 사실이 자동적인 하나님의 임재를 보장하지는 않는다. 때때로 우리는 하나님의 침묵을 경험하기도 하고, 숨어계시는 것 같은 하나님을 경험하기도 한다. 하지만, 분명한 것은 하나님께서는 하나님이 원하시는 때에 하나님이 원하시는 방법으로 자신을 자기 백성에게 드러내신다는 사실이다.

　유한한 인간은 무한한 하나님을 인식할 수 없다. 영이신 하나님을 육신의 한계를 가진 인간이 깨달을 수 없다. 죄인인 인간이 거룩하고 완전한 하나님을 만날 수 없다. 하나님이 먼저 손을 내밀어 주지 않으시면, 인간은 하나님을 깨달을 수 없고 그분 앞에 설 수도 없다. 은혜와 긍휼이 풍성한 하나님이 먼저 우리에게 찾아와 주셨고 만나 주셨고 위대한 하나님 자신을 계시해 주셨다. 하나님은 하나님의 백성에게 나타나셨고 자신을 보여주셨다. 하나님의 뜻을 부르신 백성들에게 알려주셨고 그 뜻에 순종할 수 있도록 훈련하셨고 날마다 동행하며 인도해 주셨다.

때로 하나님의 사람들을 통해 자신의 뜻을 알려주셨고 스스로 육신이 되어 이 땅에 오셔서 자신을 보여주셨다. 그리고 보혜사 하나님은 우리 안에 내주하시며 하나님의 백성을 보호하시고 인도하신다.

하나님은 그분의 백성에게 자신을 드러내시기를 기뻐하신다. 그러므로 우리는 하나님을 인식할 수 있고 하나님의 하나님 되심을 깨닫고 기뻐하고 찬양하고 감사할 수 있게 되었다. 하나님의 자기 계시가 우리의 소망이며 은혜이며 기쁨이다. 이제 성도는 하나님의 자기 주심을 인식하고 이해하고 그에 합당한 반응으로 하나님께 영광을 돌려야 한다.

2) 말씀을 통해 자신을 드러내시는 하나님

하나님은 하나님의 백성들에게 자신을 계시하시고 드러내신다. 구약 시대에 하나님께서는 직접 하나님의 백성들을 만나주셨다. 모세는 떨기나무 가운데 임하신 하나님을 만났다. 출애굽한 이스라엘 백성은 시내산에서 하나님 임재의 영광을 경험했다. 또한, 하나님은 선지자들을 통해서 하나님의 백성들에게 자기의 뜻을 드러내셨다. 물론, 이런 하나님의 임재는 인간이 감당할 수 없는 엄청난 것이었다.

하나님은 언제나 동일하시다. 그분은 오늘도 자신을 드러내시기 기뻐하신다.

그렇다면, 오늘날 하나님은 어떻게 자신을 드러내시는가?

오늘날에도 직접 계시를 통해서 우리에게 말씀하시는가?

그렇지 않다. 이제 하나님은 자신을 하나님의 완성된 계시인 성경에 보여주셨다. 성경이 무한하신 하나님을 전부 담을 수 없지만, 유한한 인간이 이해할 수 있는 것 이상의 하나님을 충분하고 충만하게 담고 있다. 그리고 그 충만한 하나님의 자기 계시인 성경을 전하는 위대한 통로가 바로 설교다.

이제 하나님을 알기 위해서 다른 것을 찾을 필요가 없다. 하나님을 만나기 위해서 특정한 장소로 갈 필요가 없다. 하나님의 백성은 성경을 통해서 하나님을 만나고 하나님의 뜻을 깨닫고 은혜를 경험한다.

3) 올바른 성경 해석을 통한 하나님 드러내기

하나님은 성경 말씀을 통해서 자신을 드러내셨다. 직접 자신을 설명하신 부분도 있지만, 대부분은 성경 인물들을 통해서, 역사를 통해서 그리고 다양한 사건 속에서 자신을 드러내신다. 설교자는 이런 성경 속 이야기들을 바르게 해석하여 오늘을 살아가는 성도들에게 전달해야 한다. 수천 년 전의 이야기 속에서 일하셨던 하나님이 어떤 분이시며 그 하나님이 오늘도 동일한 하나님이심을 선포해야 한다. 이후에 성경 해석에 관해서 이야기하겠지만 이 문제는 간단하지 않다.

성경을 해석하고 전달하는 과정은 매우 어렵고 까다롭다. 하지만, 포기할 수 없는 중요한 일이다. 설교를 맡은 자는 이 일에 최선을 다해야 한다. 성경은 우리와 다른 시대와 다른 문화 속에 살았던 사람들의 이야기다. 이것을 현대 성도들이 이해하도록 설명해 내는 것이 설교자의 임무이다. 성경의 인물이 경험했던 인생의 문제 그리고 그 속에서 그들이 만났던 하나님을 오늘 하나님의 백성들과 연결해줘야 한다.

성경 본문을 제대로 해석해 내지 못하면 본문의 의미는 왜곡되고 그 본문을 통해서 만나야 하는 하나님도 왜곡될 수밖에 없다. 본문에서 하나님이 드러나지 않고 성경 인물이 주목 받는다든지, 기적과 같은 신기한 사건에만 초점이 맞춰진다면 본문에서 원래 드러나야 했던 주인공인 하나님은 감춰지게 된다. 그러므로 올바른 성경 해석은 하나님을 온전히 드러내는 핵심 열쇠가 된다.

4) 본문을 올바로 해석한다는 것은 무엇인가?

성경 본문의 올바른 해석은 모든 해석자의 공통 목표다. 성경 해석자들은 모두 올바른 성경 해석을 추구한다. 그리고 모든 사람은 자신의 해석한 결과물이 바른 해석이라고 굳게 믿는다. 성경 해석을 잘못해야겠다는 생각으로 본문을 대하는 사람은 없다. 잘못된 성경 해석을 추구하는 사람은 없다. 모두 다 올바른 해석을 추구하고 그것을 위해서 부단히 애쓴다. 문제는 바른 해석을 추구하는 노력이 늘 바른 결실을 가져오지 않는다는 사실이다.

사람들은 자신의 해석이 옳다고 생각한다. 완벽하지는 않겠지만 나름 좋은 해석이라고 평가한다. 바른 해석을 위한 사람들의 선한 의도를 의심하지 않지만, 해석의 결과물에 대해서는 다양한 고민이 필요한 것 같다. 이단들도 자신들의 해석이 옳다고 주장하기 때문이다. 이단들도 자신의 해석이 틀렸다고 추호도 생각하지 않을 것이다. 기존 교회가 성경을 제대로 모르기 때문에 성경을 잘못 해석한다고 생각할 것이다.

그렇다면, 대체 해석 결과물의 평가 기준은 무엇인가?

올바른 해석과 잘못된 해석을 구별하는 기준은 무엇일까?

자세한 내용은 본문 해석에 관해서 다룰 때 살펴보도록 하고 여기서는 설교의 요소인 "하나님"과 관계된 부분에서만 생각해 보자. 성경을 올바로 해석한다는 것은 성경 말씀 속에서 하나님을 얼마나 잘 드러내는가에 있다.

성경은 하나님의 이야기다. 성경에 세상을 살아가는 지혜가 담겨 있기는 하지만, 이는 부수적인 내용이다. 성경은 세상에서 성공한 사람들의 이야기를 다루지만 핵심 주제는 아니다. 우리가 집중하고 그 속에서 발견해야 하는 것은 성경 인물의 성공 신화나 삶의 지혜가 아니라, 성경을 통해서 자신을 드러내시는 하나님이다.

성경의 주인공은 하나님이시며 하나님은 성경을 통해서 자신을 계시하시기 때문이다. 우리는 성경을 통해서 하나님을 만나고 하나님의 뜻을 깨달을 수 있다. 그러므로 해석자는 본문에서 하나님이 어떤 분이신지 드러내야 한다. 그리고 성경 본문을 다루는 설교는 당연히 본문의 주제이자 주인공인 하나님을 드러내야 한다.

때로는 성경 본문에서 하나님을 제대로 발견하기 어려울 수 있다. 모든 본문에서 하나님이 직접 등장하는 것은 아니기 때문이다.

예를 들어, 다음과 같은 말씀에서 어떻게 하나님을 드러낼 수 있을까?

> 너는 사람과 더불어 손을 잡지 말며 남의 빚에 보증을 서지 말라(잠 22:26).

이 말씀에서 어떤 하나님을 찾아야 할까?

여기서 윤리적인 교훈을 찾는다면 설교에서 보증에 관해 이야기하게 될 것이다. 하지만, 성경은 윤리와 도덕을 우리에게 전해주는 책이 아니다. 설교를 통해서는 하나님을 드러내고 그분의 뜻을 전해야 한다. 우리는 위 본문을 통해서 일차적으로는 '하나님은 보증을 기뻐하지 않으신다'는 내용을 설교할 수 있다. 그런데 더 중요한 것은 하나님이 왜 이것을 기뻐하지 않으실까에 관한 해석이다.

그러므로 문맥과 함께 어떤 상황 속에서 하나님이 왜 이런 명령을 하셨는지 고민하고 해석하는 일이 필요하다. 사회 정의 속에서 하나님이 어떤 생각을 가지고 계시는지도 살펴봐야 한다. 경제라는 의미 속에서 하나님은 어떤 기준을 가지고 계시는지도 살펴봐야 한다.

또한, 잠언의 장르가 해석에 어떤 역할을 하는지도 살펴야 한다. 그리고 신구약 전체에 흐르는 하나님의 뜻이 무엇인지도 고민해 봐야 한다.

예수님은 남을 위해서 모든 것을 내어주라고 말씀하셨다. 겉옷을 달라 하면 속옷까지 내어주라는 명령과 보증 서지 말라는 명령은 어떤 관계가 있는지, 이를 어떻게 연결해야 하는지도 고민해 봐야 한다. 이렇게 본문을 여러모로 살펴보면서 하나님의 뜻을 드러내고, 하나님이 어떤 분이신지 드러내야 한다.

4. 설교에서 하나님을 제거해 버림

1) 율법주의

 설교에서 하나님이 드러나야 한다. 하지만, 많은 설교에서 하나님이 드러나지 않고 오히려 감춰지고 심지어는 제거되고 있다. 하나님을 언급하고 하나님에 관해서 이야기하지만, 정작 본질적인 이야기는 제대로 하지 못하는 경우가 너무 많다. 그 대표적인 예가 율법주의다. 율법주의는 인간의 행위를 강조하고 그 행위를 통해서 하나님의 은혜와 복을 보장 받으려는 시도다. 구원을 위한 인간의 행위가 강조되고 선행과 신앙을 위한 다양한 활동이 강조된다.
 이렇게 인간의 행위가 강조되면 하나님의 주권과 은혜는 사라져 버린다.[10] 율법주의는 인간의 행위에 하나님의 일하심을 종속시켜 버린다. 실리에(Johan H. Cilliers)에 따르면 율법주의 설교는 다음의 구조를 가진다고 설명한다.[11]

 (1) (과거에) 하나님이 역사하셨다.
 (2) (장래에) 하나님이 역사하기를 원하시거나 역사하실 것이다.
 (3) (현재에) 이를 위하여 우리가 어떤 것을 해야 한다.

---

[10] 여기서 말하는 율법주의를 주의해야 한다는 주장은 인간의 책임과 행위를 거부하는 율법폐기론 혹은 반율법주의를 의미하지 않는다. 여기서 말하는 율법주의는 하나님께 집중하지 않고 인간의 행위에 초점을 두는 신앙 태도를 의미한다.
[11] Cilliers, 『설교 심포니, 살아 있는 복음의 음성』, 159.

일견 타당해 보이나, 이런 구조 속에서 설교는 하나님의 의지나 역사는 인간의 행위에 종속되는 문제를 낳는다. 하나님의 역사는 우리가 현재 어떤 것을 하는 여부에 따라 달라지기 때문이다. 하나님의 주권과 뜻은 사라지고, 하나님은 인간의 행위 여부에 따라 자동으로 개입하시는 자판기 같은 존재로 전락한다.

하나님의 주권과 그 당시 주어진 하나님의 언약은 제대로 살피지 않은 채, 조건만 갖추면 하나님은 자동으로 개입하시길 기대하는 구조가 된다. 출애굽기 14장의 홍해 앞에선 이스라엘의 문제를 설교한다고 생각해보자.

(1) 하나님이 홍해를 갈라 이스라엘을 구원하셨다.
(2) 하나님은 우리 앞에 놓인 여러 문제를 해결하실 것이다.
(3) 하나님의 역사를 경험하기 위해서 우리는 원망하지 말고 인내하며 기다리면 홍해와 같은 문제는 해결(갈라짐)될 것이다.

언뜻 보면 별로 틀린 내용이 없는 것 같다. 이렇게 설교할 수도 있지만, 이런 결론에 도달하기 위해서는 정교함이 필요하다. 우리가 원망하지 않고 인내하면 문제를 해결해 주시는 하나님이 언제나 자동으로 임재하시는 것은 아니다. 성도들의 인생에 언제나 하나님이 개입하셔서 문제를 해결해 주시는 것도 아니다.

때로는 하나님의 침묵이 있을 수 있다. 핵심은 하나님이 이스라엘을 이끄시는 과정 가운데 있고 언약으로 출애굽을 약속하셨다는 점이다. 하나님은 신실하게 약속을 지키는 분이시다. 이런 내용을 다루지 않은 채, 인간의 행위를 통해 조건만 맞추면 문제는 해결된다는 식의 설교가 바로 율법주의적 설교다.

율법주의적 관점을 가지게 되면 설교에서 인간의 행위가 더욱더 강조된다. 사람들은 더 열심히 최선을 다해 무언가를 하는 데 집중한다. 하나님은 제거되고 인간의 행위만 남는다는 뜻이 바로 이런 부분이다. 이런 내용은 이후 본문 해석을 논의하는 과정에서 더 자세히 다루게 될 것이다.

의외로 많은 설교가 이런 율법주의적 내용으로 가득차 있다. 하나님의 영광과 은혜를 전해야 할 설교가 하나님보다 인간의 행위를 강조하는 통로가 되는 안타까운 상황이다. 이렇게 율법주의는 설교에서 하나님을 제거하거나 주변부로 몰아내 버린다. 그러므로 율법주의 설교는 반드시 극복되어야 한다.

예수님이 이 땅에 오셔서 계속해서 싸운 대상은 다름 아닌 말씀을 겉으로만 지키려고 애썼던 바리새인과 같은 종교지도자들이었다. 예수님은 약한 자, 병든 자, 소외된 자들의 친구가 되어 주셨다. 하지만, 바리새인과 종교지도자들과는 계속해서 논쟁하셨다. 우리는 그들을 율법주의자라고 부른다. 바리새인과 같은 율법주의자들은 율법의 원래 뜻에는 별다른 관심을 두지 않은 채, 율법의 행위 자체에만 관심을 가졌을 뿐이다.

그 결과, 율법 안에 담겨있는 하나님의 뜻은 제거되고 의미 없는 행위만 남게 되었다. 인간을 의롭게 할 수 있는 것은 하나님의 은혜임에도 불구하고 자신의 행위로 그 의를 얻을 수 있는 것처럼 열심을 냈다. 하나님을 위한다고 말하지만, 정작 그들에게 남은 것은 스스로를 높이는 인간의 행위뿐이었다. 그들은 정작 중요한 하나님과 그분의 뜻은 무시한 채 행위만을 섬기는 자들이었다.

바울 역시 율법주의자들과 싸웠다. 그는 로마서와 같은 성경을 통해서 믿음으로 구원 얻는 이신칭의 교리를 선포했다. 갈라디아서를 통해서 교회에 들어온 율법주의와 싸웠다.

> 사람이 의롭게 되는 것은 율법의 행위로 말미암음이 아니요 오직 예수 그리스도를 믿음으로 말미암는 줄 알므로 우리도 그리스도 예수를 믿나니 이는 우리가 율법의 행위로써가 아니고 그리스도를 믿음으로써 의롭다 함을 얻으려 함이라 율법의 행위로써는 의롭다 함을 얻을 육체가 없느니라(갈 2:16).

종교개혁자들도 마찬가지였다. 종교개혁자들 역시 율법주의로 대변되는 로마 가톨릭 세력과 싸웠다. 인간의 행위와 공로로 하나님의 자리를 차지하려던 로마 가톨릭에 맞서 말씀을 회복하고 은혜의 회복을 외친 것이 바로 종교개혁자들이었다.

오늘날도 마찬가지다. 믿음으로 구원 얻는 개신교의 기본 정신이 어느 때보다도 널리 퍼져있지만, 율법주의는 인간의 뼛속 깊은 곳까지 파고들어 와 있다. 율법주의는 타락한 인간의 본성으로부터 나오는 결과다. 타락한 인간은 하나님의 은혜를 곧이곧대로 받아들이지 못한다. 스스로 무언가를 해서 결과물을 얻어내기를 기뻐한다.

가만히 있으면 불안하다. 모든 것이 하나님의 은혜라고 하면 오히려 싫어한다. 은혜를 강조하면 자신이 무가치하다고 느낀다. 열심히 행동해서 자신의 가치를 증명하려는 것이 타락한 인간의 본성이다. 이런 면에서 기독교의 역사는 율법주의와의 대결 속에서 순수한 복음을 지켜왔던 하나님 중심 신앙의 역사다.

잘못된 설교는 좋은 신자가 되기 위해서 끊임없이 무언가를 하라는 율법적 요구로 가득 채워진다. 은혜를 설명하다가도 결론은 결국 인간의 행위로 마감한다. 하나님의 위대하심을 설교하다가도 적용이라는 핑계로 인간의 가능성과 의무를 강조하고 요구한다. 율법주의는 결국 도덕주의적 설교로 연결된다.

2) 도덕주의

설교에서 하나님을 제거하는 또 다른 장애물은 율법주의와 연결된 도덕주의다. 도덕주의는 성경의 교훈을 도덕적 행위로 제한해 버린다. 이웃을 사랑하고 선을 행하는 것에 초점을 맞추고 이러한 삶을 선한 신자들의 의무라고 강조한다. 물론 맞는 말이다. 하지만, 성경은 윤리와 도덕을 넘어서는 가르침이며 차원이 다른 이야기다. 윤리와 도덕은 세상의 기본 가르침이다. 이 가르침과 복음은 분명한 차이가 있다.

하지만, 도덕주의 설교는 복음을 도덕으로, 하나님의 뜻을 윤리로 바꿔버린다. 거짓말하지 않고 착하게 사는 것이 그리스도인이 해야 할 중요한 일이라고 가르친다. 윤리적으로 문제가 없으면 착한 성도라고 인정해 준다. 윤리와 도덕은 이 사회를 살아가는 시민의 기본 의무다. 이는 그리스도인에게 특별히 요구되는 덕목이 아니다. 모든 사람에게 요구되는 보편적 기준이다.

물론, 그리스도인은 세상 사람들보다 윤리적으로 탁월한 삶을 살아야 한다. 하지만, 성경은 그런 윤리적 삶을 요구하기 위해 기록되지 않았다. 성경의 관심은 윤리와 도덕이 아니라, 복음이다. 그리스도 예수가 십자가에서 대속하신 이유는 윤리적 삶이 아니라, 하나님을 경외하고 그분께 영광을 돌리는 하나님 백성을 만들기 위함이다.

하나님의 말씀을 듣고 그 하나님이 어떤 분인지를 깨달아야 하는 교회에서 왜 윤리와 도덕이라는 가치가 앞서는지 이해할 수 없다. 있을 수 없는 일이다. 설교는 윤리와 도덕으로 채워지는 것이 아니라, 하나님으로 채워져야 한다. 하나님 나라의 가치로 채워져야 한다.

도덕주의는 율법주의와 연결되어 있다. 도덕적인 여러 계명을 지키면 좋은 신자가 된다고 착각한다. 예를 들어, 예배 시간에 늦지 않고 일찍 오는 것이 매우 중요해진다. 하지만, 예배 시간에 일찍 온다고 해서 그 사람이 신앙 생활을 잘한다고 말할 수는 없다.

하나님을 경외하는 마음 없이, 예배 시간만 잘 지키고 주일 예배를 빠지지 않으면 신앙 생활을 잘한다고 말할 수는 없다. 어떤 모임에 늦지 않는 것은 인간으로서 지켜야 할 예의와 기본 태도의 문제이지 신앙의 문제가 아니다.

개인의 신앙은 쉽게 평가하거나 분별할 수 없다. 신앙은 하나님과 개인 간의 문제이기 때문이다. 하지만, 사람들은 눈에 잘 드러나지 않는, 한 사람의 신앙을 눈에 보이는 행위에 따라 판단하고 평가하려 한다. 예배와 모임에 얼마나 잘 참석하는지, 교회에 얼마나 열심히 봉사하는지, 헌금을 얼마나 많이 하는지에 따라 신앙을 평가하곤 한다. 물론, 이런 겉모습이 신앙의 정도를 평가할 하나의 척도가 될 수도 있다.

하지만, 겉으로 드러나는 행위만으로는 신앙을 평가할 수 없다. 겉모습만 봤을 때 바리새인들은 더없이 좋은 신자였다. 하지만, 하나님은 그들의 신앙을 인정하지 않으셨다. 그들의 열심은 종교적 열심일 뿐이었고 하나님이 아니라 사람을 의식하는 종교 행위일 뿐이었다. 그러므로 겉모습에 집중해서는 안 된다. 도덕적이고 율법적인 겉모습만 보면서 신앙을 평가하는 실수를 그만둬야 한다. 사람은 겉모습으로 다른 사람들을 평가하지만, 하나님은 겉모습이 아니라 중심을 보신다.

> 여호와께서 사무엘에게 이르시되 그의 용모와 키를 보지 말라 내가 이미 그를 버렸노라 내가 보는 것은 사람과 같지 아니하니 사람은 외모를 보거니와 나 여호와는 중심을 보느니라 하시더라(삼상 16:7).

설교는 열심히 종교 생활을 하는 사람들을 양산하는 것이 아니라, 진정으로 하나님을 사랑하는 사람을 만들어 내는데 헌신해야 한다. 도덕주의는 설교에서 하나님이 아닌 도덕적 가치에 집중하기에 극복해야 할 대상이다. 설교는 도덕적 행위가 아니라, 복음을 위해서 헌신하는 사람을 길러내는 일에 집중해야 한다. 설교는 착하고 도덕적인 사람을 만들어 내는 것이 아니라, 하나님의 영광을 위해 살아가는 사람을 길러내야 한다. 이것이 바른 설교의 방향이다.

도덕주의적 설교는 특히 어린이 설교에서 많이 나타난다. 어린이 설교에서 대부분 적용은 윤리적 행위로 귀결되곤 한다. 예배의 중요성, 하나님을 경배하는 것을 실컷 설명하고 결국은 예배 시간에 떠들지 않기, 장난치지 않는 것으로 결론 내린다. 하나님이 기뻐하시는 거룩한 삶을 설명하면서, 결국 적용은 거짓말하지 않고 부모님 말씀을 잘 듣는 것으로 귀결된다.

이런 결론이 유치원이나 학교에서 배우는 도덕과 아무런 차이가 없다. 윤리와 도덕 자체가 문제가 있다는 것이 아니다. 하나님 사랑은 머리에만 머물러서는 안 된다. 분명 삶으로 드러나야 한다. 하지만, 분명한 우선순위가 있고 순서가 있다. 설교가 윤리와 도덕만으로 채워지는 것은 문제다. 윤리와 도덕으로 결론 나서는 안 된다. 설교를 채워야 하는 것은 윤리와 도덕이 아니라 하나님이며 복음이어야 한다.

　이렇게 율법주의와 도덕주의는 설교에서 하나님을 제거하고 인간의 행위와 의무에 초점을 두게 만든다. 하나님은 사라지고 의무만 남게 된다. 말씀의 원래 의도는 사라지고 행위만 남게 된다. 하나님을 사랑하지 않는 자들에게 예배가 강조되고 교회를 이해하지 못하는 사람들에게 헌신이 강조되는 웃지 못할 일들이 벌어지고 있다. 설교에서 하나님은 사라지고 착한 신자 만들기만 강조되고 있다.

　십자가의 사랑과 은혜를 깊이 깨닫지 못하는 자들에게 봉사가 무슨 의미가 있단 말인가?

　하나님이 사라져 버린 설교에서 행위만 강조되면 이것이 율법주의가 아니고 무엇인가?

5. 설교가 설교 되게 하시는 분, 하나님

　설교는 단순한 지식 전달 행위가 아니다. 설교는 살아 계신 하나님을 드러내고 전하는 것이다. 그러므로 성령의 도우심이 없다면 아무리 멋진 설교도 일반 세상 이야기와 별반 다르지 않게 된다. 설교의 기본 목적과 멀어진 설교, 하나님의 말씀을 제대로 전달하지 못하는 설교는 오히려 교회 안에서 사라져야 할 할 소음일 뿐이다. 하나님의 은혜가 아니면 설교에서는 아무런 능력도 나타나지 않는다. 하나님이 함께하시지 않는 설교는 공허한 외침에 불과하다.

설교가 설교 되게 하는 것은 결국, 하나님의 은혜이며 성령의 역사다. 하나님이 함께하지 않으시는 설교에서는 아무런 변화도 일어나지 않는다. 결국, 설교에서 필요한 것은 하나님의 도우심이다. 하나님 앞에서 자신을 좋은 설교자라 자신 있게 말할 수 있는 사람은 없다.

미국의 대각성운동(Great Awakening)을 이끌었던 조나단 에드워즈(Jonathan Edwards, 1703-1758)를 생각해 보자. 그는 "진노하시는 하나님의 손에 붙잡힌 죄인"(Sinners in the Hands of an Angry God)이라는 설교를 통해 미국의 영적 대각성을 일으킨 위대한 설교자이자 신학자이다. 그는 위대한 부흥을 주도했던 위대한 설교자로 기억되지만, 그의 설교 스타일은 매우 평범했다. 아니, 오히려 설교학자로서는 별로 추천하고 싶지 않은 설교자의 모습을 가지고 있었다. 그는 전형적으로 원고 설교를 했다고 알려져 있는데 눈이 매우 나빠 원고에 얼굴을 가까이 대고 설교를 읽었다고 한다.

그냥 원고를 읽는 설교자의 설교가 얼마나 성도들에게 흥미 있게 다가갔을 리 없다. 호소력이 있는 설교라고 말할 수 없을 것이다. 설교의 전달력 측면에서 조나단 에드워즈의 설교는 좋은 모델이 될 수는 없다. 하지만, 그의 설교를 통해서 수많은 사람이 회개하고 주님께로 돌아왔다. 그는 화려한 언변이 있었던 사람도 아니다. 치밀하고 논리적으로 설교했던 사람이지만, 그렇다고 그 논리가 언제나 청중들을 변화시키는 것도 아니었다. 위대한 부흥의 주역이었던 에드워즈는 자신이 담임하던 교회에서 쫓겨났다. 성도의 기준을 놓고 교인들과 갈등을 겪다가 결국, 그는 교회를 사임하고 말았다. 이는 그의 논리적인 설교가 청중을 설득하지 못했고 변화시키지 못했다는 의미가 된다. 사람들은 그의 설교를 받아들이지 않았다.

이런 에드워즈의 설교 사역을 어떻게 평가해야 할까?

그는 성공한 설교자인가, 실패한 설교자인가?

결국, 하나님의 은혜와 성령의 역사가 아니면 그의 설교의 영향력은 제대로 설명될 수 없다. 올바른 해석, 확고한 신학, 유창한 언변 모두가 중요하지만, 설교가 온전한 설교 되게 하는 것은 하나님이심을 잊지 말아야 한다. 아무리 열심히 설교를 준비하고 다양한 설교학적 기법을 사용한다고 할지라도 설교의 결과를 보장할 수 없다. 반면에 내용도 다소 부족하고 전달력도 떨어지는 설교라 할지라도 놀라운 하나님의 은혜의 통로로 사용될 수 있다.

그러므로 모든 설교자는 설교 앞에서 겸손해질 수밖에 없다. 늘 두렵고 떨리는 마음으로 강단에 설 수밖에 없다. 설교자는 하나님의 도우심이 아니면 아무것도 할 수 없는 연약한 인간이기 때문이다. 교회를 부흥의 불길로 인도했던 위대한 설교라는 수단도 하나님의 손에 붙들려 있을 때 그 능력을 발휘하게 된다.

6. 만들어 낼 수 없는 하나님의 은혜

　설교를 설교 되게 하시는 분은 하나님이다. 설교의 능력이 나타나게 되는 것도 하나님의 은혜다. 그러므로 바른 설교, 능력 있는 설교를 위해서는 하나님의 뜻을 따르는 설교를 해야 한다. 그렇다고 우리가 하나님의 은혜를 만들어 낼 수 없다. 앞에서 율법주의를 설명했던 것과 같이 어떤 조건에 의해서 하나님의 개입을 끌어내려 해서는 안 된다. 우리는 하나님의 역사를 만들어 낼 수 없다.

　하지만, 가끔 설교자들은 이런 유혹에 빠지곤 한다. 다양한 방법을 통해서 하나님의 개입을 조작하려 한다. 청중들에게 '아멘'을 강요하고 감동적인 이야기나 유머들을 사용하여 청중들의 감정을 자극하기도 한다. 뜨거운 찬양으로 사람들의 마음을 녹이려고 하기도 한다. 조명, 다양한 영상자료 그리고 배경음악으로 분위기를 조성하기도 한다. 하지만, 이런 분위기를 통해서는 진정한 하나님의 은혜를 얻어낼 수 없다. 청중을 속일 수 있을지는 모르지만, 하나님을 속일 수는 없다.

　하나님의 은혜와 개입을 조작하려는 모든 시도를 멈춰야 한다. 그리고 진정으로 하나님을 경외하는 마음으로 그분 앞에 서야 한다. 긍휼과 은혜가 풍성하신 하나님을 사모하며 맡겨진 사명을 성실하게 따라야 한다. 설교자는 오늘도 설교 속에 임할 하나님을 기대하면서 겸손하게 기도하며 그분의 긍휼을 의지해야 할 것이다.

제4장

설교의 5요소: 설교자

　이번 장에서는 설교자에 대해서 살펴보도록 하자. 설교자는 어쩌면 설교 과정에서 가장 두드러지고 주목받는 요소인지 모른다. 설교에서 중심이 되어야 하는 것은 하나님과 본문이다. 하지만, 실제 설교 현장에서 설교자는 가장 쉽게 드러나는 요소, 가장 큰 관심을 받는 요소이기도 하다.

　설교에서 설교자는 말하고 청중은 듣는다. 겉으로 보기에 설교의 주도권은 설교자에게 있다. 설교자가 설교를 시작하고 설교자가 마무리한다. 설교자가 설교하고자 하는 방향으로 설교가 진행되고 설교자가 해석하는 본문의 내용이 청중에게 전달된다.

　우리는 앞에서 설교의 중심에 하나님이 계셔야 하며 설교가 설교되게 하는 것은 하나님의 역사라고 살폈지만, 설교의 성패를 좌우하는 것은 오히려 설교자인 것 같다. 설교자가 해석을 잘못하면 설교는 엉망이 된다. 설교자가 설교를 잘 구성하여 효과적으로 전달하면 그 설교는 좋은 설교가 된다.

　반면, 설교자가 어떤 이유에서든 설교를 제대로 준비하지 못하고 효과적으로 전달하지 못하면 그 설교를 실패하게 된다. 그래서 겉으로 보기에는 설교자가 설교의 성패를 결정짓는 데 결정적인 역할을 하는 것처럼 보일 때가 많다.

  설교에서 설교자의 영향은 절대적인 것 같다. 물론, 이런 설교자 중심성이 설교 사역에서 장점으로 작용하기도 하고 단점으로 작용하기도 한다. 그러므로 설교에서 좋든 싫든 간에 좋은 설교를 위해서는 설교자의 역할을 주의 깊게 그리고 깊이 살펴볼 필요가 있다.

1. 설교에서 설교자의 역할

  설교에서 설교자의 역할을 생각해보자. 우리는 계속해서 설교의 중심은 하나님이 되어야 한다는 사실을 확인했다. 예배의 한 요소로서 설교는 하나님을 경배하고 높이는 예배의 방향과 함께 가야 한다. 그러므로 설교는 하나님 중심적으로 되어야 한다.

  하나님은 설교에서 잘 드러나지 않는 요소일 수 있지만 가장 명확하게 드러나야 하는 요소다. 설교를 설교 되게 하는 것이 하나님이실 뿐 아니라, 설교를 통해서 그분만이 드러나셔야 한다. 그러므로 설교자는 설교에서 하나님을 드러내기 위한 통로로 사용되어야 한다.

  앞서 언급했던 것처럼 설교에서 가장 많이 드러나고 실제적 중심 역할을 하는 것은 설교자다. 설교에서 말하는 사람은 설교자이고 청중은 수동적 청자의 위치를 벗어나기 어렵다. 하나님은 설교의 중심 주제이며 궁극적 지향점이지만 설교에서의 직접적 개입은 사람들에게 쉽게 드러나거나 인식되지 않는다. 설교는 오히려 설교자가 어떻게 하느냐에 따라 방향이 달라진다.

하나님 중심적인 설교가 될 수도 있고 그렇지 않을 수도 있게 된다. 하나님은 설교자를 통해서 일하신다. 본문은 설교자의 해석을 기다리는 감춰진 보물이다. 설교자가 이 보물을 찾지 않으면 설교에서 본문의 의미는 여전히 드러나지 않고 감춰지게 된다.

설교자는 본문에서 하나님을 발견하고 그분을 설교에서 드러내야 한다. 설교자는 본문을 통해서 먼저 하나님을 만난다. 설교자는 본문에서 그가 만난 하나님을 청중에게 전한다. 그리고 청중은 그 설교를 통해 하나님을 만나게 된다. 말씀 속에서 계시 된 하나님을 발견하지 못하면 설교자는 아무것도 청중에게 전해줄 수 없다. 이런 의미에서 본문은 철저하게 설교자에 의존할 수밖에 없다.

설교자의 역할은 하나님을 청중에게 전달하는 것이다. 앞서 살폈던 것처럼 설교는 예배 안에서 이뤄진다. 그리고 예배는 하나님을 만나는 시간이다. 사람들이 예배에서 하나님을 만나고 교제하는 통로가 바로 설교다. 예배 안에서 하나님을 가장 잘 드러낼 수 있는 것이 바로 설교이기 때문이다. 설교를 통해서 예배자들은 하나님을 만나고 자신을 향한 하나님을 뜻을 깨닫게 된다. 하나님의 뜻을 깨달은 예배자들은 그분을 찬양하고 그분의 뜻을 따라 살 수 있기를 소망하며 예배에서 세상으로 나간다.

2. 하나님의 자리를 자치하는 설교자

설교에서 설교자는 가장 잘 드러나고 주목받는 요소다. 하나님이 설교에서 드러나고 본문이 밝히 보여야 하지만, 실상은 하나님은 감춰지고 설교자가 보일 때가 많다. 설교자는 설교에서 끊임없이 말한다.

　이 말은, 본문을 담은 하나님의 말씀이어야 하지만, 설교자의 말일 때가 종종 있다. 설교자는 설교를 준비하면서 하나님의 음성이 아닌 자신의 음성을 드러내고자 하는 욕망에 사로잡힌다. 설교가 끝나면 사람들은 설교자에 주목하고 그를 칭찬한다. 이런 칭찬 앞에서 설교자는 하나님께 돌아가야 할 영광을 (의도했든지 의도하지 않았든지) 가로채고 하나님의 자리를 차지하기도 한다. 설교자는 이렇게 끊임없는 시험에 노출된다.

　하나님은 설교에서 철저하게 설교자를 의지하기로 결정하셨다. 하나님은 전적으로 설교자의 입을 통해서 말씀하신다. 하나님의 설교자를 향한 신뢰며 기대다. 설교자가 하나님의 신뢰를 저버리면 설교는 인간의 언어로 전락한다. 하나님은 성경을 우리에게 주셨고 본문을 통해 자신이 드러나기를 기다리신다. 이 일을 위해 설교자가 하나님의 통로로 세워졌다.

　하나님은 인간 메신저를 통해서 자신을 드러내시길 기뻐하셨다. 교회는 신실하게 하나님의 말씀 앞에 선 설교자들을 통해서 세워졌고 부흥해 왔다. 물론, 역사 속에서 신실하지 못한 설교자들은 늘 존재했다. 그들로 교회가 어려움을 겪기도 했지만, 결국 말씀을 맡은 사명자들은 하나님의 뜻을 따라 말씀을 전했다.

　강단에서 설교자는 하나님과 말씀을 드러낼 수도 있고 스스로를 드러낼 수 있다. 자신의 말을 쏟아낼 수도 있고 하나님의 말씀을 쏟아낼 수도 있다. 설교자가 하나님을 향한 마음을 잃어버릴 때, 갖가지 성경의 언어를 사용할지라도 정작 하나님과 본문의 말씀은 사라져 버리고 만다. 설교자는 본문에서 하나님의 말씀을 깨닫고 그 말씀을 성도들에게 전달해야 한다. 그런데, 어떤 설교자는 본문으로 나가지 않고 설교를 준비한다. 본문에서 하나님을 만나지 못한 채 청중에게로 간다. 본문에서 하나님을 만나지 못한 설교자가 청중에게 전할 수 있는 메시지는 세상의 잡다한 소음뿐이다.

설교는 하나님의 말씀이다. 그래서 하나님의 말씀을 전하는 설교에는 권위를 준다. 설교는 하나님의 말씀이기에 분명 신적 권위가 있다. 제2헬베틱 신앙고백(The Second Helvetic Confession)은 이렇게 선언한다.

> "하나님의 말씀을 설교하는 것은 하나님의 말씀이다"(the preaching of the Word of God is the Word of God).

설교는 하나님 말씀으로서의 권위를 가진다. 하지만, 그 권위를 잘못 사용하면 문제가 발생한다. 일부 설교자는 자신이 하나님의 자리를 차지하고 성경 말씀을 자신의 목적에 맞게 이용하려 한다. 인간적인 생각을 말씀으로 포장하여 전하거나 자신의 욕망대로 교회를 운영하기 위해 설교를 이용하기도 한다.

예를 들어보자. 전도는 분명 하나님이 원하시고 기뻐하는 일이다. 그러나 전도의 목적이 하나님 나라와 그분의 뜻에 순종하는 것이 아닌, 교회의 외적 성장과 이를 통한 담임 목사의 욕망의 실현일 수 있다. 교회를 성장시켜 사람들에게 인정받고 목회의 외적 성공을 이루고 싶은 욕망을 하나님의 말씀으로 포장하여 설교에 담아낼 수 있는 것이다.

물론, 설교에서는 전도가 하나님의 뜻이라고 애써 강조하겠지만, 그 내면 깊숙한 곳에서는 하나님이 아니라 설교자의 잘못된 욕망이 자리할 수 있다. 헌금을 설교할 때도 마찬가지다. 그 목적이 교회의 재정 확충인지, 하나님 나라를 위한 성도의 헌신인지 제대로 분별하지 못하면 교회는 물질주의와 성공주의의 노예가 될 수 있다. 많은 경우 스스로 자신을 속이면서, 자신의 세속적 욕망을 성경의 거룩한 계명 아래 감추고 설교할 때가 종종 있다.

이제 설교자는 하나님 자리에서 내려와 하나님의 말씀을 전하는 통로의 역할에 자신을 역할을 한정해야 한다. 이 부분에 대해서 설교자의 철저한 반성이 필요하다. 정말 성경 말씀을 말씀의 원 의도 그대로 전하고 있는지 확인해야 한다. 하나님의 영광을 위하며 그분을 사랑하는 마음으로 설교하는지 아니면 자신의 욕망을 성취하는데 설교를 이용하고 있는지 점검해야 한다.

성도들을 사랑하는 마음에서 설교하는지 선동과 정죄로 설교를 채워가고 있는지 점검해야 한다. 그리고 이 점검은 한 번에 그쳐서는 안 된다. 날마다 계속되어야 한다. 목회를 통해 하나님을 섬기는 것인지, 자기 목회에 하나님을 이용하는지에 관한 진지하고 솔직한 점검이 필요하다.

설교에서 설교자는 하나님을 드러내는 통로일 뿐, 설교의 주인공은 되어서도 안 되고 될 수도 없다. 설교에서 드러나야 하는 것 설교자 혹은 설교자의 욕망이 아니라, 성경이며 성경의 주인공이신 하나님 한 분뿐이다.

3. 수사학과 에토스(ethos)

고대 수사학은 설교학에 많은 영향을 주었다. 아리스토텔레스는 설득을 위한 핵심 요소로 로고스(logos), 에토스(ethos), 파토스(pathos)를 제시한다. 로고스는 말하는 내용이 얼마나 논리적인가에 관한 부분이다. 에토스는 말하는 사람의 인격이나 성품을 말한다. 그리고 파토스는 말하는 사람의 감정과 열정 등을 말한다. 상대를 설득하려면 확고한 논리와 더불어 열정적인 부분과 함께 화자에 대한 청자의 인격적인 신뢰감이 어우러져야 한다.

수사학에서는 청중을 설득하는 데 가장 핵심적 역할을 하는 요소로 에토스를 꼽는다. 그런데, 여기서 말하는 에토스는 내면에서 나오는 진실한 인격뿐만 아니라, 인위적이고 만들어진 에토스를 포함한다. 설득을 위해서는 인위적으로 만들어진 인격적 신뢰감을 제시할 수 있어야 한다는 말이다.

예를 들어, 세일즈맨이 물건을 팔기 위해서 좋은 상품도 중요하지만, 신뢰를 줄 수 있는 깔끔한 외모도 중요하다는 말이다. 그러므로 고대 수사학에서는 보이는 에토스를 강조한다.

고대 수사학은 오랫동안 설교학에 영향을 주었다. 하지만, 설교학에서는 일반적으로 로고스가 다른 부분보다 더 강조되었다. 설교에서 다루는 내용인 성경 본문 자체가 진리이기 때문이다. 그러므로 본문을 어떻게 잘 드러내는 것이 중요했다. 이를 위해 본문을 논리적이고 명확성을 통해서 전달하려 했다.

그런데, 최근 들어서는 에토스와 파토스적 요인들도 많이 강조되고 있다. 목회자와 관련된 사건, 사고 소식들이 많아지면서 설교자의 인격인 에토스에 관한 관심이 높아지고 있다. 설교자는 하나님의 말씀을 전하는 통로로써 설교자의 인격과 영성이 설교에 크게 영향력을 미친다는 생각이다. 실제로 우리가 설교에서 설교자의 어떠함이 설교를 듣는 청중들에게는 중요한 요소가 될 수 있다. 그러므로 설교자는 설교의 걸림돌이 되지 않도록 늘 최선을 다해야 한다. 설교자의 어떠함은 다음의 영역에 영향을 미칠 수 있다.

1) 설교자의 경건 능력은 말씀 해석의 깊이에 차이를 가져온다

기본적으로 설교자의 신앙은 설교의 깊이에 영향을 준다. 성경은 하나님의 말씀이다. 하나님의 말씀을 바르게 해석하기 위해서는 성령님의 도우심이 필요하다. 성경 해석은 성령의 조명하심과 연관된다. 성령은 할 말을 생각나게 하시고 말씀을 깨닫게 하신다.

> 보혜사 곧 아버지께서 내 이름으로 보내실 성령 그가 너희에게 모든 것을 가르치시고 내가 너희에게 말한 모든 것을 생각나게 하시리라(요 14:26).

성령을 더 깊이 의지하는 설교자일수록 성령의 조명의 도움을 받을 가능성이 커진다. 겸손하고 하나님의 은혜를 소망하는 설교자일수록 은혜의 통로로 사용될 가능성이 커진다. 설교자가 성령을 의지하고 그분의 음성에 귀 기울일 때 설교는 하나님의 뜻을 더 깊이 담을 수 있게 된다.

아는 만큼 가르칠 수 있고, 경험한 만큼 더 확신 있게 말씀을 전할 수 있다. 은혜를 경험하지 못한 사람은 은혜를 제대로 설명해 낼 수 없다. 하나님의 영광을 사모하지 않는 자가 어찌 하나님의 영광을 논할 수 있겠는가. 그러므로 설교자의 경건 능력은 설교의 깊이와 비례관계에 있다고 말할 수 있겠다. 물론, 하나님의 역사는 인간의 능력과 재능 그리고 지식을 초월하여 나타난다. 하지만, 하나님께서 그분을 사랑하고 진심으로 경외하는 경건한 사람을 사용하심은 틀림없는 사실이다.

2) 설교자의 어떠함은 청중의 설교자에 대한 신뢰에 영향을 준다

앞서 살펴봤던 것과 같이 상대방을 설득하는 것은 논리력으로만 되는 것이 아니다. 아무리 내용이 논리적이라 할지라도 화자에 대한 신뢰가 없다면 듣는 사람은 설득되지 않을 가능성이 크다. 설교자에게 실망하고 상처받은 청중은 아무리 옳은 이야기라 할지라도 제대로 들으려 하지 않을 수 있다. 반면에, 목회자에 대한 전적인 신뢰가 있다면 성도들은 그 목회자의 설교를 전적으로 신뢰하고 받아들이게 된다.

이런 면을 고려한다면 하나님의 말씀을 전하는 설교자는 하나님의 거룩한 통로가 되기 위해서 자신을 삶을 잘 가꿔야 한다. 경건한 설교자가 깊이 있는 설교를 만드는 것과 마찬가지로 인격적인 설교자가 진실한 설교를 전할 수 있다.[12] 그러므로 설교자 자신이 먼저 말씀에 영향을 받고 말씀대로 살아가는 삶을 청중에게 보이지 못한

---

[12] 물론, 경건과 인격은 분리될 수 없다. 경건한 사람은 훌륭한 인격을 가진다. 반면, 바른 인격이 없는 사람이 깊은 경건의 능력을 갖출 수는 없다.

다면 설교자의 자격이 있다고 말할 수 없다.

설교자는 설교 시간에만 설교를 전하는 것이 아니다. 설교 이전에 그리고 설교 이후의 삶을 통해서도 설교가 계속된다는 사실을 기억해야 한다. 설교는 설교단 아래의 삶을 통해서 증명되어야 하고 사람들에게 공감으로 다가가야 한다. 그러므로 설교자의 인격은 설교의 전달 효과를 높이는 데 중요한 요인이 된다.

3) 하나님이 사용하시는 사람

하나님이 사용하시는 사람은 하나님을 의지하는, 성령에 충만한 사람이다. 설교는 성령의 사역이며 영적인 사역이므로 인간적이고 세상적인 방법만으로는 그 일을 제대로 감당할 수 없다. 설교는 사람의 영혼을 향한 사역이다. 설교는 청중들에게 좋은 이야기를 들려주는 시간이 아니라, 인간이 죄인인 것과 죄인을 향한 하나님의 심판 그리고 하나님의 은혜로 주어지는 십자가의 사랑과 용서를 다루는 천상의 담화이다.

설교는 위대한 하나님의 나라와 하나님의 뜻을 드러내어 선포하는 영혼을 향한 외침이다. 이 일을 위해서 하나님은 그분의 사람을 세우신다. 그 위대한 사역으로 부르심을 받은 설교자는 이제 그 사명을 위해 헌신한다. 그 부르심은 하나님의 방법으로 만들어가야 한다. 하나님은 하나님께 헌신하고, 하나님의 방법을 신뢰하며 그 방법을 따라 살아가는 자를 사용하신다.

4. 설교자를 넘어서는 설교

설교는 설교자의 어떠함에 영향을 받는다. 이것을 소위 설교자의 영성이라고 말할 수도 있고 설교자의 능력이라고 말할 수도 있다. 하지만, 지나친 설교자의 인격 강조는 또 다른 문제를 가져올 수 있다.[13] 설교에서 하나님의 계획이나 능력이 인간 설교자의 어떠함에 종속될 위험성이 있기 때문이다. 설교자의 인격이나 경건의 힘이 설교에 영향을 미칠 수 있는 것은 분명한 사실이다.

하지만, 하나님은 상황과 환경 그리고 모든 조건을 뛰어넘어 일하는 분이시다. 하나님은 설교자의 어떠함과 상관없이 일하시는 분임을 인정해야 한다. 하나님은 설교자를 사용하시지만, 그 설교자에게 매이거나 종속되는 분은 아니다. 하나님께서 설교자 때문에 일하시지 못하는 일은 없다.

설교가 하나님의 말씀이 되는 것은 하나님께서 설교를 통해 자기 뜻을 하나님의 백성들에게 알리기를 기뻐하셨기 때문이다. 설교자가 경건의 능력이 뛰어나서 부족한 말씀을 하나님의 말씀으로 바꾸거나 더하는 것이 아니다. 중요한 것은, 하나님의 말씀이 제대로 드러나는 것이다.

이 일을 위해 일반적으로 인간 설교자를 사용하시지만, 하나님은 스스로 일하실 수 있는 분이다. 설교자는 하나님의 일에 통로가 되어 봉사할 뿐이다. 설교자는 은혜의 근원이 아니라 통로일 뿐이다.

---

[13] 이에 대해서는 다음 논문을 참고하라. 이승우, "설교 사역에서 지나친 설교자의 인격 강조의 위험성에 관한 연구,"「개혁논총」48 (2018).

하나님은 스스로 완전하시다. 하나님은 다른 누구의 도움이 필요하신 분이 아니다. 하나님은 이스라엘 백성이 없어도 하나님의 구원 사역을 이룰 수 있는 분이다. 하나님은 찬양하는 자가 없어도 온 만물로 찬양받으시는 분이다.

> 속으로 아브라함이 우리 조상이라고 생각하지 말라 내가 너희에게 이르노니 하나님이 능히 이 돌들로도 아브라함의 자손이 되게 하시리라(마 3:9).

> 대답하여 이르시되 내가 너희에게 말하노니 만일 이 사람들이 침묵하면 돌들이 소리 지르리라 하시니라(눅 19:40).

하나님은 상황과 환경에 영향을 받지 않으신다. 하나님의 일은 사람들 때문에 좌우되지 않는다. 하나님은 스스로 일하신다. 그 일에 인간을 동참시키고 동역자로 세우시는 은혜를 베푸신 것뿐이다. 하나님의 일에 도움이 되며 하나님의 영광을 더할 수 있는 사람은 없다.

> 누가 주의 마음을 알았느냐 누가 그의 모사가 되었느냐 누가 주께 먼저 드려서 갚으심을 받겠느냐 이는 만물이 주에게서 나오고 주로 말미암고 주에게로 돌아감이라 그에게 영광이 세세에 있을지어다 아멘(롬11:34-36).

그러므로 인간은 늘 하나님 앞에서 겸손하며, 우리를 하나님의 동역자로 불러주신 그분께 감사하며 그분을 찬양해야 한다. 우리는 스스로 무익한 종임을 깨달아야 한다.

> 너희 중 누구에게 밭을 갈거나 양을 치거나 하는 종이 있어 밭에서 돌아오면 그더러 곧 와 앉아서 먹으라 말할 자가 있느냐 도리어 그더러 내 먹을 것을 준비하고 띠를 띠고 내가 먹고 마시는 동안에 수종들고 너는 그 후에 먹고 마시라 하지 않겠느냐 명한 대로 하였다고 종에게 감사하겠느냐 이와 같이 너희도 명령 받은 것을 다 행한 후에 이르기를 우리는 무익한 종이라 우리가 하여야 할 일을 한 것뿐이라 할지니라 (눅 17:7-10).

하나님은 원하시면 부족한 설교자도 사용하신다. 가장 좋은 예가 요나 선지자다. 요나는 하나님의 말씀에 순종하려는 마음이 전혀 없었다. 요나는 하나님의 뜻을 이해하고 있었지만, 그 말씀에 순종할 생각은 없었다. 그는 니느웨를 용서하시는 하나님의 마음을 알고 있었기에 다시스로 도망했다. 하나님의 강권적인 손길로 결국 니느웨로 갔지만, 말씀에 온전하게 순종은 하지 않았다.

사흘 동안 걸어 다녀야 하는 니느웨를 하루 동안만 다니며 성의없이 심판을 경고했다.

> 사십 일이 지나면 니느웨가 무너지리라 (욘 3:4).

그의 선포는 간결하고 별다른 내용이 없었다. 회개의 촉구도 없고 죄에 대한 정죄도 없었다. 하지만, 요나의 메시지를 들은 모든 백성이 회개한다. 니느웨에 엄청난 회개의 역사가 일어났다.

> 여호와의 말씀이 두 번째로 요나에게 임하니라 이르시되 일어나 저 큰 성읍 니느웨로 가서 내가 네게 명한 바를 그들에게 선포하라 하신지라 요나가 여호와

의 말씀대로 일어나서 니느웨로 가니라 니느웨는 사흘 동안 걸을 만큼 하나님 앞에 큰 성읍이더라 요나가 그 성읍에 들어가서 하루 동안 다니며 외쳐 이르되 사십 일이 지나면 니느웨가 무너지리라 하였더니 니느웨 사람들이 하나님을 믿고 금식을 선포하고 높고 낮은 자를 막론하고 굵은 베 옷을 입은지라 그 일이 니느웨 왕에게 들리매 왕이 보좌에서 일어나 왕복을 벗고 굵은 베 옷을 입고 재 위에 앉으니라 왕과 그의 대신들이 조서를 내려 니느웨에 선포하여 이르되 사람이나 짐승이나 소 떼나 양 떼나 아무것도 입에 대지 말지니 곧 먹지도 말 것이요 물도 마시지 말 것이며 사람이든지 짐승이든지 다 굵은 베 옷을 입을 것이요 힘써 하나님께 부르짖을 것이며 각기 악한 길과 손으로 행한 강포에서 떠날 것이라 하나님이 뜻을 돌이키시고 그 진노를 그치사 우리가 멸망하지 않게 하시리라 그렇지 않을 줄을 누가 알겠느냐 한지라 하나님이 그들이 행한 것 곧 그 악한 길에서 돌이켜 떠난 것을 보시고 하나님이 뜻을 돌이키사 그들에게 내리리라고 말씀하신 재앙을 내리지 아니하시니라(욘 3:1-10).

이런 회개의 결과가 요나 개인의 경건 능력에 기인한 결과라고 말할 수 없다. 요나가 말씀을 잘 전달해서 가능한 것도 아니었다. 요나서에서 요나는 하나님의 뜻을 절대 받아들이려 하지 않는 고집불통으로 묘사된다. 그는 끝까지 하나님께 대들며 자신의 주장을 굽히지 않는다.

우리는 요나서를 통해서 개인의 능력이 아니고, 하나님의 절대 주권이 하나님의 백성을 살린다는 사실을 분명하게 깨닫게 된다. 하나님이 하시고자 한다면 부족한 설교자와 부족한 설교를 통해서도 일하실 수 있다.

설교에서 가장 핵심적인 요소는 설교자의 영향력이 아니라, 하나님의 뜻이며 진리인 그분의 말씀이다. 실제 목회 현장에서 설교자의 어떠함이 설교의 영향력과 효과에 영향을 주는 것은 분명하지만, 이런 영향이 언제나 바르다고 볼 수는 없다.

지금 아무렇게 막살아도 된다든지 인격이 중요하지 않다고 말하는 것이 아니다. 분명, 앞에서 설교자의 인격과 경건한 삶이 매우 중요한 요소임을 강조했다. 하지만, 지나친 설교자의 어떠함에 대한 강조와 집중은 오히려 부작용을 낳을 뿐이다. 그 이유는 다음과 같다.

1) 설교자의 인격은 정확하게 알 수 없다

곰곰이 생각해보면 설교자의 인격이 설교에 영향을 준다는 사실은 너무 추상적이고 애매모호하다. 사실, 그 누구도 상대방의 인격이나 사람 됨됨이 혹은 영적 수준을 제대로 파악할 수 없다. 어떤 면에서는 청중이 설교자를 오해할 수도 있다.

설교자와의 개인적인 문제 때문에 설교자의 설교를 제대로 듣지 않을 수도 있고 그 반대일 수도 있다. 수사학에서 말하는 것처럼 만들어지고 보이기 위한 인격으로 설득의 효과를 극대화할 수 있다.

또한, 인격이 좋다는 것은 상대적인 개념이다. 경건의 능력도 마찬가지다.

만약, 기준을 정한다면 어느 정도 인격이 좋아야 설교자로 사역할 수 있는 자격이 주어지는가?

인격이나 경건의 능력을 정량화, 계량화할 수 없다. 성숙한 인격이나 깊은 경건의 능력은 우리가 추구해야 할 분명한 지향점이지만, 그 기준을 정하는 것이 어렵다. 인격의 좋고 나쁨은 상대적이고 추상적인 개념이다. 그러므로 너무 단순하게 생각하는 것은 더 많은 문제를 가져올 수 있다.

2) 인간은 모두 다 죄인이다

우리는 모두 하나님 앞에서 악한 죄인이다. 성경은 분명히 인간의 악함을 규정하고 있다. 인간에게는 아무런 가능성이 없다.

> 기록된 바 의인은 없나니 하나도 없으며 깨닫는 자도 없고 하나님을 찾는 자도 없고 다 치우쳐 함께 무익하게 되고 선을 행하는 자는 없나니 하나도 없도다(롬 3:10-12).

설교자의 인격을 주제로 충분히 논의할 수 있지만, 설교에서의 에토스는 매우 추상적일 수밖에 없다. 설교자의 인격이 얼마나 좋아야 설교가 제대로 전달될 수 있는지의 기준은 모호하다. 어떤 경우에는 설교가 제대로 전달되지 않는지, 인격이 부족하면 그만큼 설교의 전달력은 감소하는 것인지 파악하기 어렵다. 누구도 그 부분을 단정지어 이야기할 수 없다.

어느 정도로 경건해야 하나님의 도구가 될 수 있는지 우리는 알 수 없다. 부족한 사람들은 하나님의 도구가 되지 못한다고 단정할 수도 없다. 상대적으로 경건하고 인격적으로 훌륭한 사람들이 분명히 있지만, 하나님 앞에서는 모두가 부족한 죄인일 뿐이다. 하나님 앞에 당당히 설 수 있는 사람은 없다. 모두가 최선을 다하지만, 결국 자신은 무익한 종이었다고 고백할 수밖에 없다.

3) 성찬을 통해 보는 설교자의 인격의 영향력

제2장에서 설교와 예배와의 관계를 살펴봤다. 설교는 예배를 구성하는 한 요소이며 전체 예배의 방향과 목적을 넘어설 수 없다. 말씀과 성찬(성례)은 예배의 핵심 중의 핵심이며 이 두 요소를 통해서 예배는 예배로서의 정체성을 가진다.

이 두 핵심 요소는 밀접한 관계가 있다. 설교가 들리는 하나님의 말씀이라면 성찬은 보이는 말씀이며 체험하고 경험하는 말씀이라 할 수 있다. 모두 다 하나님의 말씀을 선포하는 행위로 성찬과 설교는 밀접한 관계와 함께 비슷한 특징을 가진다. 이런 의미에서 성찬에서 적용되는 핵심 원리들은 설교에서도 적용할 가능성이 열린다.

어거스틴(Augustine)과 도나투스주의(Donatism)의 논쟁을 통해서 성찬(성례)에 적용된 원리를 생각해 보자. 기독교 초기 교회에 대한 박해의 시기가 지나고 많은 문제가 수면 위로 떠 오른다. 배교자들로부터 받은 성례를 어떻게 할 것인가의 문제가 그중 하나였다. 배교자들로부터 받은 성례를 과연 인정할 수 있는가의 문제에 대해서 도나투스주의자들은 재세례를 주장하며 배교자들이 시행했던 성례를 부정했다.

이에 반해, 어거스틴은 성례의 유효성이 성례 집행자의 어떠함에 달려 있지 않다고 주장했다. 성례가 하나님의 명령과 성삼위의 권위로 시행되었다면 성례의 유효성은 인정되어야 한다는 것이다. 성례가 집행자의 경건 능력에 따라 영향을 받지 않는다는 이 원리는 설교에도 똑같이 적용될 수 있다.

성례가 전적으로 성례를 제정하신 하나님의 원리를 따라 그 효력이 나타나는 것처럼, 설교도 하나님의 말씀만 제대로 전해진다면 그 설교는 설교자의 어떠함과 상관없이 하나님 말씀의 효력이 발생할 것이다. 말씀은 말씀 자체로 진리이며 그 진리가 전해질 때 하나님의 영광은 선포될 것이다.

결론적으로, 설교자의 인격을 지나치게 강조하는 것은 설교에 하나님을 드러내는 하나님 중심적 설교에 도움이 되지 않는다. 설교자의 인격은 매우 중요하지만, 그것에 지나치게 매이게 되면 하나님을 제대로 드러내지 못할 수 있다. 우리에게 필요한 것은 균형이다. 설교자의 인격과 경건의 능력의 중요성을 늘 기억하면서도 하나님의 절대 주권 또한 잊어서는 안 된다.

5. 설교자 이미지 이해

토마스 롱(Thomas G. Long)은 『증언으로서의 설교』에서 설교자의 이미지를 분석하고 그 이미지의 장단점을 분석하여 제시했다. 롱은 설교자의 이미지를 사자(Herald), 목자(Pastor), 이야기꾼(Storyteller)으로 제시하면서 각각의 장단점을 설명하고 더 좋은 이미지로서 증인(Witness)의 이미지를 제시한다.[14]

---

[14] Long, 『설교자는 증인이다』, 32-70. 아래 설교자 이미지에 관한 내용은 위 책에

설교자의 이미지를 이해하는 것은 설교자 본인의 설교 스타일을 분석하는 데 많은 도움이 된다. 또한, 설교자에 관한 이해를 넘어서 설교를 이해하는 데 도움이 된다. 설교자의 이미지를 어떻게 가지는가에 따라 설교 스타일 자체가 변하기 때문이다.

여기서는 토마스 롱의 주장을 살피면서 설교자의 이미지가 가지는 장단점을 분석하고 설교자 각자의 부족한 부분을 깨닫고 보완할 수 있다.

대사(The Herald)
1. 메시지가 강조된다. 메시지를 하나님께 받아 순수하게 전하는 이미지다.
2. 메시지 자체가 강조되기에 설교자의 인격은 강조되지 않는다.
3. 설교의 기본적인 움직임이 하나님으로부터 설교자를 통해 듣는 이들에게 그대로 전달된다는 확신이 강조된다.
대사 이미지의 장점
1. 세상적인 가치관(도덕적 가르침, 세상적 지혜, 적극적 사고 등)이 아니라 말씀에만 충실하려고 애쓴다.
2. 설교 전달을 위해서 지나친 꾸밈이나 허식을 거부한다. 좀 더 본질적인 부분을 추구하려 노력한다.
3. 설교의 초월적인 차원을 강조한다.
대사 이미지의 단점
1. 수사학이나 의사소통의 무시하고 성경 해석에서 문학적인 요소와 같은 성경 자체의 특징을 고려하지 않는다. 이런 특징은 설교자가 설교에서 해야 할 역할을 경시하게 된다.
2. 설교의 상황이나 청중을 전혀 고려하지 않게 된다.

서 인용한 것임을 밝힌다.

목자(The Pastor)

1. 대사는 메시지를 강조했지만, 목자의 이미지에서 중요한 면은 청중의 마음에 일어나는 사건이다.
2. 대사는 의사소통을 경시했지만, 목자는 의사소통을 강조한다.
3. 대사는 자료로서 성경과 함께 시작하지만, 목회자는 듣는 이들이 경험한 인간 딜레마에서 시작하여 자료로서의 성경으로 향한다.
4. 목회자의 이미지는 설교와 듣는 이들의 상호관계 즉 살아가는 스타일, 인격, 특징, 경험들 등에 관심을 둔다.

목자 이미지의 강점

설교에 있어서 내적인 활기를 주며 설교자가 설교에서 적극적인 역할을 하도록 한다.

목자 이미지의 단점

1. 청중을 문제가 있고 필요가 있는 개개인으로만 본다.
2. 현재 상황에만 집중하는 경향을 보인다.
3. 신학을 인간 성장의 수단으로, 복음을 소개하는 인류학으로 격하시킬 위험이 있다.

이야기꾼(The Storyteller)

1. 대사와 같이 이야기하는 사람의 이미지는 메시지를 강조하지만, 수사적 형식을 무시하지 않는다.
2. 목자와 같이 의사소통을 중요하게 생각한다.
3. 이야기 예술에 잘 훈련된 사람으로서의 강조점을 가진다. 또한 대사의 이미지와 달리 설교자 자신의 삶이 설교를 구성하는 필수적 재료라고 확신한다.

이야기꾼 이미지의 강점

1. 종교적 경험과 객관적 진리에 대한 고려가 균등하다.
2. 설교의 수사적 기술을 강조한다.
3. 공동체와 개인 간의 차이를 극복하게 해 준다.
4. 말의 감각에 신경을 써서 대중적인 설교를 만들어 낼 수 있다.

> **이야기꾼 이미지의 단점**
>
> 1. 이야기체가 아닌 부분을 소홀하게 되고 설교의 전달 방법에서 한 가지만 하게 된다.
> 2. 성경과 인간 이야기를 엮어가면서 상호작용이 있게 한다. 하지만, 이것은 세상적인 이야기가 복음의 이야기로 대체될 수 있는 위험이 있다.

> **증인으로서의 설교(Preaching as Bearing Witness)[15]**
>
> 1. 증인은 자원자가 아니라 증거하기 위해 보냄을 받은 사람이다.
> 2. 증거는 단지 말이 아니라 오히려 말과 행동을 동시에 필요로 한다. 그러므로 증인 전체의 삶이 곧 증거가 되어야 한다.
> 3. 증인으로서의 설교자의 권위는 설교자의 위치나 능력이 아니라 그가 무엇을 보고 들었느냐에 달려있다.
> 4. 성경에서 무엇을 보고 듣는 것이 중요하기에 설교자는 성경에 접근하는 방법을 구체화한다.
> 5. 증인으로서의 설교자는 수사학적 형식의 도움을 받는다. 사건을 효과적으로 증언하기 위한 말과 패턴을 찾아야 한다.
> 6. 증인은 말만 하는 것이 아니라 말한 것을 실천하는 사람이다.
> 7. 설교와 믿음의 공동체는 상호 불가분의 관계이기 때문에 증인의 이미지는 설교가 교회적이고 예배적이어야 함을 강조한다.

토마스 롱이 제시한 설교자의 이미지 외에도 생각해 볼 수 있는 이미지는 다양하다.[16] 설교자는 말씀을 가르치는 사람(Teacher)으로 인식되기도 한다. 설교자는 하나님의 말씀을 제대로 모르는 청중에

---

15 증인의 이미지는 롱이 주장하는 이미지이기 때문에 단점이 제시되지 않는다.
16 김창훈은 설교자의 이미지를 청지기(Steward), 전파자(Herald), 증인(Witness), 아버지(Father), 목자(Pastor), 교사(Teacher) 등으로 소개한다. 김창훈, "설교자는 누구인가?," 「총신대논총」 24 (2004): 285-294.

게 말씀을 가르쳐 하나님의 백성으로 성장하게 한다. 또한, 교사는 단순하게 지식만을 가르치는 것이 아니라 삶을 가르치고 모범을 보이는 사람이다.

교사 이미지의 장점은 무엇인가?

대사의 이미지와 비슷하게 정확한 내용의 전달을 강조한다. 바른 것을 알려주고 잘못된 길로 빠지는 것을 교정해 주는 것에 초점을 맞춘다. 반면, 교사 이미지의 단점은 설교자와 청중 간의 지식의 불균형을 전제한다는 점이다. 불균형의 전제는 권위의 불균형으로 결론지어질 수 있다. 불균형의 전제는 청중에 대한 무시, 설교자의 우월함을 강조하는 문제를 낳을 수 있다. 그뿐만 아니라 교사의 이미지가 강조되면 설교에서 지적 요소가 지나치게 강조될 위험성도 있다.

일반적으로는 청중이 성경의 지식적 면에서는 부족할 수도 있지만, 그렇다고 지식의 부족이 믿음의 부족을 의미하지는 않는다. 또한, 지식의 부족이 신앙 생활의 성실함이나 신실함의 부족으로 이어진다고 말할 수는 없다. 지식의 많음이 언제나 신앙의 성숙으로 이어지는 것도 아니다.

누구에게나 설교자에 대한 이미지를 가지고 있다. 어떤 이미지가 옳고 어떤 이미지는 틀린 것도 아니다. 각 이미지가 장점과 단점을 가지고 있다. 문제는 균형을 잃어버릴 때이다. 균형 잡힌 설교관은 설교 사역에 균형으로 이어진다. 그러므로 각자가 생각하는 이미지를 점검해 보고, 부족한 점은 보완하고 장점은 더 살릴 수 있도록 해야 한다.

6. 준비된 설교자가 되라

자격이 없는 사람이 리더로 세워져서 공동체를 이끄는 것처럼 위험한 일은 없다. 소경은 소경을 인도할 수 없다. 이렇게 되면 결국은 모두가 망한다.

> 또 비유로 말씀하시되 소경이 소경을 인도할 수 있느냐 둘이 다 구덩이에 빠지지 아니하겠느냐(눅 6:39).

예수님은 열정은 있지만 잘못된 가르침으로 사람들을 인도하는 서기관들과 바리새인들에 대해서 다음과 같이 경고하셨다.

> 화 있을진저 외식하는 서기관들과 바리새인들이여 너희는 교인 한 사람을 얻기 위하여 바다와 육지를 두루 다니다가 생기면 너희보다 배나 더 지옥 자식이 되게 하는도다(마 23:15).

설교자는 하나님의 백성을 말씀으로 인도하는 지도자이자 안내자다. 그러므로 공동체에서 설교자의 역할은 매우 중요하다. 좋은 목회자, 설교자를 만나는 것은 그 공동체의 큰 기쁨이지만, 어리석은 지도자를 만나는 것은 공동체의 불행이다. 나쁜 설교자는 공동체에 재앙이다. 그러므로 설교자는 자신이 공동체에 어떠한 영향력이 미치는지 늘 주의 깊게 살펴야 한다. 공동체가 설교자를 걱정하고 그의 부족함을 인내해야 하는 상황은 서로에게 불행일 뿐이다.

언어에는 힘이 있다. 말에는 능력이 있다. 그래서 성경은 말을 조심하고 말을 적게 할 것을 조언한다. 물론, 단순하게 말을 안 하는 것이 능사는 아니다. 하지만, 말을 많이 하는 것은 늘 위험하다.

> 너는 하나님 앞에서 함부로 입을 열지 말며 급한 마음으로 말을 내지 말라 하나님은 하늘에 계시고 너는 땅에 있음이니라 그런즉 마땅히 말을 적게 할 것이라(전 5:2).

> 말이 많으면 허물을 면하기 어려우나 그 입술을 제어하는 자는 지혜가 있느니라(잠 10:19).

또한, 성경은 선생 되는 것을 경고한다. 남을 가르치고 인도하는 일은 매우 중요한 만큼 큰 책임이 뒤따른다. 함부로 선생 되려고 해서는 안 된다. 하나님의 인정과 부르심이 없다면 과감하게 멈춰야 한다.

> 내 형제들아 너희는 선생된 우리가 더 큰 심판을 받을 줄 알고 선생이 많이 되지 말라(약 3:1).

말을 많이 하지 말고 선생 되는 것을 주의해야 한다는 성경의 조언에 비춰볼 때 설교자는 굉장한 위험에 노출된 사람이다. 일방적으로 많은 말을 해야 하는 사명이 주어진 사람이다. 일주일에 여러 번, 20-30분씩 사람들에게 말씀을 가르치고 선포해야 하는 위험한 부르심을 받았다.

그러므로 준비하지 않으면 반드시 큰 문제를 만들게 된다. 설교자는 정말 잘 준비되어야 한다. 설교자는 많은 사람의 영혼을 책임지는 중요한 역할을 감당하기 때문이다. 설교자의 영향력은 공동체 전체에 미친다. 그러므로 더 많은 고민과 훈련 그리고 사명을 위한 수고가 필요하다. 그렇다면 설교자에게 어떤 준비가 필요한지 생각해 보자.

1) 언어 능력

설교의 기본은 언어다. 설교는 언어로 되어 있는 성경을 해석하여 이해하고 효과적인 문장을 구성하여 설교문을 만든 후 언어로 전해야 한다. 그러므로 설교자는 언어에 능통한 사람이 되어야 한다. 글을 이해하고 해석하는 능력뿐만 아니라 글을 잘 쓸 수 있어야 한다. 그리고 기록된 글을 말로 잘 전달할 수 있는 구술 능력도 필수적이다. 모두가 언어와 관련된 능력이다.

우리 모두가 한국어를 말할 줄 알고 큰 어려움 없이 글을 쓸 수 있다. 하지만, 모두가 말을 잘하고 작문 능력이 뛰어나진 않다. 그러므로 설교자가 된다는 의미는 다른 사람들이 기본적으로 가진 언어 능력을 넘어서는 능력이 있어야 함을 의미한다.

설교자의 기본 무기는 언어다. 언어 능력이 없다면 설교자가 될 준비가 안 되어있다고 해도 과언이 아니다. 20-30분 정도를 언어라는 매개체로 채울 수 있는 능력이 필요하다. 물론, 최근에는 다양한 미디어를 사용해서 설교하는 때도 있지만, 여전히 설교의 기본은 말이다. 언어를 정복하지 못하면 설교에서 성공할 수 없다. 언어를 제대로 사용하지 못하는 사람이 계속 언어를 통해서 무언가를 하게 되면 오히려 오해와 문제만 낳을 뿐이다.

언어 능력은 설교 전달 능력, 성경 해석 능력과 밀접하게 연관된다. 그러므로 언어 능력은 설교에서 가장 기본적이며 핵심적인 능력이다. 설교자는 바르게 말하는 방법, 정확하게 말하는 방법, 효과적으로 말하는 방법을 배우고 연구하고 연습해야 한다. 이 노력을 게을리하는 사람은 성공한 설교자가 될 수 없다. 설교자로 부름을 받았다면 하나님이 주신 사명에 게으르지 말고 부단히 노력해야 한다. 선천적으로 언어적 재능을 소유하지 못한 사람은 더 많은 노력을 기울이고 하나님께 매달려야 한다. 이렇게 노력해도 변화가 없다면 설교자로서는 하나님의 부르심이 없다고 생각하는 것이 오히려 합리적인 판단일 것이다.

2) 성경 해석 능력

언어 능력이 설교자가 가져야 할 기본적 능력이라면 성경 해석 능력은 설교자에게 필수적인 능력이다. 설교는 설교자의 개인 이야기를 하는 시간이 아니다. 설교는 하나님의 뜻을 전하는 시간이고 그 하나님의 뜻은 성경이라는 완성된 계시를 통해서 우리에게 주어졌다. 설교자의 주요 임무는 청중을 대신해 하나님 말씀인 성경으로 나가는 것이다. 그리고 그 성경 속에서 하나님을 발견하고 그분의 뜻을 깨달아 청중에게 전해야 한다. 설교자는 성경을 통해서 말해야 한다.

설교는 해석이라는 핵심 과정을 거치게 되며 해석을 통해서 청중에게 전달된다. 해석은 어느 정도 지식과 기술을 필요로 한다. 본문을 그냥 읽어서 이해하는 수준보다 더 깊은 수준의 결과물을 본문에서 얻어내는 능력이 필요하다. 이 능력이 청중과 설교자의 차이가 되어야 한다. 이 해석 능력은 기본적으로 언어의 능력에서 나온다. 인문학적 지식과 사고력이 필요하기도 하다. 이 부분은 후에 다시 다루게 될 것이다.

3) 메시지 전달 능력

성경에서 깨달은 하나님의 뜻은 설교를 통해서 청중에게 전달된다. 여기서도 분명한 기술이 필요하다. 선천적으로 말을 재미있게 하고 이야기 전달력이 좋은 사람이 있다. 같은 이야기를 해도 내가 하면 재미없고 밋밋한 이야기를 아주 재미있게 풀어서 전달해 주는 사람들을 보면 감탄이 절로 나오곤 한다. 하지만, 이런 선천적 재능이 있는 사람들은 극소수다. 말을 통해서 하나님의 사역을 감당해야 하는 설교자는 이 재능을 후천적으로 기르기 위해 훈련해야 한다.

설교자는 자신이 전해야 하는 이야기를 효과적으로 전달할 수 있는 능력을 길러야 한다. 요즘은 다양한 강연 프로그램이 많이 기획되어 텔레비전과 다양한 영상 매체를 통해서 사람들에게 전해진다. 이런 전문 강사들의 강의 기술은 설교자가 배워야 할 기술이면서도 넘어서야 하는 벽이다.

이런 프로그램들 때문에 사람들의 귀가 점점 더 고급화되었다. 유튜브로 유명 설교자의 설교를 쉽게 접할 수 있게 되었고 각종 강연 프로그램을 통해서 최고의 강의를 접할 수 있는 세상이 되었다. 청중들의 기준이 높아지고 있다는 의미다. 높아지는 청중의 요구만큼 설교자의 설교 수준도 높아져야 한다. 어설픈 수준으로는 사람들의 마음을 사로잡을 수 없다.

요즘 젊은이들은 짧은 영상에 길들어 있다. 짧은 시간에 간결한 내용을 전달받는 일에 익숙해져 있다. 설교자는 앞으로 짧은 영상에 익숙해진 청중을 상대해야 한다. 인내심을 가지고 20-30분 되는 지루하고 어려운 설교 말씀을 인내심을 가지고 들어줄 사람들은 이제 많지 않다. 신앙과 말씀을 사모하는 성도들에게는 인내를 기대할 수 있지만 그러지 않은 사람들의 반응은 냉정할 수밖에 없다.

그러므로 더 많은 고민과 노력이 필요하다. 본서는 이 부분을 다 다루지는 않을 것이다. 관련된 좋은 책들이 있고 인터넷에도 다양한 자료가 넘쳐나기 때문이다. 다양한 자료를 활용하여 자신을 점검하고 발전시켜야 한다. 설교하는 영상을 찍어보고 확인하면서 문제점을 파악하는 것도 좋은 방법이다. 방법은 다양하다. 이제 우리의 문제의식과 피나는 노력이 필요한 시점이다.

4) 신학적 지식

설교는 탄탄한 신학적 지식 위에 세워져야 한다. 설교가 신학적일 필요는 없지만 바른 신학에 세워지지 않은 설교는 잘못된 정보를 제공할 수밖에 없다. 그러므로 설교는 언제나 신학적으로 검증되어야 한다. 그리고 이 검증을 위해서 설교자는 충분한 신학적 지식을 갖춰야 한다. 설교자가 성경만 알면 된다고 주장하는 것은 무책임한 말이다. 성경을 알기 위해서 신학이 필요하다. 신학이 없으면 성경의 바른 이해는 불가능하다.

설교자는 성경의 다양한 이야기를 하나의 신학적 체계로 묶어내는 능력이 필요하다. 본문의 내용이 신학적 체계 안에서 어떤 의미가 있는지, 무엇을 말하고 있는지 파악할 수 있어야 한다. 자신이 설교하는 내용이 건전한 신학의 틀 안에서 바른 의미로 해석되었는지 검증하는 능력도 필요하다. 특별히 자신이 속한 교단적 입장과 신학을 바르게 이해하는 것도 중요하다. 그래야 교인들이 혼란 없이 설교에 집중할 수 있게 된다.

7. 설교자를 부르시고 사용하시는 하나님

설교자는 준비된 신실한 설교자로 준비되어야 한다. 하지만, 그 누구도 하나님 앞에서 잘 준비되었다고 감히 말할 수 없다. 감히 자신은 잘 준비된 완벽한 설교자라고 말할 수 없다. 그러므로 우리는 위대한 설교 사역 앞에 무릎을 꿇어야 한다. 성령의 능력을 의지하면서 하나님의 긍휼과 은혜를 구해야 한다. 하나님은 자신을 드러내는 일에 설교라는 수단을 쓰신다. 이것이 하나님의 계획이다. 이것이 오늘날 선택된 가장 중요한 수단이다. 그러므로 우리는 설교자로서의 부름에 늘 자신을 진지하게 검토해야 한다.

현실적인 상황에 판단도 필요하다. 한국은 설교 중심의 목회가 주를 이룬다. 옳고 그름의 문제가 아니라 주어진 현실이다. 한국 교회에서 목회하려면 일주일에 10번 이상의 설교를 감당해야 한다. 그러므로 설교에 자신이 없다면, 설교가 늘 부담이고 어려운 일이라면 한국에서 목회자가 되는 것은 다시 생각해봐야 한다.

한국에서 목회를 전제한다면 설교 능력의 검증은 목회자로의 부르심의 검증과 분명히 맞물려 있다. 설교를 제대로 할 수 없는 사람은 한국에서 목회자로서의 사명을 감당할 수 없다. 과중한 설교 사역의 부담 속에서 사명을 감당하기 위해서는 분명한 자기 점검이 필요하다.

자신에게 말씀의 은사가 있는지, 설교에 은사가 있는지 진지하게 고민해야 한다. 그 고민의 결과가 곧 목회자의 소명을 점검하는 하나의 기준이 될 수 있다. 하나님은 자신을 향한 부르심을 점검하고 부단히 준비하고 애쓰며 하나님의 은혜를 구하는 설교자를 이 시대에 사용하실 것이다.

설교의 5요소 : 청중

본 장에서 고민해볼 요소는 청중이다. 설교에서 청중의 역할은 매우 한정적이다. 설교는 설교자 중심의 독백 형태를 띠고 있다. 설교자는 말하고 청중은 듣는 것이 설교의 기본 구조다. 설교에서 이런 구조적 한계 때문에 청중의 역할은 제한이 있을 수밖에 없다.

현실적으로 설교에서 청중의 역할에 한계가 있지만 그런 환경을 핑계 삼아 지나치게 청중의 역할을 제한하는 것은 건강한 설교 사역을 가로막는 걸림돌이 될 수 있다. 그러므로 설교에서 청중이 어떤 역할을 할 수 있는지 고민해야 한다. 설교에서 청중이 가져야 할 태도와 역할이 무엇인지 살펴보자.

1. 청중은 누구인가?

1) 설교를 듣는다는 의미는 무엇인가?

청중이 누구인지 살피기 전에 "설교를 듣는다"는 말의 의미를 생각해 보자. '설교를 듣는다'는 말의 의미는 단순하게 귀로 듣는다는 의미가 아니다. 설교를 듣는 것은 천지 만물을 창조하신 위대하고 거룩하신 하나님을 인정하고 그 말씀 앞에 선다는 의미이다. 설교를 듣는 것은 설교자의 물리적 음성을 듣는 것이 아니라 설교자를 통해서 말씀하시는 하나님 음성을 듣는 것이다. 설교를 들었다는 의미는 단순히 설교 시간에 참여했다는 것이 아니라 설교를 통해 전해지는 하나님의 뜻을 깨달았다는 의미다.

하나님이 하나님의 백성들에게 말씀하시고 그 백성들이 그분의 말씀을 듣는다는 의미는 단순히 들리는 음성적 메시지를 귀로 듣고 이성적으로 이해하는 것을 넘어서는 것이어야 한다. 설교를 음성적으로 듣는 것은 누구나 할 수 있다.

이런 의미에서 설교는 누구나 들을 수 있다. 하지만, 설교 청취는 음성적이고 이성적인 듣기, 그 이상이다. 설교를 듣는다는 것은 하나님을 믿을 뿐만 아니라 설교를 하나님의 말씀으로 믿고 그 앞에 서는 것이며, 하나님은 오늘도 설교를 통해서 공동체와 개인에게 말씀하신다는 사실을 믿는 것이며, 궁극적으로 선포된 하나님의 말씀을 따라 살겠다는 의지를 포함하는 것이다.

2) 청중은 누구인가?

이제 청중이 누구인지 살펴보자.
설교를 듣는 사람들은 누구인가?
좀 더 정확하게 말하자면 누가 설교를 들을 수 있는가?
설교의 대상을 아는 것은 설교를 이해하는 데 매우 중요하다. 설교의 대상에 따라 설교의 내용과 형식 그리고 수준도 달라지기 때문이다. 설교 대상이 어린아이인지, 성인인지에 따라 사용하는 언어와 내용의 전달 방식이 달라지는 것과 같다. 설교 대상이 어린아이라면 쉬운 단어와 표현을 사용하려 애쓸 것이다. 되도록 내용을 쉽게 하고 재미있게 전달하려고 노력할 것이다.

이런 노력은 너무나 기본적인 설교자의 자세다. 이렇게 설교자는 설교의 대상을 고려해서 설교의 내용과 전달 방식 등을 조절한다. 그렇다면 좀더 근본적인 질문을 해 보자.

설교를 듣는 사람은 신자인지 불신자인지 생각해 보라. 설교는 하나님의 말씀이다. 설교자는 성경에 나타난 하나님을 전한다. 청중은 설교를 통해 하나님을 만나고 하나님의 뜻을 깨닫게 된다. 그렇다면 누가 하나님을 만나고 경험할 수 있는지는 쉽게 답이 나온다.

성경을 하나님의 말씀으로 인정하고 그 말에 귀 기울일 수 있는 사람은 하나님의 백성이다. 불신자들은 하나님의 말씀을 들으려 하지 않을 뿐만 아니라 들을 수도 없다. 이런 의미에서 하나님의 말씀을 전하는 설교는 신자들이 들을 수 있다. 설교는 하나님을 드러내고 하나님의 뜻을 전하는 것이기에 하나님을 알지 못하는 불신자들은 설교를 들을 수 없다. 그러므로 설교의 대상은 불신자가 아니라 신자들이어야 한다.

설교의 대상이 신자라는 의미는 불신자는 설교 자리에 올 수 없다거나 설교를 듣지 말아야 한다는 의미는 아니다. 당연히 불신자들도 말씀이 전해지는 자리에 앉아 물리적으로 들려오는 설교를 귀로 들을 수는 있다. 설교를 통해서 불신자가 하나님을 만나고 회심할 수도 있다(이 부분은 뒤에서 다시 언급할 것이다). 그들에게 설교가 아무런 기능을 할 수 없다는 의미도 아니다.

하지만, 기본적으로 설교는 신자를 위한 것이다. 설교를 듣는다는 의미는 단순하게 청각적 인지(認知) 개념이 아닌 영혼의 반응으로 이해할 때, 설교는 신자만 들을 수 있다는 결론을 내릴 수밖에 없다. 바리새인과 서기관들도 예수님이 가르치시는 말씀을 들었다.

하지만, 그들은 그 말씀에 온전히 반응하지 않았다. 그들은 예수님을 시험하기 위해서 말씀을 들었다. 어떻게든 예수님을 넘어뜨리기 위해서 말씀의 자리에 나갔다. 이런 바리새인과 서기관들은 예수님의 말씀을 들었다고 말할 수 없는 것과 마찬가지다.

사실 예수님의 가르침 대상은 무리도 아니고 종교지도자들도 아니었다. 예수님의 관심은 제자들에게 있었고 그분의 가르침은 제자들을 향했었다.

또한, 예배라는 설교의 컨텍스트를 생각하면 더욱더 불신자들을 향한 설교는 생각하기 어렵다. 예배를 드릴 수 있는 사람은 신자다. 신자들과 불신자들이 함께 같은 공간에 있을 수는 있지만 살아 계신 하나님을 경배할 수 있는 존재는 신자뿐이다. 설교는 예배의 한 부분으로 당연히 예배를 드리고 있는 하나님의 백성에게 주어지는 말씀이다.

그러므로 설교는 구속받은 하나님의 백성을 위한 것이라는 결론에 도달하게 된다. 결국, 우리는 설교의 대상이 되는 청중은 신자는 결론에 이르게 된다. 불신자들은 설교 자리에 함께 있을 수 있지만, 설교를 제대로 이해하지 못하고 그 설교에 올바로 반응할 수도 없다.

3) 설교의 대상을 이해하는 것의 중요성

설교의 대상을 정확하게 파악해야 하는 이유를 생각해 보자. 설교를 들을 수 있는 사람이 신자임을 이해하는 것은 매우 중요하다. 설교의 대상이 설교의 내용과 방법에 영향을 미치기 때문이다. 설교는 신자가 들을 수 있고 신자를 위해 선포된다. 그러므로 설교는 불신자가 아니라 신자에게 초점이 맞춰져야 한다. 하나님의 말씀은 신자가 들을 수 있으므로 불신자는 일반적인 설교의 고려 대상이 아니다.

이런 기본적인 사실을 망각할 때 설교는 길을 잃고 방황하게 된다. 실제 많은 설교가 불신자를 대상으로 전해지고 있다. 불신자에게 초점을 맞추고 불신자들이 잘 이해할 수 있도록 설교하려고 애쓰는 경우가 종종 있다. 심지어 예배를 불신자들에게 맞추는 이상한 형태의 예배를 고안하기도 한다.

VIP 초청잔치라든지, 태신자 초청잔치 등의 전도 행사를 예배 안에서 진행하는 경우가 이에 해당한다. 현실적인 부분을 이해하지 못하는 것은 아니지만 전도 행사가 예배와 섞이는 것은 여러 문제를 가져온다. 그중의 하나가 지금 논의하는 설교의 청자를 어떻게 설정하는가와 맞물려 있다.

설교의 대상을 불신자로 설정하면 어떤 문제가 발생할 수 있다. 불신자 청중을 고려하면 설교의 수준을 낮춰야 한다. 불신자가 들을 수 있고, 이해할 수 있게 복음의 핵심 내용을 빼야 한다. 불신자들이 들으면 불편할 내용은 빼고 최대한 부드럽게 접근해야 한다. 이런 상황에서 죄와 영원한 형벌, 하나님의 값 없이 주시는 은혜 등 성경의 핵심 사상이 제대로 다뤄질 수 없다.

결국, 복음을 다루더라도 수박 겉핥기식일 뿐이다. 그 대신에 듣기 좋은 이야기, 기복주의, 물질주의, 도덕주의적 내용이 설교를 채우게 될 것이다. 이렇게 되면 결국 설교는 설교로서의 정체성을 잃어버리게 된다. 나름 교훈적인 내용을 듣고 감동도 받을 수 있을지 모르지만, 그 설교는 본질에서 벗어났기에 제대로 된 역할을 할 수 없다.

하나님을 믿지 않는 사람들에게, 그리스도를 주로 고백하지 않는 사람들이 공감할 수 있는 내용은 이미 복음에서 멀어진 것이다. 복음은 세상 사람들에게는 허무맹랑한 소리며 미련한 것이다.

> 바울이 이같이 변명하매 베스도가 크게 소리 내어 이르되 바울아 네가 미쳤도다 네 많은 학문이 너를 미치게 한다 하니 (행 26:24).

> 우리는 십자가에 못 박힌 그리스도를 전하니 유대인에게는 거리끼는 것이요 이방인에게는 미련한 것이로되 (고전 1:23).

물론, 불신자들에게 복음의 정수를 가감 없이 전해야 하고 전해도 된다고 말할 수 있다. 전적으로 동의한다. 이렇게 복음을 가감 없이 전해야 한다고 주장하는 것은 이미 설교의 대상을 신자로 생각하고 있다고 봐도 무방하다. 혹은 전도와 설교를 혼동하고 있기 때문일 수 있다. 우리는 전도와 설교를 구분할 필요가 있다. 물론, 설교가 전도를 위해서 사용될 수 있다. 하지만, 앞에서 설교는 예배의 컨텍스트를 전제한다고 살폈다.

설교가 전도의 역할을 할 수 없는 것은 아니지만 설교는 설교 나름의 역할과 가치가 있다. 설교와 전도는 청자가 분명히 다르다. 설교는 신자에게 하는 것이고, 전도는 불신자들을 위한 것이다. 불신자를 위한 전도를 부정하는 것이 아니다. 필자가 강조하고 싶은 것은 설교가 설교다워져야 한다는 부분이다. 예배도 마찬가지다.

불신자를 위한 예배는 있을 수 없다. 불신자를 위한 전도 집회가 있을 수 있고 초청잔치가 있을 수 있다. 하지만, 그것이 예배로 대체될 수는 없다. 반대로 예배가 전도 집회로 대체되어서도 안 된다. 기본적으로 예배는 인간을 위한 것이 아니라 하나님을 위한 것이기 때문이다.

예배는 하나님께 초점을 맞추는 것이다. 그러므로 불신자들을 초청하고 그들에게 초점을 맞추는 예배는 예배의 기본 목적에서 벗어난 것이다. 그리고 거기서 행해지는 설교는 설교의 대상을 잘못 설정한 것이기도 하다. 그래서 설교는 불신자를 대상으로 하는 전도와는 구별되어야 한다. 신자를 향한 설교와 불신자를 향한 복음 전도는 비슷하면서도 다르다. 구도자들에게 전하는 설교는 설교가 아니라 전도다.

물론, 신자와 불신자를 명확하게 구분하기 힘들 수도 있다. 교회를 개척하거나 선교지에서 선교할 때 불신자가 대부분인 청중을 모아 놓고 설교를 해야 할 특수한 경우가 있을 수도 있다. 이런 상황에서는 더 깊은 고민이 필요하다. 핵심은 청중에 대한 이해가 설교에 이렇게 크게 영향을 줄 수 있다는 사실이다.

설교를 듣는 청중을 누구로 볼 것인지, 어떤 상태에 놓여 있는 사람으로 이해하고 있는가가 설교의 많은 것을 좌우할 수 있다는 사실을 정확하게 인지해야 한다.

4) 하나님의 백성들을 향한 하나님의 메시지

설교에서 불신자가 배제되어야 한다면 설교는 그들에게 전혀 의미가 없는가?

대부분 설교는 신자와 불신자가 함께 듣는다. 교회에는 신자만 있는 것은 아니기 때문이다. 그래서 설교자는 하나님을 모르는 사람들이 설교를 통해서 회심을 경험하고 예수 그리스도를 만나기를 기대한다. 그리고 실제 불신자들이 설교를 통해서 회심하는 예도 종종 있다.

이를 어떻게 설명해야 하는가?

이 부분을 이해하기 위해서는 하나님의 백성이 누구인가에 대해서 좀 더 정확하게 생각해 볼 필요가 있다.

엄밀히 말해 하나님 백성의 범위는 현재뿐만 아니라 미래의 하나님의 백성들이 될 사람까지 포함한다. 예수님을 믿지 않는 사람들이 설교를 듣고 은혜를 경험하고 하나님을 믿게 되었다고 할 때 그들은 이미 하나님께 선택받은 하나님의 백성들이라고 생각해야 한다. 하나님의 선택은 역사 전부터 있었지만, 회심은 역사 속의 한 시점에서 이뤄지는 것이다. 역사의 한 시점에서 하나님의 때에 선택된 신자는 설교 등의 방법으로 믿음을 갖게 되고 하나님의 백성이 된다.

그러므로 변화될 불신자 또한 미래의 신자로 인정해야 한다. 결국, 설교는 현재의 신자 혹은 미래의 신자에게 선포되는 하나님의 메시지다. 그러므로 설교의 대상은 여전히 신자라고 할 수밖에 없다. 그렇다면 설교는 대상도 아닌 불신자를 위해서 애쓸 것이 아니라, 설교의 대상인 신자들이 들어야 할 말씀을 전하기 위해서 노력해야 한다. 다시 말하지만, 이런 구분은 배제와 배격이 아니라 설교의 설교다움을 유지하기 위함이다. 모든 청중에 대한 배려는 분명히 필요하다. 하지만, 이런 배려는 기본적으로 청중들이 누구인지에 대한 신학적 물음에 확실한 답을 가진 후에 진행되어야 한다.

2. 설교에서 청중의 역할

설교에서 청중의 역할에 대한 이해는 시대의 흐름에 따라 달라져 왔다. 일반적으로 설교학은 전통적 설교학(Traditional Homiletics)과 신설교학(New Homiletics)으로 나뉘는데, 각각의 관점에 따른 청중의 이해에 대해서 살펴보자.

1) 전통적 설교학적 관점

전통적인 설교학적 관점에서 청중은 수동적인 청자에 불과하다. 설교에서 청중은 수동적 존재일 뿐이다. 청중이 할 일은 선포되는 말씀을 잘 듣는 것뿐이다. 전통적 관점에서 설교는 청중과 토론하는 것도 아니고 대화를 나누는 것도 아니다. 설교에서 청중과의 커뮤니케이션을 이야기하지만, 이는 쌍방향 소통이라기보다는 설교자에서 청중에게로 흐르는 단방향 커뮤니케이션을 의미한다.

전통적 설교학은 고대 수사학에서 영향을 받았다. 수사학의 목적은 상대방을 설득하는 것으로, 전통적 설교학에서의 설교의 목적도 동일하게 청중의 설득이다. 설득을 목표로 할 때, 청중은 설득의 대상으로 수동적 존재로 규정될 뿐이다. 청중은 이런 설득의 과정에 참여할 여지가 없다.

또한, 전통적인 설교학적 관점에서 청중은 하나님 말씀에 무지하고 무언가를 배워야 하는 사람으로 인식된다. 그 결과 의도했든 의도하지 않았든 설교자와 청중은 수직적 관계로 설정된다. 설교자는 전문적으로 교육받고 안수로 공동체를 위해 공식적으로 세워진 사람이다. 설교자는 성경의 전문가로서 청중을 가르쳐야 한다. 가르침을 받아야 할 청중은 하나님 말씀에 무지한 사람으로 규정된다.

설교자는 하나님의 말씀을 대언하는 하나님의 사자(Hearld)로 이해되기도 한다. 설교자는 하나님의 대리인으로 말씀을 전하며 하나님의 백성인 청중은 경청하면서 그 말씀을 듣고 따라야 할 의무가 주어질 뿐이다. 이런 관점에서 청중은 말씀을 잘 듣고 순종하는 것 외에는 다른 것을 생각할 수 없다.

이런 설교자 중심의 커뮤니케이션은 하나님 말씀의 권위를 높이는 보수적 신학을 배경으로 하는 곳에서는 널리 인정되는 관점이다.

하지만, 과유불급이다. 일견 일리가 있는 관점이지만 과도하고 극단적으로 흐르게 되면 일방적 커뮤니케이션 때문에 나타나는 여러 왜곡이 발생할 수 있다. 설교자 중심의 커뮤니케이션은 지나치게 설교를 절대화할 수 있다.

설교가 하나님의 말씀으로 인정되어야 하는 것은 분명하지만, 잘못되면 설교자의 생각까지도 하나님의 말씀으로 받아들여지는 왜곡이 발생할 수 있다. 실제 잘못된 성경 해석이 설교를 통해 전달되어도 청중은 아무런 거부감 없이 '아멘'을 외치는 경우가 종종 발생한다. 그리고 설교자의 이야기에 무조건 수긍해야 좋은 성도라는 잘못된 억압이 발생하기도 한다. 청중의 이성적 생각은 무시되고, 설교와 성경 해석에 대한 다양한 질문은 허용되지 않게 된다.

이렇게 전통적 관점에서는 설교와 설교가 다루는 성경의 권위가 제대로 세워지는 긍정적 면이 있지만 지나치게 청중의 역할을 제한하고 무시하는 왜곡을 가져올 수 있다. 이렇게 청중을 수동적으로 제한하는 문제를 해결하기 위해서 신설교학이 등장한다.

2) 신설교학적 관점

청중을 수동적 존재로 바라보는 전통적 설교학의 관점은 신설교학을 통해서 도전받기 시작한다. 청중은 설교자의 파트너이자 설교 속에서도 분명한 역할을 해야 한다는 각성이 나오기 시작했고 건전한 커뮤니케이션에 대한 자성이 일어났다. 설교에서 일방적인 소통이 아니라 쌍방향 소통이 이뤄져야 한다는 주장이 설득력을 얻게 된다.

또한, 설교는 설교자의 독백이 아니라 청중이 함께 참여하고 청중의 목소리를 반영해야 한다는 생각도 제기되었다. 일방적 설교는 청중의 삶과는 무관하게 진행될 수 있고 이런 설교는 청중의 관심에서 멀어질 수밖에 없다. 그래서 전통적 설교 관점을 비판하면서 신설교학(New Homiletics)이 등장했다.

신설교학은 청중의 관심사에 관심을 두게 하므로 청중과 함께 호흡하는 설교를 주장한다. 청중은 설교의 중요한 동반자로서 적극적 역할을 해야 한다는 주장이 신설교학의 핵심 논제 중 하나다. 또한, 일방적이고 지루한 설교의 약점을 극복하려는 방법론의 각성도 일어나게 되었다.

신설교학은 청중의 적극적 설교 참여를 가능하게 하는 장점이 있다. 왜곡된 설교자 중심의 설교를 보완할 수도 있다. 신설교학은 청중의 능동적 참여를 통해서 설교의 지루함을 제거하고 쌍방향 커뮤니케이션을 이뤄낼 수 있는 길을 제시했다. 물론, 신설교학의 관점에는 여러 비판점이 존재한다. 청중의 적극적 참여와 수평적 권위 강조는 말씀의 권위를 훼손할 위험이 있다. 설교는 하나님의 말씀이라는 절대적 가치가 위협받을 수 있으며 청중이 말씀을 대하는 태도가 가벼워질 위험도 있다.

그렇다면, 어떻게 청중의 설교 참여를 만들어 낼 수 있는가?

사실 설교의 구조는 기본적으로 설교자가 말하고 청중이 듣는 것일 수밖에 없다. 구조적으로 일방적 독백이 될 수밖에 없는 설교에서 청중의 참여를 끌어낸다는 것은 쉬운 일은 아니다. 여기서는 세 명의 신설교학 학자들의 견해들을 살펴보자.

(1) 귀납적 설교 (Inductive Preaching)

크래독(Fred B. Craddock)은 『권위 없는 자처럼』(*As One Without Authority*)에서 귀납적 설교법을 제안한다. 청중의 적극적 설교 참여를 고민하던 크래독은 귀납적 설교를 통해서 청중을 설교의 진행 과정에 참여시키려 한다. 설교자가 본문의 해석과정에서 느꼈던 다양한 깨달음과 감정을 청중들도 함께 경험하게 하도록 연역적 과정보다는 귀납적 과정을 선택한 것이다.

또한, 청중의 적극적 참여를 위해 설교의 결론도 청중에게 맡기는 열린 결론을 주장한다. 이는 청중이 자신에게 맞는 결론을 스스로 내릴 수 있는 능력이 있다는 믿음 때문이다. 이런 방법들은 실제 청중이 설교에 참여하는 것은 아니지만 설교를 듣는 과정에서 능동적 청취를 할 수 있게 한다.

하지만, 이런 방법들이 실제 청중의 설교 참여를 만들어 내는 것은 아니다.

> 크래독이 말하는 청중 참여란 설교의 진행 과정에서 청중의 참여를 유도하는 것으로 어떤 면에서는 청중의 머릿속에서만 이뤄지는 참여라고 할 수 있다. 설교자는 말하고 청중은 들어야 하는 일방적인 구조는 크게 바뀌지 않는다.[17]

크래독의 귀납적 설교는 설교에서 청중의 중요성 및 청중의 적극적 역할을 재인식시켰다는 점에서는 진일보를 이뤘지만, 여전히 설교는 설교자의 독백으로 남을 수밖에 없다.

---

[17] 이승우, "설교에서의 청중참여를 위한 실천적 제언," 「신학논단」 97(2019): 164-165.

(2) 원탁 설교(Round-Table Preaching)

존 맥클루(John S. McClure)는 *The Roundtable Pulpit: Where Leadership and Preaching Meet*에서 원탁 설교를 주장한다. 원탁 설교는 청중이 설교자와 동등한 위치에서 설교자와 함께 말씀을 주해하고 이를 설교에 적용하는 설교 형태다. 원탁이라는 상징을 통해, 설교자나 청중 모두가 동등한 위치에서 자유롭게 의견을 내고 그 의견을 설교에 반영하여, 설교자는 청중과 함께 준비한 설교를 주일에 전한다.

설교자가 목회자라고 권위를 갖거나 성경 해석에서 의견을 강요할 수 없다. 원탁에는 청중 모두가 참여하기 위해서 매주일 돌아가면서 참여한다. 청중은 설교의 준비과정에 참여할 뿐 아니라 진행된 설교의 평가도 함께 맡게 된다.

이런 맥클루의 제안은 매우 파격적이다. 하지만, 한국적인 상황에서 이런 맥클루의 주장이 가능할지는 의문이다. 실제로 많은 사람이 맥클루의 제안을 목회 현장에 적용하는 데 대해서 부정적이다. 기본적으로 유교적 문화가 강하고, 토론 문화가 정착되지 않은 한국적 상황에서는 맥클루식의 청중 설교 참여는 어렵다고 보는 것이 합리적이다.

(3) 대화 설교(Conversational Preaching)

루시 앳킨슨 로즈(Lucy Atkinson Rose)는 『하나님 말씀과 대화 설교: 변혁적 설교로서의 대화 설교』(*Sharing the Word: Preaching in the Roundtable Church*)에서 신설교학의 다양한 주장들이 여전히 청중을 배려하지 못했음을 비판한다. 그리고 청중들이 더욱더 적극적으로 참여하는 대화 설교를 주장한다. 그녀는 설교자와 청중 모두가 말씀을 발견하는 적극적 역할을 주문한다.

설교에서의 해석과 주장은 잠정적이며 한계와 편견의 가능성이 있으므로 결정적 선언이 되어서는 안 된다. 오히려 설교는 하나의 제안으로만 받아들여야 한다고 주장한다. 그녀의 주장을 직접 들어보자.

> 전통적인 관점의 설교학에서 설교 내용을 이해할 때 보편적이거나 선포적 혹은 실존적인 차원의 다양한 맥락에서 설명될 수 있겠지만 결국 진리(truth)를 설교하는 것으로 간주한다. 하지만, 언어의 한계에 대한 근래의 통찰에 비추어 볼 때나 또는 진리나 하나님의 말씀에 대한 이전의 입장들이 결국 설교학의 발전을 위한 건설적인 대화의 장에서 여러 사람들을 배제시켜 왔음을 고려할 때, 진리는 결코 객관적이거나 절대적이고 존재론적으로나 원형적으로 완벽하지 않다는 확신에 도달하게 되었다. 내가 진리에 대해서 말할 수 있는 유일한 방법이 있다면 그것은 종말론적이다. 그날이 되면 비로소 우리는 진리를 이해할 수 있겠지만 그날이 오기까지 우리는 모호함이 털끝하나도 없을 정도로 분명한 지식과 명확한 사실과 진리로 사는 것이 아니라 다만 진리에 대한 믿음과 소망을 붙잡고 살아갈 뿐이다.[18]

---

[18] Lucy Atkinson Rose, *Sharing the Word: Preaching in the Roundtable Church*, 이승진 역, 『하나님 말씀과 대화 설교』 (서울: 기독교문서선교회, 2010), 26.

이러한 로즈의 주장은 일견 이해가 되는 부분이 있다. 로즈의 지적은 설교 현장에서 실제로 벌어지는 부분이기도 하다. 하지만, 설교를 절대적 하나님의 말씀으로 받아들이는 풍토에서는 받아들일 수 없다. 설교를 잠정적 제안이라고 생각한다면 지나치게 진리를 상대화하는 잘못에 빠질 수 있다. 그뿐만 아니라 로즈는 구체적인 방법론을 제시하지는 않는다. 설교에 대한 개념과 태도 지적에 그치기 때문에 대화 설교 구현의 구체성이 부족한 단점이 있다.

결론적으로, 신설교학자들은 적극적으로 청중을 설교에 참여시키려고 노력했다. 이렇게 청중의 역할에 대해서 고민하는 것은 충분히 고려해야 하는 주장이다. 하지만, 개념적인 참여에 그치거나 성경과 설교의 권위를 훼손하는 주장이 포함되어 있기에 비판적 수용이 필요하다.[19]

3. 설교에서의 청중의 적극적 역할

1) 누구의 무지가 더 문제인가?

전통적 설교학의 관점에서 청중은 무지하고 설교자로부터 배워야 할 존재로 인식된다. 청중은 하나님 앞에서 부족하고 늘 성장해야 하는 연약한 존재로 치부되기도 한다. 어떤 면에서 청중은 무지

---

[19] 청중 참여를 위한 설교에 관해서 더 고민하기 위해서는 다음 논문을 참조하라. 이승우, "설교에서의 청중참여를 위한 실천적 제언,"「신학논단」 97 (2019): 155-185.

하고 연약한 존재인듯하다. 그들은 말씀에 대해서 잘 이해하지 못하며 하나님의 뜻이 무엇인지도 분별하지 못하는 것 같다. 목회 현장에서 말씀에 무지하고 말씀을 오해하는 성도들을 자주 만나는 것도 사실이다. 설교자로서는 이런 성도들의 모습이 답답하게 느껴지기도 한다.

하지만, 청중의 무지를 일반화하는 것은 문제가 있다. 그리고 무지와 연약함 등의 문제들은 청중에게만 해당하지 않는다. 설교자를 포함한 인류 모두의 문제다. 죄인인 인간이 가진 공통된 모습이다. 설교자라고 완벽할 수 없다. 어떤 면에서 청중은 말씀에 대해서 설교자보다 더 깊이 이해하고 있을 때도 있다.

어떤 청중은 오히려 설교자의 부족함을 정확하게 파악하고 있으며 그것을 지적하기도 한다. 실제 설교자 혹은 목회자의 무지와 무능이 청중들에게 드러나는 경우가 얼마나 많은지 모른다. 오늘날 강단의 오염과 말씀의 왜곡이 바로 설교자의 무지와 무능을 말해주는 증거일 수 있다. 성도들이 보기에 민망할 정도의 잘못된 해석과 빈약한 주해가 얼마나 많은지 모른다.

이런 문제는 신학적 문제까지도 갈 것이 없다. 신학적 문제가 아니라 국어, 언어 능력의 문제가 얼마나 많은지 모른다. 심지어 교회 안 다니는 사람이라도 알 수 있는 기본적인 설명에서 왜곡과 실수가 다반사다. 성도들은 세상에서 하나님의 말씀에 순종하려고 고군분투하며 애쓰고 있지만, 목회자들은 온실 속에서 살고 있는지도 모른다. 어쩌면 청중의 수준을 고민할 것이 아니라 설교자의 수준을 더 많이 고민해야 할지도 모르는 상황이다.

그러므로 청중의 무지만을 이야기하면서 설교에서 청중에게 수동적 역할만을 강요하는 것은 청중을 지나치게 무시하는 태도일 수 있다. 설교자는 언제나 말하고 청중은 일방적으로 들어야 하는 역할 규정은 건전한 설교 사역에 도움이 되지 않는다. 청중도 설교에 대해서 목소리를 낼 수 있어야 하고, 그 목소리를 낼 수 있기 위해서 사고하고 고민하며 질문해야 한다.

2) 청중을 깨우는 설교

청중이 설교에서 수동적일 수밖에 없는 구조적인 문제가 분명히 존재한다. 설교는 설교자가 일방적으로 이야기하는 구조로 진행되기 때문이다. 맥클루의 주장처럼 설교의 준비 단계에서 청중의 참여 가능성은 논의할 수 있다. 혹은 청중이 설교를 듣는 중에 마음속으로 설교에 참여할 수 있다. 하지만, 기본적인 구조 속에서 수동적인 역할을 피하기는 어렵다.[20] 그렇다고 하더라도 청중을 지나치게 수동적이고 몰이성적으로 만드는 것은 매우 위험하다.

많은 설교자가 설교에서 청중에게 '아멘'을 요구한다. 이런 요구는 언뜻 보기에는 청중의 적극적 설교 참여의 길을 열어주는 것 같다. 하지만, 여기에서 청중이 할 수 있는 반응은 아멘 외에는 없다. 심지어 아멘은 강요된다. 즉각적, 적극적으로 자주 아멘을 외치면

---

[20] 물론, 설교 시간에 실시간으로 청중들의 질문을 받거나 자유롭게 문답을 진행할 수도 있다. 카톡과 같은 SNS를 통해서 질문을 받고 답하는 형식을 취한다면 무난하게 설교를 진행할 수도 있다. 하지만, 이런 방법들은 지금까지는 활용 면에서 굉장히 제한적일 수밖에 없다. 그렇다면 여전히 설교자가 말하고 청중이 듣는 상황이 설교의 기본 구조라고 해도 과언은 아니다.

설교를 잘 듣고 믿음이 좋은 성도가 되고, 그렇지 않으면 게으르고 나태하며 말씀에 순종하지 않는 사람으로 비친다. 하나님의 말씀에는 아멘으로 화답하는 것이 좋다.

하지만, 잘못된 말씀이 선포될 때 청중은 그 설교를 거부해야 한다. 물론, 대부분은 그 설교를 거부해야 할 정도의 설교를 듣는 경우는 거의 없다. 그렇지만 다소 잘못된(설교자의 부주의나 실수가 있을 수 있다) 해석, 잘못된 적용에 대해서는 아멘으로 화답해서는 안 된다.

그러므로 청중은 설교를 듣는 중에 말씀을 지속해서 묵상하고 되새기며 그것이 올바른 해석인가 늘 고민해야 한다. 이는 불신앙의 태도가 아니라 오히려 하나님의 말씀을 향한 진지하면서도 꼭 가져야 할 올바른 태도다. 대표적인 예가 사도행전의 베뢰아 사람들이다.

> 베뢰아에 있는 사람들은 데살로니가에 있는 사람들보다 더 너그러워서 간절한 마음으로 말씀을 받고 이것이 그러한가 하여 날마다 성경을 상고하므로(행 17:11).

별다른 의미도 없는 부분에서 '할렐루야'를 외치며 '아멘'을 유도하거나, 청중이 깊이 묵상하고 생각할 여유를 주지 않은 채 설교에 '아멘'을 강요하는 것은 청중을 더욱더 몰이성적으로 만드는 원인 중 하나다. 그러므로 일방적으로 아멘을 강요하는 것은 온전히 말씀을 전하는 데도 걸림돌이 될 수 있다. 아멘은 입에서 나오는 것이 아니라 가슴에서 나와야 한다.

설교를 무조건적으로 받아들이는 것만이 좋은 태도는 아니다. 오히려 자신의 이성을 통해서 설교를 다시 한번 곱씹어보는 것이 하나님의 백성으로서 가져야 할 건전한 태도다. 별다른 고민 없이, 아무 생각 없이 조건 반사처럼 나오는 아멘은 오히려 말씀을 무시하는 태도이며 하나님 말씀의 권위에 도전하는 것이다. 말씀 앞에서 진지하게 고민하는 것이 오히려 하나님의 말씀을 존중하며 사랑하는 태도이다.

진지한 고민 가운데 말씀을 듣지 않고 맹목적으로 설교를 듣는 태도가 바로 오늘날 교회의 타락을 가져온 주범 중 하나다. 청중은 강단에서 성경 말씀과 동떨어진 잘못된 이야기가 나올 때 제재하고 교정해 주는 역할을 해야 한다. 설교자는 청중으로부터 나온 사람이다.[21]

그러므로 설교자는 공동체의 한 사람으로 공동체의 지도와 인도를 받아야 한다. 그렇지 않으면 설교자 또한 타락할 수밖에 없다. 청중은 깨어서 설교를 듣고 그 설교를 묵상하며 곱씹어야 한다. 말씀에 진지하게 반응하며 설교자가 바른 설교를 할 수 있도록 격려하고 때로는 견제할 수 있어야 한다.

물론, 설교를 이성적으로 비판만 하는 태도는 바른 청중의 반응이 아니다. 하나님의 말씀을 사랑하고 존중하기에 청중은 그 말씀을 판단하고 진리의 빛에 비춰 평가해야 한다. 어떤 설교자는 말씀의 권위를 이용하여 자신의 욕망을 설교에 투영하고 있다. 말씀이 사라지고 하나님의 영광이 드러나지 않는 설교 앞에서 청중은 깨어 분별해야 한다.

그런데 하나님의 말씀이 제대로 드러나지 않는 설교에서 아멘을 외치고 있다면 얼마나 슬픈 일인가?

---

21   Long, 『설교자는 증인이다』, 14-17.

목사들이 내뱉는 시답지 않은 이야기에 동조하며 아멘하고 있다면 이 또한 청중의 직무 유기다. 청중들은 이제 말씀 앞에 사명감을 가지고 진지하게 서야 한다. 전해지는 말씀이 하나님의 말씀인지 아닌지를 분별할 수 있어야 한다.

목회자는 청중을 몰이성의 구렁텅이로 내모는 것이 아니라 말씀을 온전히 듣고 분별할 수 있는 하나님의 백성으로 훈련해야 한다. 그뿐만 아니라 청중들이 말씀에 대해서 고민하고 그 고민을 공동체에서 건전하게 나눌 수 있도록 보장해 줘야 한다. 때로는 공식적인 자리를 마련해 주고 청중의 이야기를 들을 수도 있어야 한다. 설교는 개인의 행위가 아니라 교회 공동체 속에서 이뤄지는 공동체적 행위이기 때문이다.

설교는 교회의 행위이다. 그 공동체적 행위인 설교를 검증하고 발전시키는 것도 교회의 사명이다. 이것을 설교자가 혼자서 짊어지도록 해서는 안 된다. 설교자는 고립된 사람이 아니다. 설교자도 공동체의 일원으로 그 공동체의 지지와 격려뿐만 아니라 지도를 받아야 한다.

설교자는 청중의 설교에 대한 질문에 마음을 열고 귀를 기울여야 한다. 설교자는 청중의 설교 비판에 대해서 늘 열린 마음으로 경청해야 한다. 청중은 비난이 아닌 따뜻한 비평과 조언으로 설교에 동참하며 설교자를 세워가는 마음으로 성실하게 이 직무를 감당해야 한다. 물론, 청중의 질문과 비판은 설교 중에 이뤄지기는 어렵다. 설교가 끝난 후, 공동체는 설교에 대해서 서로 나누고 고민하며 받은 말씀에 온전히 반응해야 한다. 설교는 청중을 깨우고, 깨워진 청중은 설교를 깨운다.

4. 은혜 받았다는 의미

사람들은 좋은 설교를 들었을 때 소위 "은혜 받았다"라고 표현한다. "은혜로운 설교"는 좋은 설교, 울림이 있는 설교를 지칭하는 말로 통용된다. 이런 의미에서 은혜로운 설교는 설교의 지향점이라 할 수 있다.

그렇다면 어떻게 은혜로운 설교를 할 수 있을까?
청중이 은혜 받았다는 반응을 어떻게 얻을 수 있을까?
청중은 어떤 설교에 은혜 받았다고 할까?
청중은 설교에서 무엇을 기대하는 것일까?

이런 질문에 답하기 위해서 설교에서 은혜 받았다고 말하는 것의 의미가 무엇인지 파악하는 것이 중요해진다. 설교에서 은혜 받았다고 말하는 것의 실체와 바른 의미가 무엇인지 생각해 보자.

1) 은혜 아닌 은혜

은혜라는 단어는 설교뿐만 아니라 신앙 생활 전반에서 자주 사용되는 말이다. 성경에서 "은혜"는 자격 없는 자에게 값없이 주어지는 것으로 하나님이 자기 백성들에게 주시는 것이다. 구원, 하나님의 인도와 보호 등이 바로 은혜라고 말할 수 있다. 하지만, 설교에서 '은혜 받았다'라는 말의 의미는 사전적 의미와는 다소 차이가 있다.

보통 설교에서 은혜 받았다고 말할 때 은혜는 마음의 "감동"과 같은 의미로 사용되곤 한다. 물론, 은혜는 감동을 동반한다. 하지만, 감동이 언제나 은혜를 담보하지는 않는다. 감동은 좋은 드라마나 책을 보면서도 받을 수 있다. 유익한 강연에서도 감동할 수 있다. 좋은 책이나 강연을 통해서 심지어 한 사람의 인생이 바뀌는 일도 있다.

분명 좋은 이야기에는 감동이 있고 사람의 마음을 움직이는 힘이 있다. 하지만, 이런 일반적 감동은 설교에서 느껴야 하는 은혜와는 분명히 구분되어야 한다. 설교는 감정과 마음을 넘어서 영혼을 변화시키는 작업이기 때문이다.

어떤 사람은 설교가 재미있으면 은혜 받았다고 말한다. 재미있고 감동되는 예화가 있어 전달력이 좋은 설교를 은혜로운 설교로 생각하는 것이다. 하지만, 이것도 말씀의 은혜와는 구분되어야 한다. 좋은 설교가 재미있는 이야기로 채워질 수 있다. 하지만, 재미있고 전달력이 뛰어난 설교가 언제나 하나님이 주시는 은혜를 담보해 주지는 않는다. 감동과 재미는 은혜와는 분명 구분되어야 한다.

그렇다면 설교에서 나타나야 하는 은혜는 무엇인가?
어떤 설교가 은혜로운 설교인가?
청중은 어떤 설교를 기대해야 하는가?
감동과 재미가 있으면 좋은 설교인가?

그렇지 않다. 감동과 재미는 은혜를 대체할 수 없다. 좋은 설교, 청중이 들어야 할 설교는 하나님을 만나고 하나님의 뜻을 깨달으며 그분을 더 사랑하고 그분이 원하시는 삶을 살기를 열망하게 되는 설교다.

하나님을 만나고 그분의 뜻을 깨닫는 것의 의미를 생각해 보자. 하나님은 은혜가 풍성한 분이시다. 하나님의 뜻은 자비와 은혜다. 그러므로 그분을 만나고 그분의 뜻을 깨닫는 것은 바로 은혜를 경험하고 깨닫게 된다는 의미와 다르지 않다.

2) 성경이 해석되는 것이 은혜다

설교 때 받아야 하는 은혜는 무엇인지 조금 더 구체적으로 생각해 보자.

청중은 설교에서 무엇을 기대해야 하는가?

엠마오로 가는 제자들과 예수님 사이의 만남 사건을 통해서 그 해답의 실마리를 찾을 수 있다. 예수님의 부활 소식이 전해졌지만, 제자들은 별다른 반응을 보이지 않았다. 제자 중 두 명이 엠마오라 하는 마을로 가는 중에 부활하신 예수님을 만난다. 예수님은 제자들에게 성경이 자신에 대해서 무엇을 말하는지 설명해 주셨다.

> 이르시되 미련하고 선지자들이 말한 모든 것을 마음에 더디 믿는 자들이여 그리스도가 이런 고난을 받고 자기의 영광에 들어가야 할 것이 아니냐 하시고 이에 모세와 모든 선지자의 글로 시작하여 모든 성경에 쓴 바 자기에 관한 것을 자세히 설명하시니라(눅 24:25-27).

제자들에게 성경을 풀어 주셨을 때 제자들의 반응은 어떠했나?

말씀이 해석될 때, 성경의 원래 의미가 드러날 때 제자들의 마음이 뜨거워졌다.

> 그들이 서로 말하되 길에서 우리에게 말씀하시고 우리에게 성경을 풀어 주실 때에 우리 속에서 마음이 뜨겁지 아니하더냐 하고(눅 24:32).

마음이 뜨거웠다는 말의 원어적 의미는 '마음이 불탔다'는 의미다. 물론, 마음이 뜨거워지는 것을 감동이라고도 표현할 수 있다. 하지만, 이 감동은 단순히 감정적인 변화가 아니었다. 제자들은 성경 말씀, 예수 그리스도의 죽음과 부활에 관한 설명을 들었을 때 마음이 뜨거워졌다. 말씀의 의미가 해석되고 닫혔던 이해가 열렸을 때 제자들의 마음이 뜨거워진 것이다. 누가복음 24장 44-45절에서도 비슷하게 기록한다.

> 또 이르시되 내가 너희와 함께 있을 때에 너희에게 말한 바 곧 모세의 율법과 선지자의 글과 시편에 나를 가리켜 기록된 모든 것이 이루어져야 하리라 한 말이 이것이라 하시고 이에 그들의 마음을 열어 성경을 깨닫게 하시고(눅 24:44-45).

예수님의 말씀은 재미있는 이야기도, 감정적 감동을 자아내는 이야기도 아니었다. 예수님은 기록된 성경 말씀을 풀어서 깨닫게 해주셨다. 그 해석된 말씀에 제자들은 마음이 뜨거워졌다.

결국, 청중이 은혜 받았다고 말할 때 핵심 전제는 성경에 대한 적절한 풀이와 설명 그리고 그에 대한 깨달음이다. 이런 과정이 없는 감동은 잘못된 것이다. 본문의 바른 해석과 깨달음 없이 은혜 받았다고 말하는 것은 단순한 감정적 감동일뿐이다.

그러므로 청중은 자신들이 지금 무엇에 반응하고 있는지 끊임없이 점검해야 한다. 나를 즐겁게 하고 감정적 반응을 일으키는 설교에 환호할 것이 아니라 하나님의 뜻을 깨닫게 되는 설교에 더 많은 가치를 둬야 한다. 청중이 기대해야 하는 설교는 말씀이 제대로 해석되는 설교다.

설교자도 마찬가지다. 설교를 통해서 성도들에게 무엇을 전해줘야 하는지는 분명하다. 성경 말씀의 원래 의미가 무엇인지 바르게 해석하여 성도들에게 전해줘야 한다. 청중이 그 말씀의 의미를 깨달을 수 있도록 본문을 잘 해석하고 풀어줘야 한다. 그 외의 것은 부수적인 부분이다.

더불어 성도들에게도 설교 시간에 무엇을 기대해야 하는지 분명히 알려 줘야 한다. 설교 시간은 개인이 원하는 이야기를 듣는 시간이 아니라 하나님의 뜻이 들려지고 깨달아지는 시간임을 분명히 알게 해야 한다. 성도들이 쓸데없는 것을 은혜라고 착각하지 않도록 계속해서 청중의 시각을 교정해 주어야 한다. 이런 설교자의 노력이 청중을 깨우는 것이며 청중이 설교에서 올바른 역할을 하도록 돕는 것이다.

3) 설교자의 주의 사항

청중에 관한 이야기는 아니지만 관련된 주제를 하나 짚고 넘어가자. 성도들은 설교가 자신에게 좋았을 때 은혜 받았다고 말한다. 그런데 이런 표현은 설교가 정말 좋을 때도 하지만, 보통은 습관적이고 의례적으로 사용된다. 그래서 설교자에 대한 인사치레로 사용할 때가 많다. 설교를 마치고 나오는 목사님에게 "수고하셨습니다. 은혜 받았습니다"라고 인사를 건넨다. 그 외의 설교 피드백을 하는 사람은 극히 드물다. 그 결과 설교자가 늘 듣게 되는 말은 설교에 은혜 받았다는 이야기뿐이다.

 문제는 설교자들이 이런 상황을 제대로 인지하지 못하고 자신의 설교에 대해서 지나치게 후한 점수를 준다는 사실이다. 사실 설교자에게 직접 설교의 불만족을 말하는 사람은 거의 없다. 만나는 사람 대부분이 은혜 받았다고 말하고 설교에 대해서 나쁘게 평가하지 않기 때문에, 설교자는 자신이 설교를 잘하는 것으로 착각할 수 있다. 이것은 설교자의 교만을 불러올 뿐만 아니라 자신의 설교에 대한 훈련을 게을리하는 빌미를 제공할 수 있다.

 그러므로 설교자는 은혜라는 정확한 의미를 이해함과 동시에 성도들이 말해주는 이야기에 대해서 최대한 보수적으로 판단하는 것이 좋다. 설교를 들은 성도가 은혜 받았다고 말할 때, 설교자는 그냥 "안녕히 계세요", "수고하셨습니다"라는 인사 정도로 생각하는 것이 좋다. 이런 태도가 설교자 자신을 좋은 설교자로 만드는 밑거름이 될 수 있다. 설교자는 자신에게 후한 점수를 주기보다 얼마나 말씀을 잘 해석하고 성도들에게 풀어줬는지를 점검하는 일에 집중해야 한다.

5. 청중 분석

1) 청중 분석의 필요성

청중 분석은 설교자가 설교를 준비하는 데 필요한 주석과 같이 설교의 내비게이션과 같은 역할을 한다. 청중 분석은 필수적인 것은 아닐지 모르지만, 효과적인 설교 전달의 유용한 팁을 얻는 데 큰 도움이 된다.

청중의 나이에 따라 사용해야 하는 언어와 표현이 달라져야 한다. 지역에 따라 고려해야 할 부분이 달라질 수 있다. 예를 들어, 나이가 많은 청중에게 설교한다고 할 때, 발음과 말 속도에 신경을 써야 한다. 목소리도 평소보다는 조금 크게 해서 청중이 잘 들을 수 있도록 하는 배려가 필요하다.

필자도 청중을 제대로 이해하지 못해서 실수한 경험이 있다. 청소년들에게 설교할 기회가 있었는데, 평소와 같이 본문 중심으로 성경을 찾아가며 말씀을 전할 계획이었다. 하지만, 그 계획은 제대로 실현되지 못했다. 학생 대부분이 성경을 가지고 다니지 않는다는 사실을 모르고 있었기 때문이다. 본문을 하나하나 짚어가며 설교를 이어가려는 계획은 현장에서 수정할 수밖에 없었다. 필자가 최근 청소년들의 분위기를 알았다면 PPT를 만들어가거나 설교 방법을 달리했을 것이다. 이런 준비가 될 수 있게 하는 것이 바로 청중 분석이다. 기본적으로 해야 할 청중 분석은 다음과 같다.

청중 분석을 위한 고려점	세부 고려 사항
나이	연령대에 따라 설교의 내용과 언어, 전달 방법이 달라질 수 있음
지역적 특색	지역의 특수한 정서, 문화를 고려하는 것이 필요
경제적 수준	청중들이 현실에서 느끼는 실제적 필요 고려
교육적 수준	사용하는 언어와 설명의 방법이 달라질 수 있음
교회의 역사 (공동체의 역사와 특징)	각 교회가 가지는 특색들이 있을 수 있음
당일 예배 상황	절기예배, 헌신예배, 시간 제한, 다른 행사 여부

2) 청중 분석의 한계

청중을 분석하는 것은 설교를 준비하고 그 설교를 효과적으로 전달하는 데 분명한 도움이 된다. 설교자는 설교의 대상이 되는 청중을 이해하고 청중의 상황을 파악해야 한다. 하지만, 지나치게 청중 분석을 강조하면 다음과 같은 문제에 직면할 수 있다.

첫째, 범주화의 위험이다. 청중은 개개인의 생각과 삶의 배경이 모두 다르다. 그런 청중을 몇 개의 범주로 분류한다는 것은 개개인의 독특성을 무시하는 처사일 수 있다. 청중의 연령대를 고려하는 것이 중요하지만, 대부분 청중은 다양한 연령대가 폭넓게 분포되어 있다.

노인 연령대가 70% 정도인 청중에게 설교한다고 가정해 보자. 청중을 대부분 노인으로 생각할 수도 있겠지만 그렇다고 노인에게만 설교 초점을 맞출 수는 없는 노릇이다. 30% 정도의 젊은 세대를 무시하고 설교할 수도 없다. 특수한 경우를 제외하고 지역교회 청중은 나이, 직업 그리고 삶의 배경이 다양할 수밖에 없다. 그렇다면 누구에게 초점을 맞출 것인지 선택하기 쉽지 않다. 청중을 고려한다는 것이 현실적으로 쉽지 않다.

둘째, 자칫 청중 분석은 청중의 상황과 필요에 말씀을 맞추는 잘못을 범할 수 있다. 설교는 청중이 원하는 말씀을 전하는 것이 아니라 하나님의 뜻을 전하는 것이다. 청중을 배려하고 고려하는 것은 필요하지만, 그로 인해 설교에서 다뤄야 할 진리가 가감되거나 훼손돼서는 안 된다.

모든 대상을 만족시킬 수 있는 설교는 없다. 청중 분석은 설교를 준비하고 전달하는 데 도움을 받을 수 있는 적절한 선에서 사용되어야 한다. 설교에서 만나게 될 청중을 이해하고 그들을 배려하는 차원에서 청중을 분석하는 것일 뿐이다. 청중을 무시해서는 안 된다. 대화의 상대방을 이해하지 않고는 소통이 일어날 수 없기 때문이다.

하지만, 과도한 배려나 청중 지향적인 설교도 건강한 설교를 방해할 수 있다. 청중 분석은 하나님의 말씀을 잘 전하려는 방편으로써 사용될 때 그 의미가 있게 된다.

3) 깨어 있는 청중을 기대하며

설교에서 청중은 관심의 대상에서 멀리 있었던 것이 사실이다. 하지만, 청중은 설교의 중요한 요소로 더 많은 관심의 대상이 되어야 한다. 청중이 깨어있어 말씀에 적극적으로 반응하고 설교에서 제 역할을 감당할 때 하나님의 기뻐하시는 생명력 있는 설교가 전해질 것이다. 설교는 설교자가 전적으로 책임져야 하는 설교자의 전유물이 아니다. 청중도 맡겨진 역할을 충실히 감당해야 한다.

설교의 5요소: 본문

　본문은 가장 확실하게 하나님의 임재와 그분의 음성을 들을 수 있는 통로다. 하나님은 성경을 통해서 자신을 드러내신다. 하나님은 성경을 통해서 오늘도 하나님의 백성에게 말씀하신다. 그리고 설교자는 그 음성을 듣기 위해 성경 본문으로 나가는 사람이다. 설교자는 청중에게 설교하기 위해서 먼저 본문을 통해 하나님의 음성을 들어야 한다. 본문을 통해 듣는 것이 없다면 그는 아무것도 전할 수 없다.

　그러므로 본문을 통해서 말씀하시는 하나님의 음성을 듣는 것은 설교에서 매우 중요한 일이다. 하지만, 본문에서 하나님의 뜻을 깨닫기가 그리 쉽지만은 않다. 많은 사람이 본문에서 하나님의 음성을 듣는 일에 실패한다. 본문을 통해 하나님의 뜻을 드러내는 것은 설교에서 가장 중요한 일인 만큼 가장 어려운 부분이기도 하다.

　많은 경우에 본문은 설교에서 왜곡되어 전달된다. 하나님의 음성을 전해주는 본문은 하나님의 이야기가 아니라 인간의 이야기로 축소되거나 왜곡되곤 한다. 본문의 주인공인 하나님은 제거되고 그 자리를 인간이 차지하기도 한다. 설교자의 잘못된 가치관과 신학적 무지는 본문을 율법주의와 도덕주의적 교훈으로 만들어 버리기도 한다. 그래서 본문은 하나님을 만나고 그분의 뜻을 드러내는 통로가 되지 못하고, 세상에서의 어떻게 성공할 것인지를 말해주는 성공 교과서로 전락하기도 한다.

또한, 본문은 설교에서 중심적 역할을 하지 못한 채 설교자의 인간적 주장을 뒷받침해 주는 들러리로 전락하기도 한다. 이렇게 설교에서 본문의 목소리는 사라지고 설교자의 목소리, 인간의 목소리만 청중에게 들려질 때가 얼마나 많은지 모른다. 본문이 어떻게 잘 전달되는가에 따라서 설교의 성공 여부가 결정된다고 해도 과언이 아니다. 그러므로 설교에서 본문은 매우 신중하게 다뤄져야 한다.

1. 본문은 해석되어야 한다

설교에서 본문은 매우 중요하다. 설교가 설교 되게 하는 핵심 역할을 하는 것도 본문이다. 하지만, 설교에서 본문만큼 제대로 다뤄지지 않는 요소도 없는 것 같다.

설교에서 본문의 역할은 무엇인가?
설교에서 본문은 어떻게 다뤄져야 하는가?
우리는 본문을 어떤 관점에서 바라봐야 하는가?

일반적으로 설교에서 성경 본문을 강조해야 한다는 데 동의한다. 그렇다면 본문을 강조하고 본문을 잘 다룬다는 의미는 무엇인가?

어떤 사람은 본문의 중요성을 강조하면서 설교에서 성경 말씀만 그대로 전하면 된다고 말한다. 혹은, 설교자의 생각을 넣지 말고 본문만 말하면 된다고 말한다. 한편으로는 맞는 말이지만, 우리는 성경 말씀만을 그대로 전할 수 없다. 성경만 그대로 전하면 된다는 말은 설교는 필요 없고, 본문을 그대로 읽어주면 된다는 말로 이해될 수 있다. 이것은 설교자는 필요 없고 본문을 읽어주는 낭독자만 있으면 된다는 말과 다를 바 없다.

만약, 설교가 성경 본문을 읽어주는 것으로 충분하다면 결국은 집에서 혼자 성경을 읽어도 무방하다는 결론에 이르게 된다. 물론, 예전에는 성경 낭독자도 중요한 역할을 했다. 과거 성경책 자체가 귀했고 문맹률이 높은 상황에서 낭독자는 필수적이었다. 실제 유대인의 회당에서 중요한 순서는 두루마리 성경을 낭독하는 것이었다.

초대교회에서도 사도들의 편지를 읽어주는 일은 매우 중요했다. 구술문화에서 낭독은 필수적인 교육 수단이었다.

하지만, 낭독으로 충분하지는 않다. 초대교회에서도 낭독 이후 일정 정도의 해설이나 교훈을 덧붙이는 설교 형식이 이미 시작되었다. 우리에게는 낭독자가 아니라 설교자가 필요하다. 집에 성경책이 몇 권씩 있고 누구나 글을 읽을 수 있는 오늘날 우리에게는 낭독자가 아니라 설교자가 필요하다.

설교자는 낭독자 이상의 역할을 해야 하는 사람이다. 그중 가장 중요한 일은 본문을 해석하는 역할이다. 그리고 그 해석한 본문의 내용을 잘 정리해 청중에게 전달하는 전달자 역할이다. 결국, 설교자는 청중을 대신해 본문으로 가서 그 본문을 해석하여 의미를 파악하고 다시 청중에게 그것을 전달하는 사람이다.

설교에서는 반드시 해석의 과정이 필요하다. 해석이 필요한 이유는 본문과 청중 사이에 시대적, 문화적, 언어적 간극 때문이다. 청중은 본문을 다양한 장벽 때문에 적절하게 이해하지 못한다. 물론, 히브리어, 헬라어로 기록된 성경은 한글을 비롯한 다양한 언어로 번역되어 내용 자체를 이해하는 데 큰 어려움은 없다. 심지어 신자가 아니더라도 성경의 기본 내용을 어느 정도는 이해할 수 있다. 표현이나 단어가 익숙하지 않아서 이해하는 데 다소 어려움을 느끼는 정도일 것이다.

하지만, 여기서 말하는 이해는 문자의 의미를 이해하는 것이 아니라 그 내용이 담고 있는 하나님의 뜻을 이해하는 것이다. 본문에서 하나님의 뜻을 알기 위해서 본문에 대한 설명이 필요하다. 단순히 한글의 의미를 이해하는 정도를 넘어서는 해석이 필요하다.

올바른 본문 이해를 위해서 해석이 필요하다. 본문과 청중 사이에는 앞서 말한 시대적, 문화적, 공간적, 언어적 장벽이 있고 이 장벽은 본문을 이해하는 데 생각보다 높은 장벽으로 작용한다. 기본적으로 성경은 히브리어, 헬라어, 아람어 등으로 기록되어 있다. 현재 다양한 언어로 번역되어 있지만, 여전히 우리에게 익숙하지 않은 표현, 문화적 차이에서 오는 오해 등이 장벽으로 작용한다. 그뿐만 아니라 문화적 시대적 상황은 완전히 다르므로 그들의 정서와 상황을 이해하기도 쉽지 않다.

그러므로 본문과 청중 사이에 놓인 이런 장벽들은 해석의 과정을 통해서 제거되어야 한다. 지역적 차이도 큰 장벽이다. 성경의 배경이 되는 곳은 주로 중동지역이다. 공간의 차이는 기후와 문화, 지형 등의 차이를 가져오기 때문에 본문을 이해하기 어렵게 만든다. 그뿐만 아니라 우리에게 익숙하지 않은 당시의 광야, 성막, 성전 등을 이해하기도 쉽지 않다. 그리고 신학적 함의도 해석을 통해서 드러나야 한다. 청중이 놓치고 있는 부분을 설교자는 잘 드러내고 그 의미가 무엇인지 보여줘야 한다. 그러므로 오늘을 살아가는 청중을 위해 해석은 필수적이다.

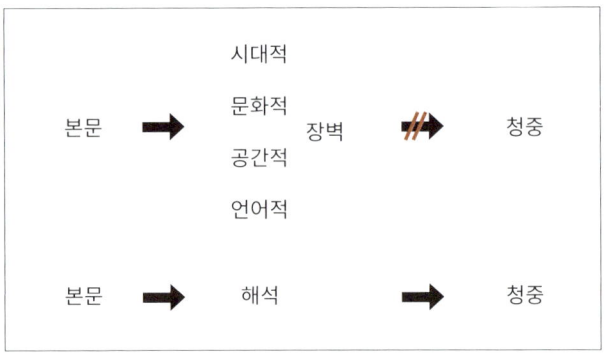

성경에 나오는 사건은 다른 사람들의 경험이다. 우리는 출애굽을 경험하지 않았다. 우리는 출애굽에서 10가지 재앙을 경험하지 않았고, 홍해가 갈라지는 것을 보지 못했다. 1차 독자들에게는 생생한 경험과 기억 그리고 교훈들이 우리에게는 시간, 공간, 문화, 언어 등의 장벽에 막혀 제대로 경험되지 못하고, 그로 인해서 제대로 인식되거나 느껴지지 않는다. 성경 속 인물들이 경험했던 사건과 그들이 살았던 삶의 현장은 문자로 표현되기에 더욱더 제한적이다.

이제 해석자는 때로는 청중을 넘실대는 홍해의 물결 앞으로 데려가야 한다. 뒤에는 바로의 군대가 쫓아오고 앞에는 홍해가 가로막고 있는 그 피 말리는 현장에 청중을 데려다 놓지 못하면, 본문은 머리에서 이해되는, 옛날 옛적 나와는 상관없는 사람들이 겪었던 지루한 이야기로 남게 된다. 때로 설교자는 청중을 엄청난 박해와 핍박 속에서 그리스도의 다시 오심을 기다리는 1세기 기독교인들의 모임으로 초대해야 한다. 청중은 그 모임에서 초대교회 교인들의 고민과 간절한 재림의 신앙을 느끼게 된다. 이렇게 본문이 해석될 때 그리고 청중에게 재인식될 때 본문은 청중에게 제대로 이해되고 전달될 수 있다.

물론, 설교자만이 해석자가 될 수 있는 것은 아니다. 모든 청중이 해석자가 될 수 있다. 히브리어, 헬라어로 기록된 성경은 번역되었기에 언어적 장벽은 상당 부분 제거되었다. 시대적, 문화적 장벽들도 주석서를 비롯한 다양한 책들을 통해서 낮아질 수 있다. 성경은 감춰진 비밀 책이 아니라 모든 사람에게 열려있는 책이다. 그러므로 모든 청중이 해석자의 자격으로 성경 본문으로 나아갈 수 있다.

누구나 해석할 수 있는 상황에서 해석을 위해 설교자가 필요한 이유는 무엇인가?

설교자가 해석자로서의 독특한 위치를 얻을 수 있는 이유는 무엇인가?

이것은 하나님의 부르심과 공동체의 위임이다. 하나님은 하나님의 백성을 위해서 하나님의 말씀을 전할 사람을 부르시고 그를 통해 일하시기를 기뻐하신다. 공동체는 신학을 전문적으로 공부한 사람을 설교자로 세워 공식적인 설교 사역 그리고 이를 위한 해석자의 사명을 위임했다. 모두가 본문의 해석자가 될 수 있지만, 모두가 올바른 해석을 할 수 있는 것은 아니다.

그러므로 공동체는 다양한 이유로 설교자, 목회자를 세워 공동체를 운영해 간다. 설교자는 사사로운 생각이나 이득을 위해서 일하는 사람이 아니다. 설교자는 하나님의 부르심과 공동체의 세움이라는 사명을 가지고 강단에 세워진 사람이다. 설교자는 자신에게 맡겨진 사명을 신실하게 감당해야 한다. 설교자는 공동체를 대신해 하나님의 말씀으로 나아가 충실한 해석자의 역할을 제대로 감당해야 한다.

본문은 청중에게 해석되어 전달된다. 하나님은 설교라는 통로를 통해서 하나님의 백성에게 말씀하신다. 물론, 해석만으로는 설교가 되지 않는다. 만약, 설교에서 해석이 전부라면 그냥 주석서를 읽으면 된다. 설교에서 해석을 통해서 나온 메시지를 어떻게 전달하느냐의 문제도 중요하다.

전달을 위한 설교 작성의 단계 그리고 그것을 실제로 전달하는 설교의 과정이 제대로 되어야 본문은 청중에게 전달된다. 그래서 설교는 어려운 작업이다. 본문 해석의 과정도 쉽지 않고 해석된 메시지를 효과적으로 전달하기도 어렵기 때문이다.

설교는 인문학을 기반한 고도의 신학적 작업이 되어야 한다. 이를 위해 설교자는 끊임없이 훈련하고 고민해야 한다. 다뤄야 할 여러 분야가 있지만, 본 장에서는 본문과 관련된 이야기를 다루기 위해서 해석에만 집중하도록 하자.

본문은 해석되어야 한다. 그렇지 않으면 청중에게 제대로 전달될 수 없다. 해석은 설교의 핵심 과정이다. 해석에 실패하면 설교도 실패할 수밖에 없다. 뛰어난 언변만으로는 부족하다. 설교의 근원이 되는 성경 본문이 필요하고, 그 본문은 언제나 해석되어야 한다. 그래서 말 잘하는 사람이 꼭 설교를 잘하는 사람이 되지는 않는다. 말

잘하는 재능은 설교 전달에서 능력을 발휘하는 것이지, 해석을 잘하는 것과는 다른 영역이다.

물론, 뛰어난 언변을 가진 사람은 뛰어난 설교자가 될 가능성이 크다. 언어적 감각이 있는 사람이 본문을 잘 해석할 가능성도 크다. 하지만, 언변이 좋은 사람이 바른 해석 능력을 갖추지 못한 채 설교자가 되는 것은 오히려 사람들에게 큰 재앙이 될 수 있다. 청중에게 잘못된 본문 해석을 아주 잘 그리고 효과적으로 전달할 수 있기 때문이다. 오염된 큰 물줄기가 더 많은 해악을 끼치는 것과 마찬가지다.

설교에서 해석의 중요성은 아무리 강조해도 지나치지 않다. 그런데 실제 설교 현장에서 본문의 원 의미와는 동떨어진 해석을 너무 쉽게 볼 수 있다. 대부분 학자가 이구동성으로 지적하는 한국 교회 설교의 핵심 문제는 본문 왜곡이다. 바로 해석의 문제다.

우리는 다음 질문에 진지하게 답해야 한다.

왜 본문은 제대로 해석되지 않는가?
올바른 해석을 방해하는 것은 무엇인가?
해석이 잘못되었다는 의미는 무엇인가?
어떻게 하면 바른 해석을 할 수 있을까?

2. 본문의 왜곡

설교에서 본문 해석은 매우 중요하다. 이러한 해석의 중요성은 모두가 인식하고 있다. 그리고 해석을 잘하고 싶고 올바른 해석을 하려는 의도도 모든 설교자에게 충만하다. 그 누구도 해석을 잘못해야겠다는 마음을 먹고 본문을 보는 사람은 없다. 본문을 왜곡하려고 성경을 읽는 사람도 없다. 모든 해석자는 본문을 잘 해석하고 싶은 마음을 가지고 성경을 읽는다. 그런데도 많은 경우, 본문은 잘못 해석되고 왜곡되어 청중에게 전달된다. 완전히 잘못된 해석은 아닐지라도 부족하고 알기 쉬운 해석이 난무한다. 해석자의 선한 의도와는 다르게 설교에서 본문이 제대로 해석되지 않고 왜곡되는 경우가 너무 많다.

무엇이 문제인가?

의도의 문제가 아니라면 본문이 왜곡되는 이유는 무엇인가?

1) 잘못된 해석의 이유

본문의 의미가 왜곡되는 가장 근본적인 이유는 잘못된 해석 때문이다. 해석이 잘못되면 설교 전체가 잘못될 수밖에 없다. 그렇다면 해석은 왜 잘못되는지 생각해 보자.

앞서 살펴봤던 것처럼 설교자의 의도에는 큰 문제가 없는 것 같다. 본문을 해석하는 그 누구도 잘못된 해석을 해야겠다고 마음먹고 본문을 대하지 않는다. 모두가 본문을 바르게 해석하기를 원한다.

성실한 설교자라면 모두 최선을 다해 본문을 해석하려고 애쓴다. 이런 노력에도 불구하고 많은 본문이 잘못 해석되고 부족하게 해석된다. 바른 해석을 위해서는 신학 지식이 필요하지만, 그렇다고 본문 해석에 반드시 고도의 전문 지식이나 기술이 필요한 것도 아니다.

본문을 해석하기 위해서 항상 히브리어, 헬라어에 능통해야 하는 것도 아니다. 원어에 능통하면 좀 더 정확한 해석을 하는 데 도움이 되겠지만 그렇다고 필수적인 것도 아니다. 한글 성경으로도 본문의 내용을 이해하는 데 어렵지 않다. 불확실한 부분은 여러 한글 번역본을 참조하거나 영어 성경 정도로도 대부분 해결될 수 있다.

이렇게 좋은 해석, 바른 해석을 하고 싶은 의도도 충분하고 해석을 위해 엄청난 전문 지식이 필요한 것도 아닌데 도대체 왜 본문은 왜곡되는 것일까?

(1) 본문을 읽지 않는다

믿기지 않겠지만 해석을 잘못하는 많은 이유 중 하나는 본문을 읽지 않기 때문이다.

무슨 말인가?

본문을 읽지 않고 설교할 수 있는가?

물론, 설교하는 사람 중에 본문을 읽지 않고 해석하는 사람은 없을 것이다. 심지어 설교 전에 본문은 "성경 봉독"이라는 순서를 통해 낭독된다. 본문은 분명히 읽힌다. 하지만, 설교자가 본문을 제대로 읽지 않는 경우가 태반이다. 예를 들어보자. 마태복음 28장 18-20절은 자주 설교로 듣는 본문이다. 18절은 다음과 같이 기록한다.

> 예수께서 나아와 말씀하여 이르시되 하늘과 땅의 모든 권세를 내게 주셨으니 (마 28:18).

본문에서 하늘과 땅의 권세는 누가 받았는가?

지금 말씀의 주체는 예수님이시다. 그러므로 하늘과 땅의 모든 권세를 받은 것은 예수님이다. 분명 성경은 "하늘과 땅의 모든 권세를 내게 주셨으니"라고 말한다.

그런데 "하늘과 땅의 모든 권세를 네게 주셨으니"로 해석한 설교를 들은 적이 있다. 보냄을 받은 제자들이 하늘과 땅의 모든 권세를 받았다는 것이다. 예수님은 땅끝까지 복음을 전해야 하는 제자들에게 하늘과 땅의 모든 권세를 주어서 복음을 전하는 일을 감당하게 하셨다는 요지였다.

이 설교자는 왜 이렇게 설교하게 되었을까?

"내게"를 "네게"로 이해한 것인데 이는 해석의 영역까지 갈 것도 없는 본문 읽기와 관련된 문제이다. 초등학생도 이 부분을 읽고 "내게"를 예수님이 아니라 제자들로 해석하지는 않을 것이다.

그런데 고등학문을 공부한 목회자가 왜 이런 실수를 한 것일까?

분명 본문을 잘못 해석하려고 노력하지는 않았을 것이다. 오히려 본문을 잘 해석하려고, 잘 설교하려고 애썼을 것이다.

의도가 선하다면 무엇이 문제인가?

본문을 해석하는 것이 기술적으로 어려웠기 때문인가?

"내게"와 "네게"의 의미를 구별하는데 전문 지식과 기술이 있어야 하는가?

그렇지 않다. 위와 같은 실수는 다른 이유가 아니라 본문을 제대로 읽지 않았기 때문이다. 본문을 한 번이라도 제대로 읽었다면 이런 실수는 나올 수 없다.

설교자들이 더 많이 실수하는 본문을 살펴보자. 출애굽기 2장에는 모세의 부모가 모세를 3개월간 숨겼다가 더는 숨길 수 없어 갈대 상자에 넣고 나일강에 버리는 장면이 나온다. 그런데 이 부분에서 많은 사람이 요게벳이 갈대 상자를 나일강에 떠내려 보냈다고 이해한다. 이런 해석은 <이집트 왕자>라는 애니메이션[22]의 영향이기도 하고 <요게벳의 노래>[23]라는 CCM 때문에 더 많이 퍼진 해석이기도 하다.

갈대 상자를 나일강에 떠내려 보냈다고 해석하면서 우리도 우리의 소중한 것을 때로는 믿음으로 흘려보내야 한다는 결론을 적용하곤 한다. 떠내려가는 갈대 상자가 위험에 처할 수도 있었지만, 하나님이 지켜주셨다는 해석을 덧붙이기도 한다. 하지만, 성경은 다음과

---

[22] 이 애니메이션에서는 모세를 담은 갈대상자를 나일강에 떠내려 보내는 장면을 물고기, 악어, 물결의 위험 등을 피해 애굽 공주가 목욕하는 곳까지 흘러 내려가는 모습을 실감나게 묘사하고 있다. 영화라는 장르의 특성상 과장되게 표현할 수 있다고 생각한다. 하지만, 설교에서는 본문과 다른 내용을 지어내서는 안 된다.

[23] 이 노래에서는 사랑하는 아들을 떠나보내는 요게벳의 마음이 아름다운 가사로 잘 표현되어 있다. 가사 일부분은 다음과 같다.

작은 갈대 상자 물이 새지 않도록 역청과 나무 진을 칠하네
어떤 맘이었을까 그녀의 두 눈엔 눈물이 흐르고 흘러
동그란 눈으로 엄말 보고 있는 아이와 입을 맞추고
상자를 덮고 강가에 띄우며 간절히 기도했겠지
정처 없이 강물에 흔들 흔들 흘러 내려가는 그 상잘 보며
눈을 감아도 보이는 아이와 눈을 맞추며 주저 앉아 눈물을 흘렸겠지

같이 기록되어 있다.

> 더 숨길 수 없게 되매 그를 위하여 갈대 상자를 가져다가 역청과 나무 진을 칠하고 아기를 거기 담아 나일 강 가 갈대 사이에 두고(출 2:3).

> But when she could hide him no longer, she got a papyrus basket for him and coated it with tar and pitch. Then she placed the child in it and put it among the reeds along the bank of the Nile(NIV).

본문은 상자를 갈대 사이에 두었다고 말한다. 상류에 떠내려 보내서 흘러내려 간 것이 아니다. 흘러내려 가서 우연히 공주 목욕하는 곳에 도달한 것이 아니다. 이 부분을 이해하는 것도 무슨 특별한 신학 지식이나 당시 나일강의 환경을 이해해야 하는 고고학적 지식이 필요한 것도 아니다. 성경 본문을 천천히 읽기만 했어도 하지 않았을 실수다. 본문을 한 번도 제대로 읽지 않았다는 것 외에는 이유를 설명할 길이 없다.

이렇듯, 본문을 제대로 읽지 않고 막연하게 들어왔던 이야기나 영화 같은 영상매체를 통해서 얻은 선입관을 가지고 본문을 잘못 해석하는 경우가 많다. 홍해가 갈라지는 장면도 마찬가지다. 영화에서는 홍해가 순식간에 갈라지는 것으로 표현된다. 영화에서는 극적인 효과를 높이기 위해서라고 충분히 이해할 수 있다. 하지만, 성경은 그렇게 말하지 않는다. 성경은 밤새도록 큰 동풍이 불어 바닷물을 물러가게 했다고 기록한다.

> 모세가 바다 위로 손을 내밀매 여호와께서 큰 동풍이 밤새도록 바닷물을 물러가게 하시니 물이 갈라져 바다가 마른 땅이 된지라 (출 14:21).

이런 상황 묘사는 홍해가 갈라지는 오랜 시간 동안 이스라엘 백성이 얼마나 초조하게 기다려야 했는지를 잘 보여주는 대목이다.

이렇듯 성경을 제대로 읽지 않았다고밖에 볼 수 없는 해석의 결과를 더러 보게 된다.

그렇다면 왜 설교자는 본문을 읽지 않을까?
물론, 전혀 본문을 읽지 않았다고 볼 수는 없다.
문제는 제대로 차근차근 본문을 읽지 않는다는 것이다.
왜 제대로 읽지 않는가?

이유는 간단하다. 본문을 안다고 착각하기 때문이다. 특히, 많이 들어본 본문, 유명한 본문은 제대로 읽지 않고 곧바로 설교문 작성 과정으로 넘어가 버린다. 본문을 안다고 생각하는 순간 본문을 제대로 읽지 않게 된다. 본문을 제대로 읽지 않으니 본문을 충실하게 해석하는 과정은 쉽게 생략된다. 유명한 본문은 오랫동안 들어왔던 설교와 해석에 함몰되어 본문을 제대로 보지 못한다. 본문에 관한 선입관이 생기는 것이다.

선입관을 가지고 읽으면, 이미 안다고 생각하면, 대상은 제대로 인식되지 않는다. 너무나 익숙한 것은 제대로 인식이 되지 않는다. 사소한 행동이나 습관이 제대로 인식되지 않는 것과 마찬가지다.

오늘 약을 먹었는지 늘 헷갈리는 경우가 이에 해당된다. 이를 인식(Perception)의 자동화(Automatism), 습관화(Habitualization)라고 부른다.[24] 그러므로 바른 해석을 위해서는 익숙한 본문이라 할지라도 처음 보는 것과 같은 태도로 본문을 자세히 읽고 연구하는 자세가 필요하다.

또한, 본문에서 말하고 싶은 주제를 이미 정해놓고 본문으로 들어갈 때 본문을 제대로 보지 않게 된다. 심지어는 본문의 의미가 왜곡될 수 있다. 이는 주제 설교에서 자주 발생하는 문제인데, 설교의 방향이나 결론을 이미 정해놓고 본문을 해석하므로 정한 방향과 범위에서 해석은 벗어날 수 없게 된다. 본문의 한계를 해석자가 이미 정해놓았기에 더 깊은 내용은 드러낼 수 없다. 결론과 주제가 이미 정해졌기 때문에 본문을 제대로 읽을 필요도 없게 된다. 본문은 자신이 하고 싶은 이야기를 지원해주는 하나의 근거 자원으로 전락하게 된다.

본문을 제대로 읽지 않고, 해석하지도 않고, 이미 알고 있는 주제로, 혹은 이미 부여한 주제를 가지고 본문에 접근하면 결국, 본문의 의미를 제대로 드러내지 못할 수 있다. 늘 새로운 내용이나 결론을 뽑아내야 한다는 말이 아니다. 그런 일은 있을 수 없다. 하지만, 본문은 우리가 생각하는 것보다 더 풍부한 의미로 가득차 있다. 이를 발견하기 위해서 애쓰는 것이 해석자의 사명이다.

---

[24] 이승우, "설교에서 인식의 자동화와 습관화 극복을 위한 제언: 설교 내용을 중심으로," 「복음과실천신학」 58 (2021): 194-197.

(2) 추출식 해석

해석 과정에서 해석자가 듣고 싶은 내용을 추출하거나 반대로 주입하려고 하기에 본문은 왜곡된다. 해석은 하고 싶은, 듣고 싶은 이야기를 본문에서 추출(distill)하는 것이 아니다.

해석은 본문의 이야기를 듣는 과정이지 내 이야기를 주입하는 과정이 아니다. 그러므로 본문의 이야기를 바르게 듣기 위해서는 다양한 문학적, 문법적 규칙을 따라야 한다. 하지만, 많은 경우 해석자가 듣고 싶은 이야기에만 귀를 기울이고 그 이상은 무시하고 넘어가 버린다.

다음과 같은 문구가 있다고 하자. 여기에서 주목해야 하는 것은 선물만이 아니다. 선물을 받기 위한 조건도 분명히 명시되어 있다. 그런데 이 문구를 본 사람이 선물에만 신경을 쓰고 다른 내용은 무시한다면 결국 자신이 원하는 선물은 받을 수 없다.

> 오전 10시까지 입장하는 100명의 손님께 선물을 드립니다!

마찬가지로 성경이 말하는 내용을 종합적으로 이해하고 파악해야 본문의 의미를 풍성하고 깊게 이해할 수 있게 된다. 듣고 싶은, 마음에 와닿는 단어, 표현, 내용만 본문에서 추출하면 본문의 원래 의미는 사라지고 듣고 싶은 내용만 남을 수 있다.

예를 들어, 기복주의의 마음으로 본문을 보게 되면 그리심 산의 축복은 눈에 들어오고 에발 산의 저주에는 제대로 읽지 않게 된다(신명기 27장). 추출식으로 본문의 일부 표현 혹은 내용만 뽑아서 전하는 설교는 본문을 왜곡할 가능성이 매우 크다. 그러므로 해석자는 본문의 전체 내용을 제대로 파악하고 해석하려고 노력해야 한다.

(3) 기본에 충실하라

본문이 잘못 해석되는 이유는 제대로 된 해석의 과정을 거치지 않기 때문이다. 우리가 잘 아는 대로 해석을 위해서는 다양한 방법과 단계가 있다. 문법적, 역사적, 신학적 해석과 같은 해석의 기본 방법을 종합적으로 통과해야 유의미한 해석이 나올 수 있다. 무엇보다도 문법적 해석에 집중하지 않기 때문에 부족한 해석, 잘못된 해석이 나오는 경우가 많다.

본문을 잘 이해하기 위해서는 문학적 이해가 필요하다. 장르에 대한 이해를 생각해 보자. 본문을 제대로 이해하고 해석하기 위해서는 본문이 어떤 장르에 속하는지 이해해야 한다. 시는 시로서 특징이 있다. 상징과 이미지가 많이 사용되는 것이 시의 특징이다. 상징적 표현을 곧이곧대로, 문자 그대로 받아들이는 사람은 없다. 그렇게 받아들인다면 문해력이 현저하게 떨어지는 사람이다.

성경도 마찬가지다. 요한계시록은 묵시문학으로 다양한 상징이 사용된다. 계시록에 나오는 용을 문자 그대로의 용으로 생각하면 문제가 발생하는 것과 마찬가지다. 또한, 문학적 법칙도 고려해야 한다. 우리는 죄를 범하는 발과 손을 찍어 내버리라는 말씀을 문자 그대로 받아들이지 않는다. 강조법 혹은 과장법으로 본문을 이해하고 적용한다.

> 만일 네 손이나 네 발이 너를 범죄하게 하거든 찍어 내버리라 장애인이나 다리 저는 자로 영생에 들어가는 것이 두 손과 두 발을 가지고 영원한 불에 던져지

는 것보다 나으니라 만일 네 눈이 너를 범죄하게 하거든 빼어 내버리라 한 눈으로 영생에 들어가는 것이 두 눈을 가지고 지옥 불에 던져지는 것보다 나으니라 (마 18:8-9).

성경의 모든 말씀을 일점일획도 변함이 없는 하나님의 말씀으로 받아들인다는 신앙의 고백은 기계적 문자주의가 아니라 본문의 장르, 문학적 특징 그리고 표현법까지도 고려하는 고백이어야 한다.

이렇듯 본문의 장르를 이해하고 문법적 구조를 이해하는 것은 본문 해석의 기본 중의 기본이다. 신학교에서도 배우는 기본적인 해석 방법에만 충실해도 본문을 왜곡하는 일은 훨씬 줄어들 것이다.

2) 하나님이 제거된 해석

(1) 본문의 주인공은 하나님

본문을 제대로 읽지 않거나 문법적으로 잘못 해석하는 것도 문제지만, 잘못된 신학적 관점으로 본문을 해석하는 문제도 심각하다.

그중 가장 기본적이면서도 근원적으로 지적되어야 하는 것이 바로 하나님이 제거된 해석이다. 다시 말해, 인본주의적 관점으로 본문을 해석하는 것이다. 성경을 어떤 책으로 규정하고 이해하는가에 따라 해석의 방향이 달라질 수 있다.

성경을 '이 세상에서 어떻게 하면 잘 살고 성공하는지를 알려주는 성공학 개론서'와 같다고 인식하면 그런 방향으로 성경을 읽고 해석하고 적용하게 된다. 성경을 '구원을 위해 해야 할 일이 무엇인가를 말해주는 책'으로 인식하면 해석 방향은 구원의 방법 혹은 구원을 위한 인간의 행위에 초점을 맞춰질 것이다.

물론, 성경은 다양한 이야기를 담고 있다. 그래서 어느 하나에만 초점을 두는 것은 오히려 성경을 오해하는 것이 될 수 있다. 성경은 인간의 구원 문제를 다루기도 하고, 인생의 문제를 어떻게 해결할 수 있는지에 관한 지혜도 제공해 주기도 한다.

하지만, 그 무엇보다도 핵심이 되는 성경의 내용은 하나님이다. 성경 핵심 주제는 우리의 이야기도 아니고 세상의 이야기도 아니다. 성경은 하나님의 이야기다. 하나님이 성경의 주인공이시며, 성경은 그 하나님께서 피조물인 인간에게 자신을 드러내시는 계시의 수단이다. 그러므로 본문에서 언제나 드러나야 하는 것은 하나님이다.

(2) 본문의 핵심은 인물이나 기적이 아니라 하나님이다

하나님이 드러난다는 의미는 무엇인가?

해석의 결과물에 늘 하나님을 언급하면 다 되는가?

이는 모든 본문에서 하나님을 이야기하고 하나님을 언급해야 한다는 의미보다는 본문을 통해서 말씀하시는 하나님의 뜻을 제대로 드러내야 한다는 의미다. 그런데 많은 경우 해석에서 하나님이 제대로 드러나지 않고 있다.

오히려 하나님이 제거되거나 왜곡되게 드러난다. 성경의 주인공이시며 우리 삶의 주인이신 하나님이 드러나기보다는 단순한 우리의 조력자로, 램프의 요정 같은 존재로 왜곡된다. 해석자는 본문에서 하나님이 누구이신지, 하나님의 뜻은 무엇인지에 집중하기보다는 본문에 등장하는 인물에 집중하는 경우가 많다.

하나님 중심의 신학적 관점에서 보면 다윗과 골리앗의 싸움에서 주인공은 다윗이 아니라 하나님이다. 하나님이 다윗을 통해서 자신이 누구인지 보여주시는 내용이 바로 다윗과 골리앗의 싸움이다. 그러므로 해석자는 본문에서 다윗에 집중하지 말고 다윗을 사용하시는 하나님, 다윗을 통해서 일하시는 하나님께 집중해야 한다.

성경에는 많은 믿음의 용사들이 등장한다. 하지만, 그들은 주인공이 아니다. 창세기 12장 1-4절에서 주목해야 하는 것은 아브라함의 믿음이 아니라, 아브라함을 부르신 하나님이다. 출애굽 과정에서 집중해야 하는 것은 모세가 아니라 모세를 사용하셔서 자신이 누구이신가를 보이시는 하나님이다.

성경의 주인공은 하나님이시다. 그러므로 해석자는 해석을 통해 본문에서 자신의 백성을 향해 자신을 계시하시는 하나님을 드러내야 한다.

본문을 볼 때 당장 눈에 띄는 것은 인간 주인공일 수 있다. 어떤 본문에서는 하나님의 뜻과 의도를 발견하는 것이 어려울 수도 있다. 하지만, 해석자는 그 이면에서 일하시는 하나님을 발견하려 노력해야 한다. 본문 안에서 숨 쉬는 하나님의 뜻과 의도를 드러내야 한다.

본문의 주인공은 인간이 아니라 그 인간을 사용하시는 하나님이시기 때문이다. 하나님을 드러낸다고 하면서 주변부만 들춰내서는 안 된다. 다양한 기적과 하나님의 역사를 보면서 하나님이 아니라 신기한 기적 자체에 함몰되어서도 안 된다. 본문의 핵심은 어떤 신기한 사건이 아니라 그 사건을 통해서 자신을 계시하시는 하나님이기 때문이다.

(3) 청중의 목소리보다 하나님께 집중해야 한다

해석자는 설교를 듣는 청중에 지나치게 관심을 쏟고 청중의 관심으로 본문을 해석하려는 경향이 있다. 하지만, 해석은 청중이 듣고 싶은 메시지를 찾아내는 작업이 아니다. 해석은 성경 본문이 무엇을 말하고 있는지를 확인하는 과정이다. 해석자는 청중의 목소리보다 먼저 본문의 목소리를 들어야 한다. 본문이 무엇을 말하는지 귀를 기울여야 한다. 그렇지 않으면 성경의 음성은 세상의 소음에 오염돼 버릴 것이다.

설교자는 하나님이 본문을 통해서 신자들에게 전하시고 싶은 메시지를 발견해야 한다. 이것이 설교자로 세워진 해석자의 사명이다. 설교자는 이 해석을 위해서 부름을 받았다. 하나님의 백성들에게 하나님의 뜻을 전하고 알려줘야 할 사명이 있다. 본문에 사람들의 생각을 주입하는 것이 아니라 본문의 생각을 청중에게 전해줘야 한다.

3) 도덕주의적 해석

본문에서, 설교에서 하나님이 제거되면 남는 것은 무엇인가?

인간의 행위와 윤리, 도덕만 남게 된다. 그러면 설교는 윤리적 설교, 도덕적 설교로 전락한다. 그리고 이런 윤리적 행위, 도덕적 행위만을 강조하는 율법주의적 설교로 전락할 위험이 크다.

많은 설교가 좋은 신자 만들기에 주력하고 있다. 교회에 헌신적인 일꾼이 되어, 헌금을 잘하고 여러 행사를 위해 봉사하는 신자를 만들려고 애쓴다. 예배에 잘 참석하고 헌신하는 성도의 삶은 복음을 깨닫고 하나님을 사랑하고 공동체를 사랑하는 마음에서 자연스럽게 나와야 하는 신앙의 결과물이다.

　봉사를 잘하는 성도가 반드시 좋은 성도는 아닐 수 있다. 교회 모든 모임에 잘 참석하는 사람이 언제나 좋은 성도는 아닐 수 있다. 율법에는 흠이 없었던 바리새인들이 예수님께 책망받았던 것처럼, 눈에 보이는 행동으로만 신앙을 평가할 수 없다. 결국, 윤리와 도덕 그리고 신앙의 행위가 아니라, 근본적 신앙으로 돌아가야 한다.

　설교는 신자의 신앙 행위가 아니라 복음과 그리스도에게 집중하게 해야 한다. 하나님이 제거되고, 하나님의 영광을 위해 살아가는 삶의 목표가 사라지면, 결국 행위만을 강조하는 잘못된 설교가 난무하게 된다. 그런 설교는 새로운 바리새인을 만들게 될 뿐이다. 겉으로 보이는 좋은 교회 일꾼 만들기가 아니라 참된 신자를 만드는 데 설교가 집중할 필요가 있다.

3. 하나의 의미 vs 다양한 의미

　같은 본문을 가지고도 설교자마다 설교 내용이 다른 때가 있다. 심지어 같은 본문에서 완전히 다른 방향의 결론이 도출되기도 한다. 설교자마다 해석이 충돌하기도 하지만, 어떤 때는 한 설교자가 같은 본문을 가지고 시간이 지나면 다른 내용으로 설교할 때도 있다.

　이런 현상을 어떻게 받아들여야 하나?
　같은 본문일지라도 다양하게 해석될 수 있는가?
　본문은 하나의 의미만 있는가, 아니면 다양한 의미가 공존하는가?

어떤 해석은 잘못된 것이고 어떤 해석은 바른 해석인가?
이런 해석의 판단 기준은 무엇인가?

본문 해석에 힘쓰다 보면 이러한 질문들에 직면하게 된다.

1) 본문은 하나의 의미만을 가지는가?

본문의 의미가 하나인지 다양한지에 대한 논의들은 계속됐다.
성경의 저자가 한 분 하나님이라고 한다면 본문은 하나의 의미만 가지는 것으로 생각해야 할 것 같다. 그런데 현실적으로는 그렇지 않은 경우가 너무 많다. 한 본문이 다양하게 해석되고 설교 된다.
이런 해석의 다양성은 해석의 옳고 그름으로 판단해야 하는가? 주석마다 다른 해석들이 허다하고 심지어는 상충하기까지 한다.
해석이 다양하다는 것은 본문의 의미가 다양하다는 의미인가?
사무엘상 17장에 나오는 다윗과 골리앗의 싸움을 생각해 보자. 본문의 핵심을 다윗의 담대한 믿음이라고 생각할 수 있다. 혹은, 하나님만 의지하는 믿음이라고 생각할 수도 있겠다. 골리앗의 죽음을 보면서 하나님을 대적하는 자의 최후에 대해서 논의할 수 있다. 또한, 전쟁에서 이기는 비결에 관해서 이야기할 수 있겠다. 하나님의 구원에 대해서도 설교할 수 있다. 사울과 다윗을 비교하면서 누가 진정 하나 하나님의 사람인지 살펴볼 수도 있겠다.

이렇듯 한 본문에서 다양한 설교 주제가 나오는 것이 가능하고 그 주제들이 나름 정당성을 가지는 것으로 보인다. 만약 본문에 한 가지 의미가 있다고 한다면 앞서 이야기했던 초점들 중, 하나만 맞고 나머지는 잘못된 해석이 된다. 하지만, 본문의 의미가 다양하다고 생각한다면 여러 해석을 상황에 맞게 취할 수 있다.

그렇다면 본문은 다양한 의미가 있는가?

그렇게 되면 본문을 향한 하나님의 의도가 다양해진다.

성경이 하나님 한 분의 저자라고 말할 때는 본문의 의미는 하나여야 하는 것은 아닌가?

2) 다중적이고 다차원적 의미가 있는 본문

사실 성경이 하나님의 말씀이고 저자가 하나님이시라는 것을 우리가 믿는다면 본문에는 한 가지 의미가 있다는 것이 분명하다. 저자가 본문 안에 여러 의미를 담으려고 의도적으로 하지 않은 이상, '성경 본문에는 저자가 의도한 한 가지 의미가 있다'라고 생각하는 것이 가장 합리적이다.

그런 의미에서 설교자 혹은 해석자의 의무는 저자가 의도한 그 한 가지 의도를 찾아내는 것이 되어야 한다. 그리고 그것을 제대로 발견하지 못하면 잘못된 해석이라고 할 수 있다. 그런데 앞서 살펴봤듯이 한 본문에서 다양하게 해석될 여지가 분명 존재한다.

필자는 한 본문에는 한 가지 의미가 있지만, 그 한 가지 의미를 너무 좁게 생각할 필요는 없다고 본다. 한 가지 의미에는 다중적이고 다차원적인 의미가 포함되어 있다. 다시 말해, 크게는 한 가지 의미가 있지만, 그 한 의미 안에는 다차원적이고 다중적인 의미가 내포되어 있다는 말이다. 이는 독자 중심의 해석에서 말하는 다양한 의미와는 다르다.

"같이 식사 한번 합시다"라는 말의 의미는 무엇인가?

기본적으로는 함께 음식을 먹자는 말이다. 그래서 이 말을 잘 이해한 사람은 시간과 장소를 정하는 반응을 보일 것이다. 그렇지만 '식사 한번 하자'의 의미가 단지 음식을 같이 먹자는 것만은 아닐 수 있다.

분명 식사를 함께하자는 의미는 하나지만, 그 안에는 다양한 뜻과 의도가 함께 있을 수 있다. 말 그대로 밥을 같이 먹자는 의도가 일차적이지만 그 이면에는 함께 교제를 나누자는 의도가 있을 수 있다. 혹은 어떤 부탁을 하기 위해서 식사를 언급할 수도 있다. 아니면 인사치레로 식사 이야기를 꺼냈을 수도 있다.

어쨌든 일차적인 의미는 음식을 먹자는 말이지만 그 안에는 배경과 이야기의 흐름에 따라 다른 의미, 더 깊은 의미가 내포되어 있을 수 있다. 마찬가지로 성경 본문은 아주 단순한 하나의 의미가 있는 것이 아니라, 넓고 깊은 범위에서의 하나의 의미가 있다고 하겠다.

한 본문은 아래의 그림으로 표현될 수 있다. 본문이 가지는 의미를 전체 사각형으로 생각해 보자. 큰 사각형 안에 작은 여러 사각형이 있다. 작은 부분이 본문에서 얻을 수 있는 다양한 의미들이다. 이 의미들이 하나가 되어 본문의 전체 의미를 이룬다. 각각의 의미는 전체 의미에서 벗어나지 않고 전체 의미와 연결되어 있고, 각 부분의 독립성도 어느 정도 존재한다. 해석자는 해석의 과정을 통해서 본문의 다중적이고 다차원적 의미들(가,나,다…)을 발견해 간다. 본문의 전체 의미를 만들어가는 세부 의미들을 많이 찾으면 찾을수록 본문의 해석은 풍성해진다.

가	나	다
라	마	바
사	아	자
차	카	타

3) 다양한 해석은 다양한 설교를 만든다

　설교자는 해석된 다양한 의미를 적절하게 조합하고 배열해야 한다. 설교는 전체의 의미를 설명하기 위해서 작은 부분들을 설명하는 것이다. 설교 시간에 제한이 있으므로 모든 해석의 결과물을 다 다룰 수 없다. 설교자는 설교의 전체 주제와 흐름을 어떻게 가져갈 것인지 전략을 세우고 이를 만들어 내야 한다.

　때로는 전체 사각형만을 이야기할 수도 있고, 어떤 때는 작은 사각형 몇 개만 설명할 수도 있다. '가-나-다 …' 모든 부분을 순서대로 다룰 수도 있지만 '가-나' 정도만 다루고 '카-타' 부분으로 넘어갈 수도 있다.

　혹은, '가' 부분을 간략하게 언급하고 중간 부분인 '사-아' 부분을 강조해서 집중하고 '카' 부분을 짧게 언급하는 수준 정도로 다룰 수도 있다. 결국, 실제 설교의 핵심은 해석의 결과물 모두를 다 다루는 것이 아닌, 선택과 집중이다. 이렇듯 한 본문은 다양하게 설교 될 수 있지만, 중요한 것은 올바른 해석을 통해서 정말 드러나야 할 하나님의 뜻이 제대로 설명되어야 한다.

4) 적절한 해석의 기준은 무엇인가?

본문의 의미는 한 가지지만, 그 한 가지 의미는 다중적이고 다차원적이다. 그렇다면 다중적이고 다차원적인 의미를 어디까지 허용할 것인지가 중요해진다. 다양성이라는 기준 아래 모두를 인정할 수는 없다. 분명 올바른 해석이 있고 잘못된 해석이 있다. 앞의 그림으로 설명해 본다면, 받아들일 수 없는 잘못된 해석은 전체 사각형의 범위를 넘어서는 것이다.

그렇다면 앞선 그림에서 전체 사각형의 경계선을 설정해야 한다. 다시 말해, 다차원적이고 다중적인 의미에서 받아들일 수 있는 해석과 그렇지 않은 해석의 기준이 필요하다는 말이다. 사실 이 기준을 잡는 것이 매우 어렵다. 해석은 저마다 다를 수 있다.

모든 해석자가 자신들의 해석이 옳다고 확신한다면 누가 기준을 세우고 옳고 그름을 판단할 수 있겠는가?

역사적으로 해석의 차이는 교파의 분열을 가져왔다. 심지어 종교 전쟁의 불씨가 되기도 했다. 그러므로 쉽게 해석의 기준을 제시할 수도 없고, 그 누구도 해석의 기준을 제시할 권위가 인정되지 않는다.

로마 가톨릭에서는 교황의 권위가 해석의 기준으로 제시될 수 있겠지만, 개신교는 성경 해석의 권위를 모든 사람에게 부여함으로써 엄청난 혼란을 가져왔다.[25] 우리가 기댈 수 있는 것은 가장 기본적인

---

[25] 이 논의에 관해서는 다음의 책을 참조하라. Alister E. McGrath, *Christianity's*

해석적 틀을 바르게 따르는가의 여부 정도이다. 가장 기본적으로 해석의 기본 원리인 문자적, 역사적, 신학적 해석의 틀에 비추어 정당한 근거를 제시할 수 있으면 정당한 해석으로 인정할 수 있다.

하지만, 이런 해석적 틀을 따르더라도 분명히 좁혀지지 않는 해석 간의 간극이 존재한다. 이런 상황에서 중요해지는 것이 신학적 기준이다. 물론, 여기서 말하는 신학적 해석은 앞서 말하는 해석학적 틀에서 말하는 것과는 조금 다른 의미다.

최종적으로, 본문 해석의 옳고 그름을 분별하는 중요한 기준은 설교자 혹은 해석자가 속한 공동체의 신학적 입장이다. 설교자는 단순한 개인이 아니라 공동체의 일원으로 교회 공동체를 위해서 세워진 사람이다. 그러므로 설교자는 공동체(교단 혹은 교파)의 신학적 입장을 존중하고 그 입장을 따라야 한다. 한 교단의 신학은 한순간에 세워진 것이 아니라 오랜 시간 동안 연구와 고민을 거쳐 세워졌다.

우리가 다른 교단의 신학적 입장을 비판할 수는 있고, 어떤 것이 조금 더 성경적인지 신학적 논쟁을 할 수는 있다. 하지만, 설교자 개인이 교단의 신학적 입장을 따르지 않고 반대한다는 것은 공동체의 결정을 무시하는 것이요 교회의 질서와 신학을 어지럽히는 일이다.

물론, 개별적 사안에 대해서는 교단의 신학과 다소 다른 견해를 가질 수 있고 교단 내에서 건전한 토론을 거쳐 교단 신학의 부족한 부분들은 더 보완되고 발전되어야 한다. 하지만, 교단의 신학적 입장을 제대로 이해하지 못한 채 본문을 해석하고 개인적인 해석

Dangerous Idea, 박규태 역, 『기독교, 그 위험한 사상의 역사』(서울: 국제제자훈련원, 2009).

을 지속적으로 드러내는 것은 공동체를 해치는 결과를 가져오게 될 것이다.

4. 본문의 음성에 귀 기울이기

1) 하나님의 말씀으로서 성경

성경은 하나님의 말씀이기에 인간의 이성적 생각을 넘어서는 내용을 담고 있다. 그러므로 성경은 성령의 조명 없이는 제대로 해석하거나 이해할 수 없는 그 무언가가 있다. 이성적이고 학문적으로만 접근하면 성경은 오류와 모순이 가득한 옛날 책일 뿐이다. 실제 성경을 이성적으로만 접근하려 했던 시도들이 있었다.

그 결과는 참담했다. 성경에 담긴 창조와 다양한 기적의 이야기들은 제거되었다. 예수 그리스도는 하나님의 아들이 아니라 좋은 위인으로 남게 되었다. 이성으로 이해할 수 없고 과학으로 증명될 수 없다는 이유로 하나님의 말씀은 거부되었다. 성경은 하나님의 말씀이다. 유한한 인간이 영원한 하나님의 말씀을 이해할 수 없다. 죄인 된 인간이 창조주 하나님의 뜻을 깨달을 수 없다. 결국, 성경을 이해하기 위해서는 성령의 조명과 믿음이 필수적이다.

> 먼저 알 것은 성경의 모든 예언은 사사로이 풀 것이 아니니 예언은 언제든지 사람의 뜻으로 낸 것이 아니요 오직 성령의 감동하심을 받은 사람들이 하나님께 받아 말한 것임이라(벧후 1:20-21).

2) 인간의 책으로서 성경

성경은 하나님의 책이기도 하지만, 인간 저자가 인간의 언어로 쓴 인간의 책이다. 우리와 똑같은 사람들이 일일이 손으로 기록한 문서다. 성경을 해석하는 사람은 성경이 인간의 책이라는 점을 잊어서는 안 된다.

하나님은 자신을 계시하시는 성경을 신비한 비밀의 책으로 우리에게 주지 않으셨다. 인간 저자들을 통해서 철저하게 인간의 언어 방식으로 기록하게 하셨다.

성경은 철저하게 인간 저자들이 자신이 처한 삶의 배경과 성품 등을 가지고 쓴 책이다. 성경을 신비한 책으로만 생각하고 신비한 방식으로 해석하려고 한다면 여러 문제가 발생한다.

성경을 해석하기 위해서는 철저하게 문학적이고 문법적이며 역사적인 접근이 필요하다. 성경은 하늘의 비밀을 신비롭게 담고 있는 암호가 아니다. 성경은 문자로 기록되었고 그 문자는 신비하고 비밀스러운 코드가 아니라 당시 사람들이 일상적으로 사용한 평범한 언어로 기록되었다.

그러므로 일반적인 언어 규칙을 따르는 것이 매우 중요하다. 문맥을 무시하거나 단어와 문장의 뜻을 무시하는 성경 읽기는 당연히 잘못된 해석을 가져올 수밖에 없다. 아무리 신비하고 놀라운 이야기를 한다고 할지라도 언어의 일반적인 법칙에 벗어나는 성경 읽기와 해석은 받아들일 수 없다.

좋은 해석, 옳은 해석, 깊은 해석을 위해서는 문법적이며 문학적인 지식을 충분히 쌓아야 한다. 글을 잘 읽고 이해하는 능력은 곧바로 성경 해석 능력으로 이어진다. 좋은 설교자가 되기 위해서는 깊은 독서를 통해서 인문학적 소양을 잘 갖춰야 한다.

본문 주해의 이해

설교에서 본문 주해 혹은 해석만큼 중요한 것이 없다. 본문이 바르게 해석되지 않으면 본문 안에 담긴 하나님의 음성을 제대로 들을 수 없기 때문이다. 본문 선택과 선택한 본문 해석이 설교의 시작이다. 본문이 해석되지 않으면 설교할 내용이 없다. 잘못된 해석은 청중을 진리에서 더욱 멀어지게 만든다. 그러므로 본문의 주해는 늘 설교에서 중요한 위치를 차지한다.

잘못된 주해는 본문의 의도를 왜곡하고 하나님의 음성을 바르게 깨닫지 못하게 한다. 해석이 없는 설교, 부족한 해석으로 채워진 설교는 청중에게 그냥 본문을 읽어주는 것과 별다른 차이가 없다. 잘못된 해석으로 채워진 설교는 소음 공해와 같다. 그러므로 해석자는 충실한 해석을 통해서 건전하고 바른 설교를 만들어야 한다. 이를 위해서는 잘못된 관점을 제거하는 것이 우선되어야 한다.

1. 벗어야 할 안경

해석자의 가장 기본적인 자세는 본문을 해석자의 편견 없이 바르게 해석하는 것이다. 잘못된 해석, 부족한 해석은 여러 방해물 때문에 본문의 음성을 제대로 듣지 못한 결과다. 해석을 방해하는 소음은 해석자 안에서 나오는 소음일 수도 있고 외부에서 나오는 소음일 수도 있다. 해석자의 경험, 생각, 관점으로 본문을 볼 때 본문의 음성은 오염된다. 외부의 환경과 청중의 기대 등을 고려하여 본문을 해석할 때도 본문은 왜곡된다.

그러므로 바른 해석의 중요 관건은 해석자가 얼마나 객관적인 태도로 본문을 볼 수 있느냐에 있다. 물론, 본문을 해석하려 할 때 객관적이고 중립적으로 보긴 쉽지 않다. 아니, 정확하게는 불가능하다. 모든 해석자는 자기 경험, 견해 그리고 신학을 가지고 본문을 보게 마련이다. 모든 해석은 주관적일 수밖에 없다. 그런데도 해석에서 객관적 시각을 견지하려는 노력을 게을리해서는 안 된다.

모든 해석자는 선이해, 편견 혹은 자신의 가치관을 가지고 본문으로 나아간다. 이런 선지식이 무조건 나쁜 것만은 아니다. 언어를 알기에 본문을 해석할 수 있고, 신학적 배경 지식 때문에 본문의 해석 가능성이 열린다. 하지만, 선입관은 오히려 본문의 의미를 왜곡하고 잘못된 해석을 만들어 내는 주요한 원인이 되기도 한다.

인간에게 있는 가장 근원적인 선지식은 하나님에게서 오는 것과 타락한 인간 내면으로부터의 것으로 나눠진다. 이를 인간 중심 신학(Anthropocentric Theology)과 하나님 중심 신학(Theocentric Theology)의 대립으로 표현할 수 있다. 이 둘은 첨예하게 대립하며 우리의 생각을 지배하려 한다. 대부분 인간 중심적 신학 혹은 인본주의 사상이 우리를 지배하고 있다. 이것이 아담의 타락 때부터 하나님 자리를 차지하려는 타락한 인간의 본성이다. 성경 해석에서도 이런 인본주의적 관점이 영향을 미쳐서 성경을 왜곡하고 있다.

본 장에서는 본문을 왜곡할 수 있는 잘못된 인본주의적 선지식 혹은 관점이 무엇인지 확인해 보도록 하자.

1) 기복주의와 번영신학

기복신앙은 복을 신앙 생활의 중심에 두는 신앙을 말한다. 문제는 이 복이 물질적이고 세상의 복에 집중되어 있다는 데 있다. 성경은 복에 대해서 자주 이야기한다. 그런데 이 복은 세상의 복과는 거리가 있다. 성경의 복은 분명하게 이 세상에서 누리는 물질적 복을 포함하지만, 거기에 머무르지 않고 그것을 넘어서는 복이다. 하지만, 기복주의는 물질적 복에 집중한다.

그래서 성경을 이 땅에서 어떻게 복을 받을 수 있는지 말해주는 책으로 생각한다. 이런 관점으로 성경에 읽으면 많은 부분은 복을 얻는 이야기로 충분히 읽힐 수 있다. 이 관점에 사로잡히면 본문을 통해서 내가 이 땅에서 어떻게 성공할 복을 받을 수 있는지에 집중한다.

예를 들어, 기복주의적 관점에서 아브라함의 이야기를 읽으면 하나님의 언약이나 계획은 세상의 복의 관점으로 이해될 뿐이다. 그리고 아브라함이 하나님께 복을 받았다면 그 복을 어떻게 받았는지 살펴보고 그 조건을 맞춰 자신도 같은 복을 받겠다는 목표에 몰두한다.

> 내가 너로 큰 민족을 이루고 네게 복을 주어 네 이름을 창대하게 하리니 너는 복이 될지라(창 12:2).

여기서 말하는 복은 단순한 물질적 복이 아니다. 아브라함을 복이 되게 하시겠다는 말씀에는 단순한 물질적 복을 얻겠다는 것이 아니라, 세상 모든 민족을 다시 회복시키기 원하시는 하나님의 위대한 구원 계획이 담겨있다. 하나님은 이 위대한 구원 사역을 아브라함을 통해서 시작하시겠다고 약속하셨다. 하지만, 기복주의적 안경을 쓰고 본문을 보면 물질적 복, 이 땅에서 잘되는 이야기로만 보일 뿐이다.

번영신학은 기복주의 신앙이 좀 더 정교하게 신학적으로 정립된 것이다. 번영신학은 하나님의 은혜와 복의 기준을 이 땅에서의 성공과 번영에 둔다. 그리스도인으로 신앙 생활을 잘하면 이 땅에서 복을 받고 성공하게 된다는 주장이다. 반대로, 이 땅에서 성공하지 못하면 신앙 생활을 제대로 못 한 것이고, 이는 믿음이 없거나 헌신을 제대로 하지 않았기 때문이다. 물론, 노골적으로 이런 이야기를 하지는 않지만, 가만히 귀를 기울여보면 그들의 궁극적인 관심이 이 땅에서 누릴 수 있는 물질적 성공과 부에 있다는 사실을 쉽게 파악할 수 있다.

번영신학에서는 하나님의 주되심이 강조되기보다, 인간의 기도에 종속되어 기계적으로 복을 주시는 하나님이 강조된다. 번영신학은 인간이 이 땅에서 물질적 풍요를 누리는 것이 하나님의 뜻이라고 믿는다. 하나님은 인간의 풍요와 번성을 간절히 바라는 분으로 묘사된다. 인간의 풍요를 기뻐하시는 하나님을 전적으로 믿고 신뢰하면서 하나님께 기도하면 사랑과 은혜가 풍성하신 하나님은 물질의 풍요를 허락하실 것이다라고 생각한다.

이런 신학적 전제 아래에서 복음은 물질적인 성공의 수단으로 전락한다. 기도는 하나님께 풍요를 얻어내는 핵심 수단이자 통로로 이해된다. 성도가 기도하지 않아서 복을 얻지 못한다. 하나님은 이미 준비가 되어있지만, 인간의 게으름과 불신앙이 그 복을 누리지 못하게 한다. 하나님은 주실 복을 이미 준비하고 계신다고 가르친다.

천국에 가 본 사람이 창고에 많은 선물 상자가 있는 것을 보고 천사에게 물었더니 성도들이 기도하지 않아서 주지 못한 하나님의 선물이었다는 허무맹랑한 예화가 좋은 예다. 이런 예화는 성경적 근거가 없는 낭설일 뿐이다.

성경은 분명 하나님 백성의 성공과 번영을 말하지만, 그 성공과 번영이 꼭 물질적이며 현세적인 것은 아님도 분명히 한다. 하지만, 기복주의와 번영신학은 현세의 물질적 복에 집중하기에 얼마나 많은 성도가 신앙 때문에 고난을 받고 순교까지 해야 했는지에는 큰 관심을 두지 않는다. 구약의 성도들이 받은 복과 기도 응답에는 큰 관심을 두지만, 초대교회 성도들의 고난과 순교는 크게 주목하지 않는다. 이는 그리스도를 따르는 삶이 얼마나 많은 것을 버려야 하는지 제대로 이해하지 못한 반쪽짜리 성경 해석의 결과다.

기복주의와 번영신학의 대표적인 것이 고지론이다. 높은 자리에 올라갈수록, 물질의 풍요를 많이 얻을수록 하나님은 영광을 받으신다. 그러므로 높은 자리에 오르고, 세상에서 성공해서 하나님을 드러내고 하나님께 영광을 돌려야 한다고 주장한다. 이런 고지론은 세상에서 성공하고 싶은 인간의 타락한 욕망을 하나님의 영광으로 교묘하게 포장하려는 잘못된 주장이다. 고지론의 하나님은 세상의 권력과 물질적 풍요에 좌우되는 분이다. 하나님의 영광은 인간의 성공 여부에 달려있게 된다.

하지만, 하나님의 영광은 우리가 높은 자리에 올라가야만 의미가 있는 것이 아니다. 하나님의 백성이 세상에서 높은 자리에 오르는 것이 아니라 왕 되신 하나님께 순종하고 그분의 법을 따라 살아가는 것이 하나님의 관심이다.

고지론은 한국 교회를 멍들게 했다. 애굽의 총리가 된 요셉, 바벨론의 총리가 된 다니엘은 청년들의 모델로 자주 소개된다. 이렇게 신앙 생활을 잘하는 자는 높은 자리에 오르고 성공할 수 있다는 욕망이 요셉과 다니엘을 기복신앙의 좋은 모델로 만들어 버렸다. 지금은 힘들지만 믿음으로 견디고 인내하며 헌신하면 하나님의 복을 누릴 것이라고 청년들을 부추긴다. 『야베스의 기도』나 『긍정의 힘』과 같은 책이 베스트셀러가 되는 현실은 성도들과 목회자들이 얼마나 이런 기복주의와 성공 신화에 빠져있는지를 잘 보여준다.

기복주의의 안경을 쓰고 성경을 보면 모든 것이 성공과 실패, 승리와 패배로 도식화된다. 그리고 성경은 그 성공을 위해서 어떻게 해야 하는지를 알려주는 비법서로 전락한다. 또한, 성경 인물들의 성공과 실패를 물질적 관점에서만 해석하려고 한다. 물론, 성공의 원인으로 하나님의 은혜와 도우심을 말하지만, 핵심은 성공한 결과에 있다.

얼마나 많은 교회와 신자가 신앙이라는 이름으로 세상의 성공과 부를 추구하고 있는지 모른다. 기복신앙은 타락한 인간의 욕망에 편승하여 성경적 부와 복의 개념을 오염시킬 뿐이다.

성경의 복은 물질적 복을 넘어서는 것이다. 아니 오히려 물질의 복보다는 영적인 복에 더 많은 강조점을 둔다. 구약에서 나타난 많은 물질적 복의 예는 신약의 팔복으로 바르게 해석되어야 한다. 구약의 물질적 복과 성공 그리고 승리는 그리스도인이 궁극적으로 얻게 될 복과 승리의 그림자일 뿐이다. 그러므로 기복주의의 안경을 벗고 올바른 성경 해석의 길로 나서야 한다.

2) 신비주의

신비주의는 기복주의와 더불어 한국 교회를 어지럽히는 매우 큰 골칫덩어리다. 은사주의 운동을 넘어서 제3의 물결 운동까지 신비주의의 영향은 매우 광범위하다. 이런 부류의 움직임은 성령 운동이라는 이름 아래 교회 훈련 프로그램, 선교 단체, 교회 등에 영향을 미쳐왔다. 그리고 올바른 성령님의 사역에 대한 이해를 오염시키고 있다.

신비주의가 성도들에게 큰 영향력을 발휘하는 이유는 경험과 체험을 통해서 하나님의 임재와 은혜를 확인하고 싶은 인간의 욕망을 잘 채워주기 때문이다. 하나님의 살아 계심, 성령의 역사 등을 눈으로 보고 싶고, 몸으로 느끼고 싶은 사람들이 성경 말씀이 아니라 신비한 현상에 집중하게 되는 것이다. 눈에 보이고 느껴지는 "현상"은 강력한 힘이 있다. 사람들은 이런 체험을 통해서 보이지 않는 하나님의 존재를 확인하고 싶어 한다.

그리고 자신이 하나님의 지지를 받고 있는지 확신이 없으므로 현상과 체험을 통해서 하나님의 사랑과 지지를 확인받고자 한다. 성경 말씀만으로는 임마누엘 하나님을 깊이 신뢰하지 못한다. 하나님이 눈에 보이는 분도 아니고 그분의 임재가 쉽게 느껴지는 것도 아니기 때문이다. 이럴 때 현상이나 느낌 혹은 감정을 통해서 하나님의 임재와 동행을 확인받으려 한다. 신비한 현상이나 체험을 통해서 눈에 보이지 않는 성령의 존재와 활동을 확인하고자 한다.

하지만, 하나님은 현상과 신비 속에서만 일하시는 분이 아니다. 하나님은 말씀 속에서 일하시며 일상 중에서 우리와 함께하신다. 성경은 주님의 이름을 임마누엘이라고 말씀하셨다.

> 보라 처녀가 잉태하여 아들을 낳을 것이요 그의 이름은 임마누엘이라 하리라 하셨으니 이를 번역한즉 하나님이 우리와 함께 계시다 함이라(마 1:23).

하나님은 우리와 함께하시기를 기뻐하신다. 또한, 하나님은 두세 사람이 내 이름으로 모이는 곳에 함께하시겠다고 약속하셨다.

> 두세 사람이 내 이름으로 모인 곳에는 나도 그들 중에 있느니라(마 18:20).

이 말씀에 무엇이 더 필요한가?
어떤 현상이 나타나고 느껴져야 하나님이 함께하시는 것인가?
사실과 진리가 느낌으로 대체되어서는 안 된다. 하나님의 말씀은 제대로 신뢰하지 않고, 어떤 신비한 현상만을 추구하는 태도가 바로 신비주의를 추종하는 모습이다. 신비주의가 문제가 되는 것은 하나님의 임재와 일하심의 평가를 인간이 하게 된다는 부분이다. 느낌과 체험의 주체는 인간이 된다.

인간의 느낌에 따라 하나님의 임재와 일하심의 여부가 결정된다는 것은 있을 수 없다. 하나님은 내가 느끼지 못할지라도 살아 계신다. 나에게 보이지 않더라도 하나님은 실재하시며 하나님의 뜻은 오늘도 성취되고 있다.

물론, 체험이 필요 없다거나 무가치하다고 말하는 것은 아니다. 신비와 체험은 믿음이 약한 초신자에게는 분명 도움이 될 수 있다. 하지만, 계속해서 체험을 추구하고 경험에 집중하는 신앙은 위험하다. 실제 신비주의가 추구하는 여러 현상은 성경적이지 않을뿐더러 별 의미 없는 현상도 하나님의 역사와 연관 지으려는 오류를 낳기도 한다.

논란이 되었던 "알파코스"의 금이빨 사건이 대표적이다. 새 신자 정착 프로그램인 알파코스에서 참석자의 이가 금이빨로 바뀐 현상이 있었다. 이가 금니로 바뀌는 현상은 분명 신비하고 신기하지만, 그 현상을 하나님의 역사로 결론짓는 것은 다른 일이다. 그런 현상에 과도한 의미를 부여하거나 이를 통해서 프로그램의 가치를 높이려는 시도는 잘못이다. 그뿐만 아니다. 신비주의 운동에서는 쓰러짐, 황홀경 경험, 거룩한 웃음 등 신비한 현상들을 무조건 성령의 역사로 연관 짓고 성령의 사역이라고 주장하기도 한다.

신비주의를 추구하는 사람들은 결국 현상과 체험 혹은 느낌에 말씀과 같은 권위를 부여하고 맹종하기까지 한다. "내가 경험했다"라고 말하면 더 이상의 이성적 논의가 진행되지 않는다. 성경이 무엇이라고 말하든 간에 개인의 경험이 우선시된다.

신비로운 체험이 하나님의 임재를 증명하지 않는다. 기적과 능력이 그 사람의 신앙을 담보하지도 않는다. 마지막 날에 많은 권능을 행했던 사람들의 말로를 경고하신 예수님의 말씀은 신비주의와 체험 위주의 신앙이 얼마나 허무한 결과를 가져올 수 있는지를 잘 보여준다.

> 나더러 주여 주여 하는 자마다 다 천국에 들어갈 것이 아니요 다만 하늘에 계신 내 아버지의 뜻대로 행하는 자라야 들어가리라 그 날에 많은 사람이 나더러 이르되 주여 주여 우리가 주의 이름으로 선지자 노릇 하며 주의 이름으로 귀신을 쫓아 내며 주의 이름으로 많은 권능을 행하지 아니하였나이까 하리니 그 때에 내가 그들에게 밝히 말하되 내가 너희를 도무지 알지 못하니 불법을 행하는 자들아 내게서 떠나가라 하리라(마 7:21-23).

하나님의 초점은 아버지의 뜻을 알고 그 말씀을 따라 사는 삶이다. 하나님 나라와 하나님께 관심을 두지 않으면서 신비한 현상만 추구하는 신앙은 올바르지 않다.

신비주의는 현상과 체험에 집중한 나머지, 말씀보다도 체험과 현상을 우위에 놓는 경향을 보인다. 성경을 자신들의 현상과 체험을 설명하는 근거 정도로만 이용한다. 다시 말해, 성경의 전후 문맥이나 문법적 해석은 뒤로하고 자신의 체험을 증명하는 데 필요한 부분에만 집중한다. 또한, 현상에만 집중하기 때문에 성경 해석에서 여러 문제가 생긴다.

예를 들어보자. 사람들은 예수님이 행하신 치유의 은혜가 오늘날에도 동일하게 일어나기를 기대한다.

오늘도 살아 역사하시는 하나님을 믿는다는 측면에서는 분명 긍정적이지만 기적, 다시 말해 현상에만 집중하는 것은 본문의 원래 의미를 놓치게 할 수 있다. 성경에 나타난 기적의 의미와 하나님의 의도에는 집중하지 않고 기적 자체, 현상 자체에 집중하기 때문이다.

사람들은 예수님의 기적이 오늘 신자의 삶에도 일어나도록 기적의 조건을 탐구하고 적용하려 한다. 기적을 경험한 성경의 인물과 같이 어떤 믿음의 행동을 해서 동일한 기적을 경험하겠다는 것이다.

이런 소망에는 기적을 행하신 예수님의 의도는 초점에 두지 않는다. 우리도 이런 믿음의 행동을 통해 기적을 경험하자는 식이다. 하지만, 예수님의 치유 기적은 치유 혹은 기적 자체에 초점이 있는 것이 아니라 예수님이 누구이신지를 보여주는 "표적"이다. 하지만, 신비주의적 신앙을 가진 사람들은 기적이 재현되기를, 당시 기적과 같은 일이 계속 일어나기를 기대할 뿐 예수님이 누구신지, 예수님의 의도는 무엇이었는지에 대해서는 크게 관심을 두지 않는다.

지붕을 뜯어서 구멍을 내어 예수님께 나왔던 중풍병자의 이야기를 생각해 보자(마 9:1-8; 막 2:1-12; 눅 5:17-26). 본문에서 사람들은 기적에 집중한다. 중풍병자가 병에서 나은 이야기에 집중하면서 그가 나을 수 있었던 것은 함께한 사람들의 믿음, 간절함 등을 조건으로 내세운다. 우리도 이런 은혜를 경험하기 위해서 주위에 연약한 사람들을 주님께로 인도해야 한다, 포기하지 않고 예수님을 찾는 간절함과 끈질김이 필요하다 등으로 본문을 해석하고 적용한다.

하지만, 본문에서 강조되는 것은 예수님의 죄를 사하는 권능이다. 핵심은 중풍병자에게 있지 않고 죄를 사하시는 예수님께 있다. 하지만, 잘못된 관점으로 본문을 보게 될 때 본문의 의미는 제대로 드러나지 않게 된다. 성경에는 기적과 신비가 넘쳐난다. 하지만, 그리스도가 아니라 현상과 신비를 추구하는 신비주의 신앙은 배격되어야 한다.

3) 물질주의

　기복주의 혹은 번영주의 신학은 사실 세상의 물질을 추구하는 물질주의와 맞닿아 있다. 물질은 악한 것이고 영은 선한 것이라는 이원론적 시각은 분명히 잘못된 것이다. 하지만, 물질적이고 눈에 보이는 것만을 추구하는 신앙관은 분명히 배격되어야 한다. 물질주의적 관점은 모든 것을 물질적이고 경제적 잣대로 판단하고 평가한다.

　교회를 평가할 때 기준은 교인이 몇 명인지, 교회 건물의 규모가 어떤지가 된다. 물론, 이런 기준이 한 교회를 이해하는 데, 분명 도움이 될 수 있다. 하지만, 교회 규모가 크면 좋은 교회, 부흥하는 교회라는 단순한 도식으로 이어진다면 문제다.

　물질주의적 관점에 지나치게 함몰되면 성경을 물질적인 잣대에 맞춰 해석하게 된다. 기복주의에서도 살펴봤지만, 세상에서 높은 자리에 올라가면 성공한 것으로, 많은 재물을 얻으면 복을 받은 것으로 생각하고 평가한다. 구약에서는 재물이 많다거나 자녀가 많은 것으로 하나님의 복을 표현한다. 하지만, 이것은 신약을 비롯한 성경 전체의 맥락에서 해석되고 평가되어야 한다.

　구약의 복은 하나님의 복을 설명하는 하나의 실물 교육에 불과하다. 진정한 복은 예수 그리스도이며 하나님이 동행하시는 삶이다. 이런 사실을 무시하고 물질주의적 관점을 가지고 성경을 해석하게 되면 본문을 오해하게 된다. 물질주의는 눈에 보이는 것에 집중하게 만들고 현세의 풍요만을 추구하게 된다. 하지만, 성경은 땅의 것이 아니라 하늘의 것을 사모하라고 가르친다.

> 너희를 위하여 보물을 땅에 쌓아 두지 말라 거기는 좀과 동록이 해하며 도둑이 구멍을 뚫고 도둑질하느니라 오직 너희를 위하여 보물을 하늘에 쌓아 두라 거기는 좀이나 동록이 해하지 못하며 도둑이 구멍을 뚫지도 못하고 도둑질도 못하느니라(마 6:19-20).

> 그러므로 너희가 그리스도와 함께 다시 살리심을 받았으면 위의 것을 찾으라 거기는 그리스도께서 하나님 우편에 앉아 계시느니라(골 3:1).

그러므로 바른 성경 해석을 위해서 물질주의적 관점은 배격되어야 한다. 현세와 오늘 그리고 나의 문제에만 집중하게 될 때, 하나님 나라를 제대로 인식하지 못하게 되고 하나님의 뜻을 오해하게 된다. 하나님 나라를 전하는 예수님의 말씀을 제대로 이해하지 못했던 제자들은 이스라엘 나라의 회복을 물었다. 그들에게 잘못된 관점이 있었기에 하나님 나라는 이스라엘로 오해되었다.

> 그가 고난 받으신 후에 또한 그들에게 확실한 많은 증거로 친히 살아 계심을 나타내사 사십 일 동안 그들에게 보이시며 하나님 나라의 일을 말씀하시니라 사도와 함께 모이사 그들에게 분부하여 이르시되 예루살렘을 떠나지 말고 내게서 들은 바 아버지께서 약속하신 것을 기다리라 요한은 물로 세례를 베풀었으나 너희는 몇 날이 못되어 성령으로 세례를 받으리라 하셨느니라 그들이 모였을 때에 예수께 여쭈어 이르되 주께서 이스라엘 나라를 회복하심이 이 때니이까 하니 이르시되 때와 시기는 아버지께서 자기의 권한에 두셨으니 너희가 알 바 아니요 오직 성령이 너희에게 임하시면 너희가 권능을 받고 예루살렘과 온 유대와 사마리아와 땅 끝까지 이르러 내 증인이 되리라 하시니라(행 1:6-8).

제자들의 반응은 잘못된 선입관이 얼마나 무서운지를 잘 보여준다. 이런 제자들의 반응이 우리의 반응일 수 있다. 부활하신 예수님이 직접 하나님 나라를 가르치신 상황에서도 오해했다면, 우리도 안심할 수 없다. 우리 안에 잘못된 관점이 자리잡은 것은 아닌지 늘 점검해야 한다.

4) 율법주의

앞에서 율법주의 혹은 도덕주의적 관점에 대해서는 많이 설명했으므로 간단하게만 살펴보도록 하자. 율법주의는 인간이 율법을 통해서 의롭게 될 수 있다고 주장한다. 이렇게 인간의 가능성과 행위를 강조하는 것은 율법주의적 사고이다.

하지만, 인간 스스로가 무언가를 할 수 있다는, 그리고 해야 한다는 생각은 이미 아담과 하와 때부터 시작된 뿌리 깊은 죄성으로부터 나온 생각이다. 이를 극복하지 못하면 건전하고 올바른 성경 해석은 기대하기 어렵다.

인간의 행위는 성경으로부터 늘 부정당해 왔다. 예수님도 자신들의 행위를 의롭게 생각했던 바리새인들과 끊임없이 논쟁하셨다. 율법의 기능은 죄를 깨닫게 하려는 것이지 인간을 의롭게 하려는 것이 아니다.

> 그러므로 율법의 행위로 그의 앞에 의롭다 하심을 얻을 육체가 없나니 율법으로는 죄를 깨달음이니라(롬 3:20).

율법은 죄의 기준을 제시하고 인간이 그 율법을 지킬 수 없는 죄인임을 알게 한다. 이것이 율법을 주신 목적이며 율법의 기본 정신이다. 하지만, 율법주의는 이런 율법의 정신에 집중하기보다는 율법의 겉모습만 집중하고 율법을 지키는 것에 몰두한다.

물론, 율법을 지켜야 한다. 율법 안에 하나님의 뜻이 담겨있기 때문이다. 하지만, 율법을 지키려고 애쓰면 애쓸수록 인간의 악함과 죄성이 드러날 뿐이다. 율법은 이를 통해 우리를 정죄하고 그리스도를 바라보게 만든다.

하지만, 율법주의는 이런 율법의 기능에는 별다른 관심을 두지 않는다. 어떻게든 율법을 지키면 된다고 생각한다. 사람들은 율법을 더 잘 지키겠다고 율법의 세부 조항을 더 만들어 율법의 규칙만 강화했다. 율법을 지키겠다고 시작한 노력은 오히려 율법의 근본정신을 버리고 껍데기만 남게 하는 결과만 가져왔다. 율법주의는 자신의 의를 드러내고 다른 사람을 정죄하는 교만과 위선을 가져온다.

바리새인들이 율법주의가 얼마나 허무하고 문제가 많은지 잘 보여준 사례다. 이는 율법을 주신 하나님의 의도를 무시하는 것이다. 율법 혹은 여러 규율을 통해서 자신의 의를 드러내고 하나님 앞에서 자신의 신앙을 증명하려는 시도는 어리석은 태도다.

율법주의적 관점으로 성경을 보면 우리를 위해서 일하시는 하나님과 그분의 은혜에 집중하기보다는 인간의 행위에 더 집중하게 된다. 본문의 하나님은 어느새 뒷전으로 밀려나고 어떤 결과를 얻는 인간에게 조명이 집중된다. 물질주의와 기복주의와 연결되어 하나님의 도움과 은혜를 얻은 비결이 강조된다.

본문의 등장인물이 어떤 믿음의 행위를 했는지, 어떤 수고와 노력을 통하여 하나님의 은혜를 얻었는지에 집중한다. 결국, 인간 주인공이 믿음을 발휘해서, 인간 주인공이 기도해서, 인간 주인공이 순종해서 얻어낸 결과는 은혜가 아니라 공로이며 인간의 의가 된다.

이런 율법주의적 관점은 은혜만을 강조하는 기독교의 기본 신앙을 거부하는 것이다. 율법주의를 거부할 때 성경 속에서 진정한 하나님의 은혜가 보이기 시작하고 올바른 적용이 나오게 될 것이다.[26]

5) 실용주의

실용주의적 관점도 성경 해석자들을 현혹하는 문제 중 하나다. 실용주의는 과정보다는 행동의 결과나 효과를 중시하는 철학적 관점이다. 물론, 좋은 결과를 위해서 노력하는 것은 문제가 없다. 하지만, 모든 것을 결과로만 판단하는 것은 문제가 될 수 있다. 실용주의적 관점의 문제는 결과가 좋으면 과정도 좋은 것으로 인정하는 태도다.

신앙 생활은 결과만으로 평가할 수 없는 부분이 많다. 하지만, 실용주의가 교회에 들어오면서 결과만을 강조하고 과정의 정당성은 따지지 않는 흐름이 생겨났다. 실용주의는 번영신학과 맞물려 교회를 양적으로 성장시킬 수만 있다면 세상의 방법도 마다하지 않는다. 교회 성장을 위해 경영 기법과 마케팅 기법들이 무분별하게 사용된

---

[26] 물론, 율법주의의 거부가 하나님의 말씀에 순종하고 말씀을 따라 사는 삶을 부정하거나 거부하는 방향으로 가서는 안 된다. 복음을 깨닫고 은혜를 바르게 이해하는 하나님의 백성에게는 말씀을 따라 사는 행동이 자연스럽게 나오게 된다. 성경이 요구하는 것은 율법주의가 아니라 말씀에 따라 순종하는 순종의 행위다.

다. 교회의 규모가 좋은 교회의 판단 기준이 된다. 신학적 검증과 상관없이 교회를 성장시킨 프로그램의 인기는 식지 않는다. 교회가 성장했다면 수단들은 모두 정당화된다. 결과가 좋으면 과정도 좋다는 것이다.

이런 실용주의는 성경 해석과 설교에도 악영향을 미친다. 결과만 좋으면 된다는 식의 관점은 성경 해석에서 인물이나 사건을 평가할 때 결과만으로 평가하는 해석을 낳게 된다. 예를 들어, 야곱이 부자가 되었으니 그의 잘못된 행동까지 믿음과 신앙으로 이해하려는 해석이다. 아버지를 속이고 이삭의 축복을 얻어내는 부분은 야곱의 장자권에 대한 열정으로 둔갑한다. 삼촌을 속이면서 자신의 재산을 불려가는 야곱을 보면서 거부가 되었으니 그의 태도는 문제삼지 않는다.

실용주의적 입장에서 설교의 효과가 좋으면 성경 해석이 좀 미흡하더라도 크게 신경 쓰지 않을 경향이 높다. 물론, 일부러 성경 해석을 잘못하는 일은 없겠지만 해석보다는 전달과 청중의 반응에 더 많은 관심과 노력을 기울이게 된다. 청중이 좋아하면 약간의 율법주의가 섞여 있어도, 물질주의와 성공주의적 해석도 크게 문제가 되지 않는다.

교인이 늘어나고 분위기가 좋아진다면 그만이다. 성도들이 불편해할 수 있는 죄와 심판은 별로 다뤄지지 않거나 스쳐 지나가듯이 다뤄진다. 값싼 구원이 난무하게 되고 하나님의 섭리와 주권은 제대로 선포되지 않는다. 그러므로 바른 성경 해석을 위해 실용주의적 관점은 배격되어야 한다.

2. 써야 할 안경: 신학적 해석틀

본문을 해석할 때 최대한 객관적 입장에서 해석하는 것이 가장 좋다. 하지만, 그만큼 어려운 것은 없다. "모든 것을 내려놓고 성경 본문이 말하는 것에만 집중하자"라는 말은 너무 맞는 말이지만 실제로는 무책임한 말일 수 있다. "성경만 보면 된다"라는 말은 순진한 발상일 뿐이다.

사람들은 자기 경험과 가치관 그리고 처한 상황 속에서 본문을 본다. 세상에 객관적 입장이라는 것은 존재하기 어렵다. 모두가 어떤 관점을 가지고 성경에 접근하기 마련이다. 그러므로 앞에서 살펴봤던 잘못된 관점을 제거하는 것이 필수적이다.

잘못된 가치관을 제거했다면, 올바른 가치관을 가지고 성경을 대해야 한다. 올바른 가치관이라 하면 바른 신학을 말한다. 인간의 욕망으로 물든 잘못된 관점이 아니라 오랜 시간 검증된 신학적 가치관으로 성경을 해석해야 한다.

그렇다면 어떤 신학적 관점으로 성경을 보는 것이 필요할까?

1) 구속사적 관점

가장 일반적인 관점은 구속사적 관점이다. 구속사는 성경을 관통하는 핵심 주제가 인류의 구원사라는 관점으로 그 구원의 중심에는 예수 그리스도가 있다고 본다. 그러므로 모든 성경은 인류를 구원하시는 그리스도 중심으로 해석되어야 한다는 주장이 핵심이다.

이런 구속사적 관점은 성경을 전체적인 관점에서 균형 있게 볼 뿐만 아니라 예수 그리스도라는 분명한 지향점을 가지기 때문에 율법주의나 기복주의 등의 잘못된 관점을 제거하는 데 유용하다.

하지만, 모든 본문에서 그리스도를 드러내려 애쓰다 보니 오히려 본문의 일차적 의미를 훼손하거나 무시하는 결과를 가져오기도 한다. 성경 전반이 그리스도를 가리키는 것은 맞지만 모든 본문 하나하나가 그리스도를 말하고 있다는 주장은 과하다. 또한, 일차적인 의미를 제대로 살피지 않고 곧바로 그리스도를 말하는 것은 본문의 의미를 왜곡하는 결과를 가져온다.

다시 말해, 문법적 의미를 무시하고 신학적 의미로 넘어가 버리는 것은 본문을 제대로 해석하는 것으로 볼 수 없다. 아브라함이 이삭을 번제로 바치는 본문을 예로 생각해 보자(창세기 22장). 본문의 일차적 의미는 하나님의 언약에 대한 아브라함의 이해가 어떠한지를 보여주는 것이며, 하나님을 신뢰하는 아브라함의 믿음을 드러내는 것이다.

이런 문자적 의미는 제대로 담아내지 않은 채, 곧바로 이삭을 번제로 드릴 때 하나님이 준비하신 숫양은 예수 그리스도를 상징한다는 부분을 강조한다면, 이는 본문 중심의 설교라고 할 수 없다. 그러므로 구속사적 관점으로 설교한다고 할 때도 언제나 본문의 일차적 의미를 훼손하지 않으면서 그리스도를 드러내도록 해야 한다. 그리고 억지로 그리스도를 드러내려고 알레고리적 해석을 하지 않도록 조심해야 한다.

2) 언약신학적 관점

언약신학도 성경을 보는 건전한 신학이다. 언약신학은 성경을 하나님의 언약과 그 성취로 보고 본문을 해석한다. 하나님은 언약이라는 형식을 통해서 인간과 소통하신다. 그러므로 성경을 이해한다는 것은 곧 하나님과 우리 사이의 언약을 이해하는 것과 같다.[27]

언약신학에서 언약은 아담과 하나님 사이에 맺은 행위언약과 삼위 하나님 안에서 맺어진 구속언약 그리고 하나님의 십자가 사역으로 주어지는 은혜언약을 말한다. 언약을 구분하고 하나님이 언약을 성취해 가신다는 관점은 언약의 이해에 도움이 되지만, 지나친 구분은 오해를 낳을 수 있다.

아담과 하와는 선악과를 먹음으로 하나님과의 언약을 파기했다. 이렇게 아담이 파괴한 언약을 두 번째 아담인 그리스도께서 온전히 이루셨다. 이런 면에서 행위언약과 은혜언약 모두가 결국 하나님의 은혜를 통해 이뤄졌다고 봐야 한다.

하나님과 인간은 언약의 관계로 연결되어 있다. 성경을 하나님의 언약과 그 언약이 이뤄지는 거대한 이야기로 이해할 때, 인간의 불순종과 하나님의 은혜 그리고 하나님의 구속을 제대로 이해할 수 있게 된다.

---

[27] Vern S. Poythress, *God-Centered Biblical Interpretation*, 최승락 역, 『하나님 중심의 성경 해석학』 (경기도: 이레서원, 2018), 59-63.

3) 하나님 중심적 관점

지금까지 본서에서는 설교의 목적과 방향 그리고 중심이 하나님이 되어야 한다고 주장해 왔다. 사실 모든 성경 해석은 두 가지로 나뉘진다. 인본주의적 해석과 하나님 중심적 해석이다. 성경은 하나님의 책이며 하나님의 자기 계시다.

성경의 주인공은 하나님이시며 하나님께서 자신을 하나님의 백성에게 드러내시는 것이다. 그러므로 해석자는 성경에서 하나님이 어떤 분이신지, 하나님의 뜻은 무엇인지 확인해야 한다.

하지만, 많은 경우 본문에서 하나님을 찾기보다는 인간 주인공에 집중하게 된다. 성경에서 하나님의 뜻과 의도 그분이 어떤 분인지에 집중하기보다는 인간의 필요에 집중한다. 물론, 인간의 필요가 무가치한 주제라는 말은 절대 아니다. 성경 해석에서 무엇을 우선시하고 본문의 핵심을 무엇으로 볼 것인가의 문제다. 잘못된 관점을 가지고 본문을 보기 시작하면 그 안의 하나님은 제대로 발견할 수 없다.

그러므로 해석자는 반드시 하나님 중심적 관점을 가지고 본문으로 들어가야 한다. 의도적으로 본문에서 하나님의 뜻을 찾으려 하고 하나님께 집중하려고 노력하다 보면 인간의 필요뿐만 아니라 하나님이 보이게 된다. 물론, 본문의 의도와 상관없이 기계적으로 하나님만 찾으려 노력하면 오히려 본문의 일차적 의미를 훼손할 수 있으므로 주의해야 한다.

하나님 중심적으로 본문을 해석한다는 의미는 하나님이 어떤 분이고 그 본문에 담긴 하나님의 뜻이 무엇인지 확인하는 것이다. 하지만, 표면적으로 하나님의 일 하심이나 하나님의 뜻이 잘 드러나지 않을 때도 있다. 앞서 언급했듯이 기계적으로 하나님을 언급하는 것이 하나님 중심적 해석의 목적이 아니다.

하나님 중심적 해석은 본문에 담긴 하나님, 하나님의 뜻, 하나님의 의도가 무엇인지 정확하게 해석하는 데 집중하는 것이다. 본문 자체가 하나님을 드러내고 하나님의 뜻과 의도를 드러내는 것이기 때문이다. 그러므로 넓게 보면 본문을 충실하고 정확하게 해석하는 것이 하나님 중심 해석이다.

3. 하나님 중심적 해석

하나님 중심적 해석을 좀 더 구체적으로 살펴보자. 창세기 12장에 하나님이 아브라함을 부르시는 장면을 해석해 보자.

> 여호와께서 아브람에게 이르시되 너는 너의 고향과 친척과 아버지의 집을 떠나 내가 네게 보여 줄 땅으로 가라 내가 너로 큰 민족을 이루고 네게 복을 주어 네 이름을 창대하게 하리니 너는 복이 될지라 너를 축복하는 자에게는 내가 복을 내리고 너를 저주하는 자에게는 내가 저주하리니 땅의 모든 족속이 너로 말미암아 복을 얻을 것이라 하신지라 이에 아브람이 여호와의 말씀을 따라갔고 롯도 그와 함께 갔으며 아브람이 하란을 떠날 때에 칠십오 세였더라 아브람이 그의 아내 사래와 조카 롯과 하란에서 모은 모든 소유와 얻은 사람들을 이끌고 가나안 땅으로 가려고 떠나서 마침내 가나안 땅에 들어갔더라(창 12:1-5).

기복주의적 관점	하나님은 아브라함에게 복을 주시기 위해서 부르셨다. 우리도 우리도 하나님의 부르심에 순종하여 복의 사람이 되자.
율법주의적 관점	아브라함은 하나님의 말씀을 따라 순종했다. 고향, 친척 그리고 아버지의 집을 떠날 수 있는 용기가 필요하다. 우리가 하나님의 말씀에 어떻게 순종할 수 있는가 살펴보자.
인본주의적 관점	75세의 아브라함은 하나님의 부르심에 응답해 과감한 믿음의 여정을 떠난다. 그는 하나님의 말씀에 순종하여 믿음의 조상이 되었다. 우리도 아브라함을 본받아 믿음의 삶을 살아가자.
하나님 중심적 관점	하나님은 인류 구원을 위한 위대한 여정에 아브라함을 초대하신다. 하나님은 아브라함을 주권적으로 선택하셨고 그에게 믿음의 여정을 걷게 하신다. 하나님은 우리에게도 믿음의 삶의 기회를 주셨다. 이는 우리를 복으로 부르시는 위대한 부르심이다. 이 부르심을 주신 하나님께 감사와 찬양을 올려드린다.

물론, 본문의 해석이 위 내용만 있는 것은 아니다. 다양한 해석이 있을 수 있고 더 깊은 내용을 다뤄야 할 것이다. 그러나 본문에서 물질적 복이나, 아브라함을 드러내면서 설교하는 것은 바른 해석이라 볼 수 없다. 해석자는 본문에서 하나님이 어떤 분이신지, 하나님의 뜻은 무엇인지 집중해서 그분과 그분의 뜻을 드러내야 한다.

설교가 하나님께 집중할 때, 하나님의 백성은 설교를 통해서 하나님을 만날 수 있다. 설교에서 하나님의 뜻이 선포될 때, 하나님의 사람들은 율법적 의무가 아니라 은혜를 깨닫고 그 은혜에 맞는 올바른 반응을 할 수 있다. 이를 위해 해석자는 하나님 중심이라는 관점을 가지고 본문으로 들어가야 한다.

4. 본문 해석의 기본 원리

제거해야 할 관점을 제거하고 바른 관점을 습득했다고 해서 본문 해석 준비가 된 것은 아니다. 제대로 갖춰야 할 관점을 잘 습득했다면 다음의 해석 원리를 가지고 본문을 해석하면 된다.

본문 해석의 원리에 관해서는 간단하게만 살펴보도록 하자.

1) 문법적 해석

문법적 해석은 모든 해석 방법의 기본 중의 기본이다. 성경은 인간의 언어로 기록된 책이다. 그러므로 성경을 해석할 때는 언어의 기본 법칙을 따라야 한다. 성경만을 위한 독특한 해석 방식은 존재하지 않는다. 본문의 의미를 언어의 문법을 따라 해석할 때 가장 건전하고 올바른 결과를 얻어낼 수 있다.

문법적 해석은 문법적 사항만 고려한다기보다는 문맥과 단어의 뜻 그리고 문학적 장르까지 고려하는 방법으로 이해해야 한다. 예를 들어 계시록에 나오는 14만 4천을 생각해 보자. 문법적 해석이라고 해서 이 수를 문자적으로 이해해서는 안 된다. 이 수는 계시록이라는 문학적 장르의 특징을 고려할 때 상징으로 이해해야 하기 때문이다.

문법적 해석을 제대로 하기 위해 해석자는 언어에 능통해야 한다. 좋은 것은 성경 언어인 히브리어와 헬라어에 능통한 것이지만 가장 기본적으로는 한국어에 능통해야 한다. 국어 실력이 없다면 성경을 제대로 해석할 수 없다. 언어 능력은 본문 해석을 위해서도 중요하지만, 해석된 결과물을 설교로 잘 만들어 내기 위해서도 필수적이다.

2) 역사적 해석

역사적 해석은 본문이 기록된 역사적 상황과 배경을 고려하여 해석하는 것을 말한다. 성경 시대와 우리 시대는 시간적으로도 수천 년의 간극이 있고 문화적으로도 매우 큰 간극이 있다. 이런 부분을 제대로 고려하지 못한다면 본문의 의미를 제대로 이해할 수 없다.

그러므로 저자에 대한 이해, 문화적 이해, 지리적 이해 등 충분한 본문 배경 지식을 습득하여 올바른 본문 해석을 해야 한다. 이를 위해 다양한 배경사전과 주석서의 도움을 받는 것이 좋다. 최근에는 인터넷을 통해서 사진 자료나 위성 지도와 같은 좋은 정보에 쉽게 접근할 수도 있다.

3) 신학적 해석

신학적 해석도 중요하다. 모든 해석자는 자신의 신학적 입장을 가지고 본문에 접근한다. 그러므로 올바른 신학, 균형 잡힌 신학은 본문 해석에 매우 중요한 열쇠가 된다. 특별히 신학적 해석은 교단마다 조금씩 차이가 있으므로 해석자와 공동체가 속한 교단의 신학적 입장을 따르며 해석하는 것이 필요하다. 필자는 가장 좋은 관점으로 개혁주의 신학과 하나님 중심적 관점을 제안한다.

4) 성경 해석에서 주의할 점

이렇게 문법적, 역사적, 신학적 해석이 성경 해석의 기본 원리다. 그 외에도 성경이 성경을 해석한다는 원칙도 늘 본문 중심의 해석을 위해 큰 도움이 된다. 해석이 어렵거나 불명확한 부분은 다른 성경의 좀 더 명확한 부분을 참고하여 해석하는 것이다. 신약의 원리적인 부분은 구약의 구체적인 실례들로 분명해질 수 있고 구약의 내용은 신약의 원리로 이해될 수 있다.

또한, 성경의 통일성도 성경 해석을 위해서 늘 염두에 둬야 할 원리다. 성경은 66권으로 나뉘어있고 여러 명의 저자가 기록했지만, 원저자는 하나님 한 분으로 각 권이 서로 통일성을 가지고 있다. 그러므로 보기에 모순되어 보이는 내용은 성경 전체가 무엇을 말하는지 살펴보는 전체의 조명 아래서 조화를 이루게 해석해야 한다.

로마서에서는 행위가 아니라 은혜가 강조되지만, 야고보서에서는 오히려 행위가 강조된다. 이렇게 정반대와 같은 주장은 모순이 아니라 강조점의 차이로 이해해야 한다. 4복음서에서 같은 사건을 다소 다르게 기록한 내용도 쉽게 확인할 수 있다. 이러한 차이도 강조점의 차이며 관점의 차이다.

성경은 서로 모순이 없으며 통일성을 지니고 있다. 이런 통일성을 생각하지 않고 당장 보고 있는 본문 한 부분의 내용만 강조하면 전체 균형이 무너지게 되므로 주의해야 한다.

개혁신학의 이해와 하나님 중심 설교

 실천신학으로서 설교학을 제대로 이해하기 위해서는 다른 분야 신학의 깊은 이해가 있어야 한다. 성경 본문을 제대로 주해하기 위해서 성경신학에 대한 이해와 함께 해석학적 훈련이 되어 있어야 한다. 그리고 조직신학적 이해를 통해서 본문의 해석이 바른 신학에 기반하고 있는지 점검할 수 있어야 한다. 이런 의미에서 설교를 위해 성경신학과 조직신학의 이해는 매우 중요하다.

 본 장에서는 조직신학적 관점이 설교학에 어떻게 영향을 미치는지 살펴보고자 한다. 필자는 "개혁신학"(Reformed Theology)이라는 신학적 배경을 가진 학자로서, 개혁신학이라는 신학적 틀 안에서 설교를 이뤄야 한다고 믿는다. 이를 위해서는 기본적으로 개혁신학이 무엇인지 이해하는 것이 필요하다. 본 장에서 설교를 이해하는 데 도움이 될 정도의 논의만 진행할 것이다.

1. 설교를 위한 개혁신학의 이해 필요성

설교를 위해 개혁신학을 이해해야 할 필요성은 무엇인지 고민해 보자. 가장 기본적으로는 설교학의 실천신학적 특성 때문이다. 신학적 배경은 개혁신학을 표방하면서 그 신학적 지식을 바탕으로 실현되는 실천신학의 현장이 개혁신학과 동떨어져 있다면 분명한 문제가 아닐 수 없다.

실천신학은 반드시 든든한 신학적 배경과 뿌리를 가져야 한다. 특별히 조직신학적인 배경 없이 실천적인 부분만 강조한다면 그 신앙의 행위는 실용주의적으로 갈 확률이 높다. 우리가 잘 아는 로마서의 구조가 이를 잘 말해준다.

로마서는 11장까지 구원의 이론적이고 교리적인 부분을 다루고 12장부터는 실천적인 부분을 다룬다. 그리고 이 두 부분을 12장 1절의 "그러므로"가 연결하고 있다. 이론의 바탕은 실천적 신앙 생활의 기반이 된다는 의미다.

설교를 고민하는 모든 사람에게 설교만을 아니라 그 설교를 지탱해야 하는 신학적 지식을 아는 것은 매우 중요하다. 이것은 꼭 개혁신학을 추구하는 사람들이 아니더라도 마찬가지다. 각 설교자가 속한 교단의 신학적 지향성을 분명하게 알고 이를 설교에 적용할 때 이론과 실제가 조화를 이루게 될 것이다.

기본적으로 한국 교회의 타락, 설교의 타락은 바로 이런 신학적 이해가 없기 때문이다. 이론적 바탕없이 실천만을 강조한 결과가 바로 교회와 설교의 타락이다. 앞서 언급했던 것처럼 결과만 좋으면 된다는 실용주의적 관점은 "실천적 신학 무용론"을 낳았다. 신학교에서 배운 지식은 목회에서 별 도움이 안 된다는 어리석은 주장이 이런 상황에서 나오게 된다. 하지만, 바른 신학의 인도 없이 눈에 보이는 열매만 추구한 결과 교회는 힘을 잃게 되었고, 설교는 하나님을 제대로 드러내지 못하게 되었다.

설교에서 신학은 본문 해석에 중요한 기준을 제공한다. 앞서 논의했던 것처럼 본문은 매우 다양한 해석을 낳을 수 있다. 이런 다양한 해석들의 옳고 그름을 판단하는 기준이 필요하다. 다양한 해석의 충돌 속에서 판단자 역할을 해줄 수 있는 것이 바로 신학(교리)이다.

신학은 수천 년간 교회의 역사 속에서 검증되고 발전된 결과이다. 어떤 개인의 해석으로 부정될 수 있는 것도 아니고, 어느 한 본문으로 평가될 수 있는 것도 아니다. 교리는 공동체 믿음의 고백이요 그 공동체가 믿고 따르는 성경 해석의 결과로 나온 결정체다. 이 교리적 입장에 따라 교파가 나뉘고 그 교파와 신학의 차이는 극명한 교회 운영-실천신학적 차이를 가져오게 된다.

그런데 최근 교회는 이런 교파 간의 차이가 희석되고 서로서로 따르는 웃지 못할 상황을 연출하고 있다. 이런 현상은 자신들이 가지고 있는 신학에 대해서 제대로 이해하지 못하기 때문이며 실용주의적 관점에서 교회가 성장하기만 하면, 신학적 배경이 어떠하든 간에 받아들이고 따르려는 인본주의적이고 물질주의적인 목회의 결과물이다.

개혁신학을 따르는 교단 소속의 설교자는 그 교단의 신학인 개혁신학 노선을 따라 설교해야 한다. 이는 단순히 교단을 지침을 따르는 문제가 아니라 옳고 그름의 문제이며 신학의 문제이기 때문이다.

신학은 교회의 모습과 신자들의 신앙 생활의 모습을 결정한다. 장로교 신학을 따르는 교회는 장로들을 중심으로 이뤄진 당회를 통해서 교회를 운영한다. 회중 정치를 추구하는 교회는 그에 맞는 형태로 교회를 운영한다. 이렇게 자신이 믿고 있는 신학의 방향에 따라 교회 운영이 달라진다. 마찬가지로 설교도 신학에 따라 달라야 한다.

2. 개혁신학이란 무엇인가?

개혁신학을 한마디로 정의하기는 쉽지 않다. 그 이유는 개혁신학의 신학적 배경이 광범위하고 개혁신학 안에서도 다양한 강조점이 있기 때문이다. 또한, 세월이 지남에 따라 개혁신학에 대한 이해가 지역과 학자들에 따라 다소 차이가 발생했기 때문이다. 그러므로 개혁신학을 정의하는 다양한 주장이 있고 그렇기에 개혁신학을 간단히 정리해서 이해하기에는 어려움이 있을 수밖에 없다.

예를 들어, 어떤 사람들은 개혁신학을 '개혁'이라는 이름에 걸맞게 날마다 성경에 따라 자신들을 개혁하는 신학 노선이라고 이해한다. 이런 정의는 개혁신학의 성경관과 역사적으로 로마 가톨릭 신앙에 반대해 온 개혁신학의 전통을 따라 개혁신학을 설명하려는 시도로 이해할 수 있다.

어떤 사람들은 칼빈주의를 개혁신학 혹은 개혁주의라고 설명한다. 또한, 성경 중심과 같은 중심 사상으로 개혁신학을 설명하는 사람들도 있다. 이런 설명 모두 개혁신학을 이해하는 좋은 지침이 될 수 있다. 여기서는 이런 다양한 설명을 간단하게 살펴보고 좀 더 근본적이고 다른 신학과 구별되는 개혁신학만의 특징이 무엇인지 고민해 보도록 하자.

1) 역사적 태생

종교개혁은 크게 3부류로 나눠진다. 루터를 중심으로 진행된 루터파와 영국을 중심으로 진행된 국교회(영국 성공회) 그리고 칼빈과 쯔빙글리를 중심으로 진행된 개혁파다. 광의의 개념에서 3부류가 모두 로마 가톨릭에 대항하여 개혁을 외쳤다는 측면에서 개혁신학이라고 말할 수 있다. 하지만, 좁은 의미에서의 개혁신학은 로마 가톨릭의 신학 사상을 거부한 개신교 흐름 중, 루터파나 영국 국교회와 다르게 칼빈의 신학을 따르는 신학적 흐름을 의미한다.

루터는 믿음으로 의롭게 되는 이신칭의 교리를 강조하면서 종교개혁을 시작했지만, 여전히 사제주의와 같은 로마 가톨릭의 잔재들을 어느 정도 인정하는 경향이 있었다. 이런 부분은 국교회도 마찬가지였다. 영국 국교회는 교리적 차이에서 시작된 개혁이라기보다는 정치적 상황 때문에 시작한 개혁이었다. 이에 반하여, 칼빈과 같은 종교개혁자들은 로마 가톨릭의 잘못된 신학에 대항하여 좀 더 철저한 개혁을 주장했다.

칼빈은 철저하게 성경을 중심으로 신학을 세우고자 했기에 루터파와는 조금 다른 길을 가게 된다. 성찬에 관한 논쟁이 그 예라 할 수 있다. 이렇게 종교개혁의 흐름 가운데 칼빈의 주장을 따르는 것이 개혁신학의 역사적 태생이라 할 수 있다.

2) 하나님 중심, 성경 중심, 교회 중심

개혁신학을 설명할 때 하나님 중심, 성경 중심, 교회 중심이라는 강조점으로 설명하기도 한다. 개혁파는 로마 가톨릭의 인간 중심, 사제 중심의 신학에 반대했기 때문에 하나님 중심, 성경 중심 그리고 교회 중심이라는 핵심 사상으로 교회를 개혁하고자 했다.

특별히 성경이 완전하고 최종적 권위를 가진 하나님의 말씀이며 우리에게 주신 확실하고 최종적인 계시임을 믿는 성경 중심주의는 개혁신학이 따르는 중요한 핵심 사상이다.

3) 칼빈주의

칼빈주의와 개혁신학은 거의 같은 의미로 사용된다. 개혁신학에서 칼빈의 영향력이 가장 크기 때문이다. 하지만, 개혁신학에는 칼빈의 영향력만 있는 것은 아니다. 쯔빙글리와 같은 개혁자들의 영향력도 여전히 존재한다.

종교개혁은 각 지역에서 독자적으로 발생했다. 물론, 이후에 서로 영향을 주고받았지만, 태생은 독자적이었다. 이런 의미에서는 개혁신학을 단순히 칼빈을 따르는 칼빈주의라고만 이야기하는 것은 좁은 관점일 수 있다. 그런데도 칼빈주의라는 용어를 개혁신학과 같은 의미로 사용하는 이유는 칼빈이 종교개혁의 완성자이기 때문이다. 이런 의미에서 개혁신학을 역사적 칼빈주의로 부를 수 있다.

4) 칼빈주의 5대 교리

칼빈주의와 개혁신학이 거의 동의어로 쓰이고 있기 때문에 칼빈주의를 설명하는 칼빈주의 5대 교리가 개혁신학의 핵심으로 소개되기도 한다. 칼빈주의 5대 교리는 다음과 같다.

첫째, 전적 타락(Total Depravity)
둘째, 무조건적인 선택(Unconditional Election)
셋째, 제한 속죄(Limited Atonement)
넷째, 불가항력적 은혜(Irresistible Grace)
다섯째, 성도의 견인(Perseverance of Saints)

하지만, 칼빈주의 5대 교리는 칼빈주의의 핵심을 설명하기 위해서 나온 것이 아니라, 알미니안주의의 주장을 반박하기 위해 도르트 회의에서 결정한 것이다. 또한, 칼빈주의 5대 교리는 칼빈주의 신학 중 구원론과 관련된 신학적 내용을 담고 있기에 전반적인 칼빈주의를 대변한다고 볼 수는 없다.

그러므로 5대 교리가 칼빈주의의 특징을 잘 드러내는 교리가 맞지만, 칼빈주의 신학의 전체 핵심 교리를 설명하고자 하는 출발점이 아니기 때문에 태생 자체에 한계가 있다는 점을 잊어서는 안 된다.

5) 오직(Sola)

개혁신학의 중요한 핵심을 '오직 성경, 오직 예수, 오직 은혜, 오직 믿음, 오직 영광'의 5가지로 보는 사람들도 있다.

첫째, Sola Scriptura(오직 성경)
둘째, Sola Gratia(오직 은혜)
셋째, Sola Fide(오직 믿음)
넷째, Solus Christus(오직 그리스도)
다섯째, Soli Deo Gloria(오직 주만 영광 받으심)

이런 5가지 핵심 가치도 개혁신학의 중요 가치를 잘 설명해 주는 중요한 기준이다.

3. 개혁신학의 핵심 강조점

그렇다면 개혁신학이 다른 신학적 체계와 다르게 좀 더 강조하는 부분은 무엇인가?

개혁신학이라고 하면 떠올라야 하는 주장은 무엇이 있는가?

여러 주장이 있을 수 있지만, 개혁신학의 가장 중요한 핵심 주장은 "하나님 절대 주권 중심 사상"이며 "하나님께 영광"이라는 가치를 핵심에 둔다.

하나님께 영광을 돌리는 하나님 영광 사상과 인간 중심이 아닌 신본 중심의 사상이 개혁신학을 가장 잘 설명하는 부분이다. 칼빈이 가장 중요하게 생각했던 것도 바로 오직 하나님께 영광을 돌리는 하나님 중심주의였다. 이렇게 하나님 중심적 사고는 기본적이고 당연한 듯하지만, 다른 신학 체계와 개혁신학을 구별하는 차별성이 있는 중요한 기준이다.

종교개혁을 처음 주장했던 루터에게는 믿음으로 구원 얻는 이신칭의의 교리가 가장 중요했다. 행위 구원을 주장하며 타락했던 로마 가톨릭을 비판하며 싸워야 했던 루터에게 이신칭의 교리는 너무나 중요한 핵심 내용이었다. 반면에 칼빈은 개인적인 구원신앙을 뛰어넘어 바른 신학을 총체적으로 소개했는데 이것이 소위 칼빈주의라고 일컬어지는 개혁신앙이다. 개혁신학은 단순한 구원론에 그치지 않는다.

칼빈의 『기독교 강요』가 이를 잘 보여준다. 신앙의 총체적인 부분을 다루는 개혁신학은 그 근본에 하나님 중심 사상 혹은 하나님의 절대 주권을 강조한다. 그래서 칼빈주의 이론에서는 예정론과 같은 주장이 나오게 된다. 예정론이 여러 비판을 받고 있지만, 하나님 중심성을 전제한다면 자연스럽게 나올 수밖에 없는 신학적 결론이다.

하나님은 모든 것을 다 아시고 그분의 계획과 의도가 실패할 수 없다는 하나님 중심적 전제가 결국 하나님이 구원하실 사람을 예정하셨다는 결론으로 도출될 수밖에 없다.

개혁신학을 잘 보여주는 웨스트민스터 신앙고백서는 이런 하나님 중심성을 잘 보여준다. 웨스트민스터 대요리문답의 첫 번째 물음과 답을 통해서 인간의 제일 된 목적이 하나님을 영화롭게 하고 그분을 영원토록 즐거워하는 것이라는 신앙을 고백한다.

　이것이 바로 하나님 중심 신앙이며, 하나님께 영광을 돌리는 것이 가장 중요한 인간 창조의 목적이며 더 나아가서 신학의 본질임을 잘 보여준다. 성경도 하나님 중심, 하나님께 영광을 돌리는 것이 인간의 가장 중요한 목적임을 곳곳에서 보여준다.

> 이는 만물이 주에게서 나오고 주로 말미암고 주에게로 돌아감이라 그에게 영광이 세세에 있을지어다 아멘(롬 11:36).

> 그런즉 너희가 먹든지 마시든지 무엇을 하든지 다 하나님의 영광을 위하여 하라(고전 10:31).

하나님의 영광을 위해서 물을 마시는 것이 가능한가?
하나님의 영광을 위해서 먹는 것과 마시는 것이 가능한가?
이런 물음을 조나단 에드워즈의 논리를 빌어 설명해 보자.[28]
에드워즈에 의하면 인간의 삶의 목적에는 최고의 목적과 궁극적 목적이 있다고 한다. 최고의 목적은 언제나 궁극적 목적이지만, 궁극적 목적이 언제나 최고의 목적은 아니다. 궁극적 목적이지만 최고의 목적을 위한 하위 목적들이 있는데, 이를 종속적 목적이라 한다.
　종속적 목적은 각각의 궁극적 목적을 위해서 존재한다. 이런 궁극적 목적은 독립적인 궁극적 목적이 있고 종속적인 궁극적 목적이 존

---

[28] Jonathan Edwards & John Piper, *God's passion for his glory*, 백금산 역, 『(존 파이퍼의 하나님의 영광을 위한) 하나님의 열심』(서울: 부흥과개혁사, 2003), 181-195.

재한다.

우리에게는 많은 궁극적 목적들이 존재한다. 목이 마를 때 목마름을 채우는 것이 궁극적 목적이 될 수 있다. 이 궁극적 목적을 위해서 물을 산다든지 컵에 물을 따르는 행위들이 종속적 목적이 된다. 그런데 이런 궁극적 목적들은 다른 궁극적 목적의 종속적 목적이 될 수 있다. 나의 생존이라는 궁극적 목적을 위한 종속적 목적으로 궁극적 목적이 될 수 있다는 것이다.

그런데 최종적인 궁극적 목적이 최고의 목적과 연결되어 있는가는 다른 문제다. 더 이상의 궁극적 목적이 없는 최종적이고 최고의 목적은 하나님이다. 이 최고의 목적, 하나님의 영광이라는 목적을 위한 궁극적 목적들은 하나님의 영광과 맞닿아 있으며 하나님의 영광을 위한 종속적 목적으로 이해할 수 있다.

결론적으로 물을 마시는 행위는 내 인생의 목적이 최고의 목적-하나님께 영광을 돌리는 것-에 맞닿아 있다면 하나님의 영광을 위한 물 마시기가 될 수 있다.

결국, 가장 중요해지는 것은 인간 삶의 궁극적인 방향성이다. 하나님을 알고 그분을 위해서 살아가는 삶이라면 무엇을 해도 그것은 하나님의 영광을 위한 것이 된다. 하지만, 최고의 목적에 기여하지 않는 궁극적 목적과 종속적 목적은 아무리 종교적 행위를 띠고 있을지라도 하나님의 영광과는 상관이 없게 된다.

성경은 하나님께 집중하고 하나님께 영광을 돌리는 삶을 살 것을 요구한다. 그리고 이러한 성경의 사상은 개혁신학에 고스란히 연결되어 있다. 이런 개혁신학의 중심 사상을 제대로 이해하기 위해서 좀 더 세부적이고 실천적인 부분을 살펴보도록 하겠다.

하나님 중심주의와 하나님께 영광이라는 개혁신학의 중심 사상이 어떻게 우리의 신앙에 구현되어야 하는지 살펴보자. 특별히 우리의 고민은 개혁신학 자체가 아니라 설교이기 때문에 개혁신학적 설교를 중심으로 설명해 보도록 하자.

4. 개혁신학적 설교의 이해

우리의 관심은 설교를 이해하는 것이다. 실천신학으로서 설교학은 다른 신학과의 연관성을 언제나 고려해야 한다. 이를 위해서 우리는 개혁신학이라는 신학적 틀을 간단하게 살펴봤다.

그렇다면 개혁신학이 설교에 어떻게 영향을 미쳐야 하는가?

바로 성경 해석이다. 신학에 따라 성경 해석이 달라지며 그에 따라 설교 내용이 달라진다. 개혁신학을 따르는 설교를 한다는 것은 개혁신학에 따른 성경 해석을 하고 그 해석에 맞게 설교 내용을 구성함을 의미한다. 하나님 중심적 관점을 가진 개혁신학적 성경 해석은 어떻게 달라야 하는지 몇 가지 기본적인 내용을 확인해 보자.

1) 창조에 대한 이해

많은 사람이 창세기 1장에서 6일 동안 세상을 창조한 기사는 인간을 위한 하나님의 환경 조성이라고 해석한다. 세상의 모든 부분을 만드신 후 마지막에 인간을 창조하신 부분을 주목하면서 인간을 사랑하시고 배려하신 하나님에 대해 말한다. 틀린 해석은 아니다. 하지만, 이런 해석이 자칫 인간중심주의로 흘러갈 수 있다. 창조는 인간을 위한 것이고 창조의 중심에 인간이 있다는 주장은 천지를 창조하신 이유의 중심에 인간을 놓는 위험이 있다.

그렇다면 천지창조의 목적은 무엇인가?

바로 하나님의 영광을 위한 것이다. 하나님의 영광을 위해서 이 땅의 모든 것들이 창조되었고 인간들도 창조되었다. 인간을 위한 창조가 아니라 하나님의 영광을 위한 창조가 주목되어야 한다. 하나님이 자신의 영광을 위해서 천지를 창조하시는 과정에서 인간을 배려하셨다는 주장은 설득력이 있지만, 인간을 위해서 만물이 지어졌다고 말하는 것은 개혁신학적 관점에서는 다소 거리가 있다.

2) 구원에 대한 이해

구원에 대해서도 신학적 입장에 따라 달라질 수 있다. 하나님 중심성의 전제가 없다면 구원은 인간을 위한 것이 되며 하나님은 인간을 위해서 구원을 주시는 분으로 묘사될 수 있다. 그래서 어떤 사람들은 하나님을 인간의 구원을 간절히 기다리시는 분으로 묘사한다. 하나님은 문밖에서 문을 두드리며 인간의 허락을 기다린다(계 3:20)[29].

하나님은 인간들의 구원을 간절히 기다리며 애타게 눈물 흘리시는 분이다. 하지만, 하나님 절대 주권적 사상을 가지고 구원을 생각하면 구원은 인간을 위한 것이 아니라 하나님을 위한 것이 된다. 여기서 구원이 인간에게 아무런 혜택을 주지 못하거나, 인간 편에서는

---

[29] 요한계시록 3장 20절은 신자의 구원에 관해서 말하는 구절도 아니다.

아무것도 아니라는 말이 아니다.

  너무 인간 편에서, 개인적 구원에 대해서 생각한 나머지 더 중요하고 근본적인 구원의 이유와 목적을 놓치는 부분을 지적하는 것이다. 구원의 궁극적 목적은 하나님의 영광이며 창조의 회복이다. 지나치게 개인 중심적, 인간 중심적으로 흐르는 것은 개혁신학에 맞지 않는다.

3) 십자가

  구원에 대한 개혁신학적 입장은 십자가 신학에 대해서 새로운 관점을 제공한다. 하나님은 자신의 영광을 위해서 일하시는 분이다. 그러므로 그리스도의 십자가 위에서 죽으심은 단순하게 인간을 사랑하시는 하나님의 사랑을 말하는 것이 아니라 하나님의 영광을 위한 하나님의 열정이 얼마나 뛰어난지를 드러내는 놀라운 사건으로도 해석된다.

  우리는 십자가를 통해 인간을 사랑하시는 하나님의 사랑과 은혜뿐만 아니라 자신의 독생자를 내어주시기까지 자신의 영광을 드러내기 원하시는 하나님의 열정이 얼마나 위대한지 깨달아야 한다.

4) 전도와 선교에 대한 이해

  전도를 말할 때도 일반적으로는 한 영혼에 대한 사랑을 많이 강조한다. 선교도 마찬가지다. 죽어가는 영혼을 향한 하나님의 안타까운 마음을 설교하기도 한다. 그런데 개혁신학적 관점에서는 전도가 예수님 믿지 않는 사람들에게 복음을 전하는 행위에 머무르지 않고 하나님 영광의 확장, 하나님 나라의 확장이라는 의미로도 확대될 수 있다.

5) 인간을 바라보는 관점

개혁신학에서 생각하는 인간은 전적으로 타락하고 부패한 존재다. 인간은 하나님의 전적 은혜가 아니면 구원을 얻을 수 없다. 또한, 인간은 하나님을 의지하는 전적 의존적 존재이며 하나님을 위해서 창조된 부수적 존재다. 하지만, 인본주의적 관점은 인간을 늘 중심에 놓고 생각하려 한다. "당신은 사랑받기 위해 태어난 사람"이라는 이야기 속에 바로 이런 인간 중심적 사고가 놓여 있다.

개혁신학적 관점에서 인간은 사랑받기 위해 태어난 존재가 아니라 하나님의 영광을 위해서 창조된 존재다. 인간은 철저하게 하나님 중심적 존재가 되어야 한다. 인간은 전적으로 하나님 의존적 존재이기 때문이다.

당신은 세상의 중심이 아니다. 하나님이 모든 것의 중심이시다. 인간 중심적 생각에서 하나님을 묘사할 때, 하나님은 인간을 위해서 존재하는 분이다. 물론, 직접 표현하지는 않지만, 실제 내용은 하나님을 주변부로 몰아내고 인간을 모든 것의 중심에 세운다.

5. 개혁신학과 비슷한 이름들

개혁신학을 제대로 이해하기 위해서 개혁신학과 다르거나 비슷한 개념들을 이해하는 것도 좋은 방법이 될 수 있다. 우선 개혁신학과 비슷할 수 있지만 조금은 다른 개념들을 생각해 볼 때 복음주의, 근본주의, 보수주의가 있고 비슷한 개념으로는 장로교회, 칼빈주의가 있다.

개혁신학에서는 근본주의를 경계하는 경향이 있지만, 개혁주의와 근본주의는 많은 공통점을 보이는 것 또한 사실이다.[30] 근본주의는 자유주의 신학에 대항하는 측면에서는 개혁신학과 궤를 같이하지만, 다소 극단적인 보수적 성향을 보이기도 하고 성경을 문자적으로만 해석하려는 경향을 보이기도 한다.

보수주의는 자유주의 신학의 영향에 대항하여 개혁신학적 유산을 지키려고 노력했던 흐름을 말한다. 성경의 권위와 그리스도의 신성을 부정하는 자유주의 신학에 맞서 성경의 권위와 그리스도의 신성을 지키는 것으로 개혁주의는 성경적 보수주의라 할 수 있다.

복음주의는 개혁신학보다는 더 넓은 스펙트럼을 가진다. 복음주의는 개인의 믿음과 구원에 초점을 맞추는 경우가 많다. 신앙에서는 그리스도의 십자가와 부활에 초점을 맞춘다. 성경관에 있어서는 성경이 하나님의 말씀임을 믿고 성경 말씀을 중시한다. 이런 초점들이 개혁신학과 비슷하지만, 앞서 설명했던 하나님 중심주의와 하나

---

[30] Kelly M. Kapic, & Wesley Vander. Lugt, *Pocket Dictionary of the Reformed Tradition,* 송동민 역, 『개혁신학 용어 사전』(경기도: 도서출판 100, 2018), 29.

님께 영광을 돌리는 신앙의 초점에 대해서는 크게 강조하지 않는다. 한국의 보수적인 교회들은 일반적으로 복음주의라고 할 수 있다.

6. 개혁신학적 설교는 하나님 중심 설교

개혁신학적 설교는 개혁신학의 핵심 원리에 따라 본문을 해석하고 이를 설교하는 것이다. 개혁신학의 핵심은 하나님 절대 주권 사상이다. 하나님 중심과 하나님 영광을 드러내는 것이 개혁신학의 중요한 내용 중 하나다. 그러므로 개혁신학적 설교를 이러한 신학적 핵심 원리를 잘 드러내는 하나님 중심 설교여야 한다. 설교가 하나님 중심이 된다는 의미는 두 가지로 생각할 수 있다.

첫째, 설교의 태도나 설교를 바라보는 관심이 하나님 중심적이라는 의미다. 성경이 하나님 말씀이고 하나님이 중심이시며 하나님이 주인공이심을 믿고 인정하는 태도로 설교하는 것이다.

설교의 중심이 하나님이라는 사실을 믿는다는 것은 설교자의 개인적인 생각이나 욕망이 드러나거나 청중에 끌려다니는 설교가 아니라 성령의 능력을 의지하면서 하나님과 그분의 뜻만을 본문 속에서 드러내고 전달하기 위해서 부단히 애쓰는 것이다.

본문에서 드러나고 주목받아야 할 것은 인간의 어떤 행동이 아니라 하나님이시다. 그래서 철저하게 하나님을 의지하고 하나님을 높이려고 노력하고 하나님의 말씀인 본문을 제대로 드러내려고 애쓰는 것이다.

둘째, 설교의 내용에서 하나님 중심이 된다는 의미다. 성경 본문의 목적은 하나님을 계시하는 것이다. 본문의 주인공은 하나님이시다. 그러므로 본문을 통해서 하나님 그리고 하나님의 뜻을 제대로 해석해서 드러내고 그것을 청중에게 전해야 한다.

이를 위해서 가장 중요한 것은 본문을 바르고 충실하게 해석하는 것이다. 본문을 충실하고 바르게 해석한다는 의미는 본문에서 본문의 주인공인 하나님을 드러내거나 그분의 뜻에 주목하는 것이다.

예를 들어, 다윗이 나오는 본문을 설교한다고 생각해 보자. 다윗의 이야기 속에서 다윗을 주목하고 다윗의 위대한 신앙을 드러내는 것은 해석자의 일차적 목적이 아니다. 다윗이 잘한 것과 다윗의 훌륭함에 주목할 것이 아니라, 이런 다윗을 통해서 하나님은 어떤 분이시고 다윗을 통해 전하고자 하시는 하나님의 의도는 무엇인지 집중해야 한다.

다윗과 같이 성경에 기록된 신앙의 인물은 우리 신앙의 모델이 아니라, 삶을 통해서 하나님을 보여주는 통로로 사용된다. 그러므로 인물에 주목하고 그 사람을 높이기보다 그 사람을 사용하시고 그를 통해서 일하시는 하나님께 주목하고 하나님 한 분만을 높이는 것이 설교에 중심이 되어야 한다.

개혁신학을 기반한 설교에는 인본주의, 율법주의, 기복주의 등이 설 자리가 없다. 개혁신학에 기반한 설교는 본문 중심의 설교일 뿐만 아니라 자연스럽게 하나님을 드러내고 하나님을 높이는 하나님 중심 설교로 귀결될 수밖에 없다.

설교학의 발전 이해

일반적으로 설교학은 크게 두 가지 흐름 - 전통적 설교학과 신설교학 - 으로 구분된다. 이런 단순한 구분의 위험성은 늘 존재하지만,[31] 학문에서의 분류는 여전히 큰 이점을 가진다.

로즈(Lucy Atkinson Rose)는 『하나님 말씀과 대화설교』(Sharing the word: preaching in the roundtable church)에서 지금까지의 설교학이 전통적 설교학(Traditional Homiletics), 케리그마 설교학(Kerygmatic Homiletics) 그리고 변혁적 설교학(Transformational Homiletics)으로 발전해 왔다고 분류했다.[32]

본 장에서 필자는 설교학을 크게 전통적 설교학, 신설교학, 후기 신설교학으로 구분하고 각각의 특징을 살펴보고자 한다.

설교학은 초대교회부터 19, 20세기까지 설교학의 기본적 흐름이었던 전통적 설교학과 전통적 설교학을 비판하며 등장한 신설교학 그리고 새롭게 등장한 신설교학의 한계를 다시 극복하고자 했던 후

---

[31] Eugene Lowry, *The sermon : dancing the edge of mystery* (Nashville: Abingdon Press. 1997), 32.

[32] Rose, 『하나님 말씀과 대화설교』, 17-38. 로즈는 지금까지의 설교학들이 청중에 대한 배려와 관심이 여전히 부족했다고 주장하면서 기존 설교의 대안으로서 "대화적 설교"(conversational preaching)를 제안한다.

기 신설교학으로 구분된다.[33]

1. 전통적 설교학(The Traditional Homiletics)

1) 전통적 설교학의 이해

전통적 설교학의 시작은 어거스틴(Augustine 354-430)까지 거슬러 올라간다.[34] 전통적 설교학은 고대 수사학을 기반으로 발전했다. 수사학의 기본 목적은 청중의 설득이다. 그러므로 수사학을 기반으로 하는 전통적 설교학의 목적 또한 설득에 있다. 청중을 설득하기 위해서 정확한 정보 전달, 논리적 진술 등이 중요해진다. 그래서 전통적 설교학은 언어의 명확성을 중시하며 논리성을 강조한다.

전통적 설교학의 특징은 인지적이고 명제적이라 할 수 있다. 전통적 설교학을 대표할 형식은 특별히 존재하지는 않는다.[35] 일반적으로 전통적 설교학의 형식은 아래와 같다.

첫째, 주제 설교 (topic preaching)
둘째, 3대지 설교(three points preaching)
셋째, 강해 설교(expository preaching)

---

[33] 후기신설교학을 최진봉 교수는 "후기 새로운 설교학" (a Post New Homiletics)이라고 명명하기도 한다. 최진봉, "후기 새로운 설교학의 등장에 관한 연구",「신학과 실천」22 (2010): 186.
[34] Rose,『하나님 말씀과 대화설교』, 40.
[35] Rose,『하나님 말씀과 대화설교』, 51.

넷째, 연역적 설교(deductive preaching)

2) 전통적 설교학의 장단점

전통적 설교학을 기반으로 하는 설교는 어떤 개념 혹은 주제를 설명하는 데는 효과적이다. 인지적이며 명제적 주제가 잘 정리되어 청중에게 전달될 수 있다. 하지만, 전통적 설교학의 약점은 청중에 관한 관심과 배려가 떨어진다는 것이다. 청중은 늘 수동적일 수밖에 없고 설교자에게 권위가 주어진다.

이런 설교자 중심성은 설교를 하나님 말씀으로 받아들인다는 면에서는 장점이 있지만 지나친 설교자 의존적 설교로 청중과 동떨어진 설교가 전해지거나 일방적인 설교 전달로 청중과의 커뮤니케이션 단절을 가져올 수 있다.

또한, 3대지 설교 형식에서는 각 대지마다 연결성이 떨어지는 약점이 있을 수 있다.[36] 하지만, 어떤 개념을 분명히 설명하는 데는 전통적 설교학의 인지적이고 명제적 특징이 도움이 될 수 있다. 전통적 설교는 추출방법(distillation)으로 본문에서 메시지를 얻는 경우가 많은데 이로 인해 설교의 움직임이 사라진다.[37]

특별히 내러티브 본문인 경우, 이야기가 가지는 움직임, 흐름이라는 강점을 제대로 살릴 수 없는 한계가 있다. 이러한 특징은 영상과

---

[36] Lowry, *The sermon : dancing the edge of mystery*, 22.
[37] David Buttrick, *A Captive Voice: The Liberation of Preaching* (Louisville: Westminister/John Knox Press, 1994) 82.; Lowry, *The sermon : dancing the edge of mystery*, 16-17.

이미지에 익숙한 새로운 세대들에게 어필하지 못할 수 있다. 이성적이고 논리성을 강조하는 전통적 설교학은 경험과 감정 그리고 소통을 추구하는 포스트모던 시대에 어울리지 않는 지루한 방식으로 간주되기도 한다. 이러한 이유들로 전통적 설교학은 신설교학자들에 의해서 큰 비판 받게 된다.

2. 신설교학(The New Homiletics)의 이해

신설교학은 전통적 설교학의 한계를 극복하고자 생겨났다. 랜돌프(Randolph)는 신해석학(the New Hermeneutic)의 영향을 고려하여 신설교학(the new homiletic)이라는 용어로 명명하였고,[38] 에슬링거(Eslinger)는 구설교학(the old homiletic)과 반대되는 의미에서 신설교학이라는 용어를 사용했다.[39] 그 시작점은 데이비스(Henry Grady Davis)의 "Design for Preaching"이라고 생각하는 것이 일반적이다.[40]

데이비스는 설교를 나무에 비유하면서 유기적 설교를 주장했다. 전통적인 설교학에서 각 대지가 서로 연결되지 못하는 점을 비판하고 설교 안에서의 통일성을 강조한 것이다. 데이비스의 시작으로 촉발된 새로운 설교학은 크래독(Fred B. Craddock)의 책 『권위 없는 자처

---

[38] David J. Randolph, *The Renewal of Preaching* (Philadelphia: Fortress Press, 1969), 17-25.
[39] Richard L. Eslinger, *A New Hearing: Living Options in Homiletic Method* (Nashville: Abingdon Press, 1987), 11-15.
[40] Charles L. Campbell, *Preaching Jesus : New Directions for Homiletics in Hans Frei's Postliberal Theology* (Grand Rapids: W.B. Eerdmans Pub. 1997), 117.

럼』(*As One Without Authority*)에 의해서 본격적으로 시작된다.

크래독은 권위적이고 일방적인 설교자 중심에서 벗어나 청중을 배려하고 설교에 적극 참여시키는 설교를 강조했다.[41] 그는 설교에 청중이 참여하는 방식으로 "귀납적 설교"(Inductive Preaching)를 주장했다. 그리고 찰스 라이스(Charles Rice)의 *Interpretation and Imagination*을 통해서 서사 설교가 본격적으로 연구된다.[42] 로우리(Eugene Lowry)는 청중에게 경험적 사건을 만들기 위한 방안으로 내러티브 설교(Narrative Preaching)를 제안했다.

청중 참여를 더욱더 강조했던 로즈(Lucy Atkinson Rose)는 설교가 청중에게 일방적으로 선포하는 것이 아니라, 청중들을 하나님의 말씀 주위로 불러 모아 잠정적 해석을 제안하는 방식의 "대화 설교"(Conversational Preaching)를 주장하기도 했다.[43]

전통적 설교학의 권위적이고 지루하며 청중을 제대로 고려하지 않는 문제는 신설교학에 비판을 받아왔다. 신설교학은 영상과 이미지에 익숙해진 청중과 함께 호흡하지 못하는 전통적 설교학의 문제점을 지적했고 효과적이고 청중 친화적인 설교를 하기 위해 노력했다.

그 결과, 설교의 방법론에 많은 관심을 두게 된다. 그래서 신설교학의 영향으로 귀납적 설교, 이야기 설교, 내러티브 설교 등 다양한 설교 방법론들이 제시되었다.

---

[41] Fred B. Craddock, *As One Without Authority* (Missouri: Chalice Press, 2001), 62.
[42] Campbell, *Preaching Jesus*, 118.
[43] Lucy Atkinson Rose, 『하나님 말씀과 대화설교』 *Sharing the Word : Preaching in the Roundtable Church*, 이승진 역 (서울: 기독교문서선교회, 2010), 194.

이렇게 다양한 설교 형식과 청중을 설교의 중요한 주체로 생각하는 점 그리고 효과적인 설교 전달은 신설교학의 장점이라 할 수 있다. 또한, 신설교학은 전통적 설교학에서 강조했던 인식적이고 명제적인 설교로부터 체험적 설교를 강조하는 방향으로 옮겨갔다.[44] 그래서 체험과 경험을 얻게 하기 위해서는 연역적 방식보다는 귀납적 방식이 선호되고 명제적 전달 방식보다는 이야기 혹은 내러티브 설교 방식이 선호된다.

지적인 차원보다는 경험적인 체험을 강조하는 신설교학은 주관주의와 상대주의에 빠질 위험성을 안고 있다.[45] 특히, 귀납적 설교에서 결론을 열어놓고 청중들에게 맡겨 버리는 태도는 장점과 함께 위험성을 동시에 지니고 있다. 지나친 청중 중심은 오히려 설교의 권위를 약화시키거나 심지어 성경의 권위를 흔드는 위험성을 노출했다. 문제-해결이라는 도식은 성경 혹은 설교를 문제 해결을 위한 수단으로 전락시켰다는 비판도 받게 되었다.[46]

또한, 방법론에 집중하다가 오히려 설교의 내용과 성경 해석의 중요성을 약화시켰다는 비판에도 직면했다. 무엇보다도 신설교학은 자유주의 신학을 기반으로 하고 있다. 이는 개혁신학에서는 받아들일 수 없는 면이 많다.[47]

---

[44] Campbell, *Preaching Jesus*, 122.
[45] Campbell, *Preaching Jesus*, 141-145.
[46] Campbell, *Preaching Jesus*, 221-222.
[47] 이 부분은 위의 책 캠벨의 책 『프리칭 예수』(*Preaching Jesus*)에서 잘 다루고 있다. 이 책을 참조하기 바란다.

전통적 설교학와 신설교학의 강조점들을 정리하면 다음과 같다.

전통적 설교학	신설교학
명제적 설교	이야기, 내러티브 강조
연역적 설교	귀납적 설교
청중의 수동적 역할	청중의 능동적 역할 강조
3대지 설교, 주제 설교, 강해 설교	귀납적 설교, 내러티브 설교 등
이성적이고 설득적이고 인지적 특징	말씀의 체험을 강조
정물화적 설교	움직임이 강조됨
공간적 특징 강조	시간적 특징 강조
교훈 추출	이미지 강조, 언어의 중요성 강조

3. 후기 신설교학(A Post-New Homiletics)

후기 설교학은 신설교학의 한계를 지적하면서 새롭게 등장하고 있다. 1997년에 찰스 캠벨(Charles L. Campbell)은 『프리칭 예수』(Preaching Jesus: new directions for homiletics in Hans Frei's postliberal theology)를 쓰면서 신설교학의 문제점들을 지적했다.

캠벨은 신설교학은 오랜 세월 속에서 교회가 예배해 온 예수 그리스도의 정체성을 드러내려고 하기보다는 인간의 실존적 필요를 만족시키려 하는 개인주의적이고 자유주의의 신학적 전제가 깔려 있다고 비판했다.

그리고 설교가 공동체를 세우는데 기여하지 못하고 개인의 문제에만 집중해 있다고 비판했다. 캠벨은 대안으로 탈자유주의적 설교학(postliberal homiletics)을 제안했다. 몇 년 후에 톰프슨(James W.

Thompson)은 『바울처럼 설교하라』(Preaching Like Paul: Homiletical Wisdom for Today)에서 현대 설교 대상은 기독교 문화에 익숙하지 않은 청중이라고 규정한다.

　이런 상황은 바울 시대와 비슷하며 바울에게서 설교법의 해답을 찾아야 한다고 주장했다. 이렇듯 몇몇 학자들이 신설교학을 비판하면서 다양한 주장을 하고 있지만 전통적 설교학, 신설교학처럼 아직 뚜렷한 설교학적 흐름으로 형성되지는 못하는 분위기다.

4. 설교학 발전의 이해를 통한 칼빈 설교 평가

　설교학의 흐름을 아는 것이 왜 중요한가?
　설교학의 흐름을 이해하는 것을 통해 어떤 유익을 얻을 수 있는가?
　학문의 이론은 실제 설교에 영향을 미쳐야 한다. 이론을 통해 자신의 설교를 평가하면서 고민의 지경을 넓혀야 한다. 여기서는 설교학의 이론을 통해서 칼빈의 설교를 살펴보고 평가해 보도록 하자. 이 평가는 깊은 학문적 비평을 위한 것이 아니라, 이론이 이론으로 그치지 않고 실제 설교 혹은 설교자를 돌아보고 발전하는 방향으로 삼으려는 하나의 시도를 보여주기 위함이다.

1) 왜 칼빈인가?

위대한 종교개혁자이자 신학자인 칼빈의 또 다른 이미지는 목회자이다. 그는 제네바에서 목회했던 목사였고 그의 목회 중심에는 설교 사역이 있었다. 우리가 생각하는 것과 달리 칼빈은 자신의 정체성을 신학자보다는 목회자 혹은 설교자로 인식하였다.

그의 위대한 저작 『기독교 강요』가 오랫동안 인기를 얻을 수 있었던 이유도 그의 설교가 여러 나라에 영향력을 미치고 있었기 때문이었다.[48] 그러므로 종교개혁자 칼빈을 이해하기 위해서는 설교자, 목회자로서의 칼빈도 살펴봐야 한다.

칼빈은 현실 목회 현장에서 고군분투했던 목회자이고 그의 목회 사역의 중심에는 설교가 있었다. 그는 제네바에서 거의 매일 설교하며 제네바를 하나님의 도시로 변화시키기 위해 노력했다. 위대한 신학자이면서도 목회자이자 설교자인 칼빈의 설교는 오늘날 설교자들에게 좋은 모델이 된다.

하지만, 완벽한 설교자는 없고 완벽한 설교도 없다. 칼빈의 설교도 마찬가지다. 칼빈의 설교를 모델로 하고 그의 설교를 연구하는 것은 매우 합당하지만, 오늘날의 상황과 환경을 고려하면서 그의 설교를 배워야 한다.

칼빈이 2024년 청중들에게 설교한다면 어떤 평가를 받을까?

그의 설교가 청소년과 청년들에게 환영받을 수 있을까?

---

[48] John Calvin, *Sermons from Job*, 서문강 역, 『욥과 하나님 : 칼빈의 욥기 강해』 (서울: 지평서원, 2000), 9.

칼빈 시대의 청중들에게 효과적인 설교가 오늘날에도 여전히 효과적이라고 단언할 수 없다. 그러므로 칼빈의 목회와 설교를 배울 때에도 균형 있는 평가가 필요하다. "개혁된 교회는 날마다 개혁되어야 한다"(Reformata ecclesia semper reformenda)는 개혁교회의 유산은 오늘에도 유효하며 칼빈 설교에도 적용되어야 한다.

그러므로 여기에서는 칼빈 설교를 현시대 청중들의 관점을 통해 평가하면서 어떻게 칼빈 설교를 계승 발전시킬 것인지 살펴보고자 한다.

칼빈 설교의 내용이나 해석학적 관점 혹은 그의 신학을 평가하는 것이 아니라 설교의 형식 그리고 칼빈이 가지고 있었던 설교에 대한 관점을 중심으로 평가하고자 한다. 이를 위해서 신설교학이라는 설교학의 관점을 사용하고자 한다.

칼빈의 설교는 전통적 설교학의 특징을 보인다. 신설교학은 전통적 설교학의 약점을 비판하고 보완하려 했으므로 신설교학의 관점으로 칼빈의 설교를 분석해 본다면 칼빈 설교의 장단점을 좀 더 쉽게 파악할 수 있을 것이다. 여기서 칼빈의 설교 하나하나를 살펴보는 것은 제한된 분량을 넘어서는 연구다. 그러므로 칼빈 설교의 연구결과를 중심으로 칼빈 설교를 분석하고자 한다.

2) 칼빈 설교의 특징

이현웅은 설교자 칼빈의 특징을 이렇게 설명한다.[49]

첫째, 성경 중심의 설교가
둘째, 성경을 철저히 연구한 성경 해석가
셋째, 지성을 갖춘 교육적 설교가
넷째, 하나님의 말씀을 전하는 설교자의 사명에 충실한 설교자
다섯째, 사회 변혁자로서 설교가

박세환은 칼빈 설교의 특징을 아래와 같이 설명한다.[50]

첫째, 성경적 설교
둘째, 약식 주해(강해)설교
셋째, 연속 설교
넷째, 그리스도 중심적 설교
다섯째, 원고 없는 설교
여섯째, 변증적 설교
일곱째, 복음 전도 중심 설교

49　이현웅,『21세기에 다시 본 존 칼빈의 설교와 예배』(서울: 도서출판 이레서원, 2009), 31-43.
50　박세환,『존 칼빈의 신학사상과 설교』(서울: 도서출판 영문, 2001), 174-184.

그렇다면 칼빈의 설교는 어떤 특징이 있는지 좀 더 자세히 살펴보도록 하자.

(1) 성경에 충실한 설교

칼빈이 위대한 신학자라는 것을 부인할 사람은 아무도 없을 것이다. 그는 천재적 지식을 가지고 로마 가톨릭의 잘못을 지적했고 종교개혁을 이끌었다. 이런 면에서 칼빈만큼 많은 간증과 나누고 싶은 이야기가 많은 사람도 드물 것이다.

하지만, 칼빈은 설교 시간에 개인적인 이야기를 하거나 자신의 지식을 자랑하는 데 시간을 낭비하지 않았다.[51] 진정한 설교는 성경을 온전히 전하는 것이기에 칼빈은 설교에서 오직 성경만을 전하고자 힘썼다.

특히, 그는 원어 성경을 사용하여 본문의 내용을 충분히 설명하고 전했다.[52] 칼빈에게 설교는 성경 말씀을 전하는 시간으로 이해되었다. 하나님의 말씀을 전하는 설교는 하나님의 말씀이며 설교자는 그 말씀을 대언하는 사람이다.[53] 칼빈은 건전한 성경 해석 방법을 통해 단순하고 자연스러운 의미로서의 본문의 참된 의미와 저자의 의도를 바르게 해석하는 데 집중했다.[54] 그는 보통 몇 구절 정도를 본문으로 택해 설교했는데, 이런 본문 선택은 본문을 충분히 설명하기

---

[51] 박태현, "칼빈의 설교 연구: 시편 119편을 중심으로," 「개혁논총」 42 (2017): 185.

[52] Elsie Anne McKee, *John Calvin : writings on pastoral piety*, 이정숙 역, 『칼뱅의 목회 신학』 (서울: 두란노아카데미, 2011), 71.

[53] 이현웅, 『21세기에 다시 본 존 칼빈의 설교와 예배』, 48.

[54] 안명준, 『칼빈의 성경 해석학』 (서울: 기독교문서선교회, 1997), 109.

위함이었다고 볼 수 있다.

> 그가 택한 본문의 길이는 매우 다양했다. 때로는 지나칠 정도로 길었고(신명기에 대한 90회 설교에서는 한 본문에 해당하는 구절이 20절이고, 다니엘에 대한 50회 설교에서는 14절이었다), 때로는 불과 한 구절 뿐이었다. 몇몇 구절이 아주 중요하다고 생각되면 같은 구절을 연속적으로 여러 번 설교하는 경우도 있었다. 예를 들어, 디모데전서 2장 1-6절은 다섯 번, 디모데전서 3장 1-5절은 네 번 설교했다. 그러나 대체로 그가 택한 본문의 평균 길이는 구약 성경은 5절 이하, 신약 성경은 2-3절 정도였다.[55]

이렇듯 칼빈은 성경 중심의 설교를 강조했다. 로마 가톨릭 교회에서 잘못된 전통과 성경을 제대로 다루지 않았던 것을 분명히 바로 세우기 위해 성경 전체를 설교하려 애썼다. 칼빈의 설교는 본문을 강해하는 형식이었지만 단순히 석의와 해설을 하는 것이 아니라, 본문의 실제적 적용도 강조하였다.[56]

(2) 주해-적용식 설교

칼빈의 설교 형식은 본문의 일정 부분을 주해하고 이를 적용한 후 다시 일정 부분을 주해하고 적용하는 형식이었다. 대략 절별로 주해하여 의미를 드러낸 후 이를 청중에게 적용하는 방식이다. 칼빈의

---

[55] T.H.L. Parker, *Oracles of God: an introduction to the reaching of John Calvin*, 황영철 역, 『하나님의 대언자』(서울: 익투스, 2006), 93-94
[56] 이현웅, 『21세기에 다시 본 존 칼빈의 설교와 예배』, 57.

설교는 청중에게만 선포되는 것은 아니다. 칼빈은 설교자 자신도 선포자인 동시에 말씀을 들어야 하는 청중으로 생각했기 때문에 설교할 때 일인칭을 사용했다.[57] 그만큼 칼빈은 말씀을 해석하고 각자에게 적용하는 것을 중요시 생각했다. 그의 설교 방식은 다음과 같이 요약할 수 있다.

1. 기도
2. 이전 설교의 요약
3. 1) 첫 번째 절의 설명과 주해
   2) 이것의 적용, 복종이나 의무에 대한 권면
4. 1) 두 번째 절의 설명과 주해
   2) 이것의 적용, 복종이나 의무에 대한 권면
5. 설교 후 기도, 기도에는 설교의 요약이 담겨 있다[58]

칼빈의 이런 주해-적용이라는 단순한 설교 방식에는 몇 가지 약점이 있을 수 있다. 바로 다양성의 결여와 이로 인해 청중에게는 어렵게 느껴지거나 흥미가 떨어질 위험이 있다.[59]

또한, 주해와 적용이라는 설교 방식이 로마서, 갈라디아서와 같은 논증적인 글이나 서신서와 같은 서간체에서는 적절하지만, 이야기체 본문에는 어울리지 않을 수 있다. 반면, 잘 전해진다면 정확한 성

---

[57] 이은선, "목회자로서의 칼빈," 『칼빈과 한국 교회』(서울: 생명의말씀사, 2009), 132-133.
[58] Parker, 『하나님의 대언자』, 94-95.
[59] Parker, 『하나님의 대언자』, 94-96.

경 본문의 의미가 명쾌하게 전달될 수 있는 장점도 분명히 있다.

(3) 연속 강해 설교

칼빈은 성경의 각 권을 선택하여 연속적으로 강해하는 설교를 하였다. 주일에는 신약 성경을, 평일에는 구약 성경을 연속적으로 설교했다. 이러한 연속 강해 설교 방식은 칼빈의 설교 사역이 마칠 때까지 거의 그대로 유지되었다.[60]

물론, 부활절과 오순절과 같은 중요 절기에는 연속 강해 설교를 잠시 중단하고 절기 설교를 전했다.[61] 칼빈이 제네바를 얼마 동안 떠났다 돌아왔을 때, 그전에 설교하던 본문 다음 부분을 계속 설교했다는 일화는 유명하다.

그는 이렇게 특별한 경우를 제외하고는 성경 본문을 하나하나 충실하게 강해해 나갔다. 이렇게 성경을 연속적으로 충실히 강해한 덕분에 칼빈은 성경 한 부분에 치우치지 않고 균형 있게 설교했다. 칼빈은 오랜 시간 동안 지속적인 강해를 통해 2천 편이 넘는 설교를 남겼다.

이러한 방식은 각 권마다 엄청나게 많은 수의 설교를 낳았다. 예컨대, 신명기 200편, 에스겔서 174편, 사도행전 189편 등이다. 1549년부터 1564년 사이에 칼빈은 다음의 책들을 연달아 설교했다.

시편, 예레미야서, 예레미야애가, 미가서, 스바냐서, 호세아서, 요엘서, 아모스서, 오바댜서, 요나서, 다니엘서, 에스겔서, 데살로니가

---

[60] 이현웅, 『21세기에 다시 본 존 칼빈의 설교와 예배』, 31.
[61] Herman J. Selderhuis, *Calvin-Handbuch*. 김귀탁 역, 『칼빈 핸드북』(서울: 부흥과 개혁사, 2013), 354.

전후서, 디모데전후서, 디도서, 고린도전후서, 욥기, 신명기, 이사야서, 갈라디아서, 에베소서, 공관복음, 사도행전, 창세기, 사사기, 사무엘상하, 열왕기상하.[62]

(4) 간결하고 명쾌한 설교

칼빈의 설교는 화려하지 않았고 간결하고 명쾌했다. 사실 칼빈은 당시 가장 세련된 라틴어 문장을 구사할 수 있었다. 또한, 그의 프랑스어는 다음 세대의 모델이 될 정도로 탁월했다. 하지만, 그는 설교에서 화려한 문장 구사에 큰 관심이 없었다. 화려한 문장이 설교 전달에는 도움이 되지 않았기 때문이다.

> 칼빈의 설교 목표는 하나님의 말씀을 가능한 한 쉽게 이해할 수 있는 방식으로 전달하는 것이었고 이를 위해 대중에게 친숙하면서도 평범한 설교 스타일이 가장 적절하다고 믿었다. 따라서 그는 제네바의 회중들이 사용하는 대중 언어인 프랑스어로 설교했다. 이러한 목회적 관심 때문에 칼빈은 친근한 표현들을 사용하여 개개인에게 말하듯 하는 대화식 스타일을 선호했다.[63]

그의 관심은 오직 말씀을 정확하게 해석해서 전달하는 것이었다.[64] 정확한 해석을 명쾌하게 전달하기 위해서 칼빈은 분명하고 명

---

[62] Dawn DeVries, "칼빈의 설교", ed. Donald K. McKim, *The Cambridge Companion to John Calvin*, 한동수 역, 『칼빈 이해의 길잡이』(서울: 부흥과개혁사, 2012), 190.
[63] 박완철, 『개혁주의 설교의 원리』(수원: 합신대학교출판부, 2007), 56.
[64] Parker, 『하나님의 대언자』, 92.

쾌한 표현을 사용했고 복잡한 수사학적 표현보다는 간결하고 청중들이 알아듣기 쉬운 언어를 구사했다. 또한, 칼빈은 조용하면서 천천히 설교했다. 이런 칼빈의 설교는 청중이 칼빈의 설교를 메모하는 데 도움이 되었다.[65]

종교개혁 당시에 칼빈은 멜랑히톤(Philip S. Melanchthon)의 빈약한 요점적인 짧은 주석과 부처(Martin Bucer)의 방대하고 지나친 학문적인 주석에서 중용의 방법을 선택하여 멜랑히톤의 약점과 부처의 약점을 각각 보완하여 간결하고 용이한 방법론을 사용하였다.[66]

(5) 즉흥 설교

칼빈은 즉흥 설교자로 설교할 때 원고나 노트를 사용하지 않고 오직 성경만 가지고 강단에 올라갔다.[67] 그는 원고 없이도 한 시간 이상 설교하였다. 이것이 가능했던 이유는 성경과 신학에 대한 깊은 지식과 함께 칼빈의 놀라운 기억력 때문이었을 것이다.[68]

또한, 칼빈이 원고를 쓰지 않고 설교할 수밖에 없었던 것은 바쁜 그의 일정 때문으로 생각된다. 그는 주일에 두 번 설교했으며, 주간에는 거의 매일 설교해야만 했다. 게다가 정규적인 신학 강의를 했으며, 목회 사역과 시(市) 정부의 일, 또 수많은 편지를 써야 했다.[69]

칼빈이 원고 없이 즉흥 설교를 한다고 해서 아무런 준비 없이 강단에 올랐다고 생각해서는 안 된다. 칼빈은 설교 준비에 최선을 다

---

[65] 이현웅, 『21세기에 다시 본 존 칼빈의 설교와 예배』, 76-77.
[66] 안명준, 『칼빈의 성경 해석학』, 109.
[67] John Calvin, 『욥과 하나님 : 칼빈의 욥기 강해』, 15.
[68] 이현웅, 『21세기에 다시 본 존 칼빈의 설교와 예배』, 73.
[69] John Calvin, 『욥과 하나님 : 칼빈의 욥기 강해』, 15-16.

했다. 그의 고백을 들어보자.

> 하나님의 복이 일하는 사람들의 손길에 있을 것을 하나님께서 약속하셨습니다. …… 만일 내가 감히 책을 훑어볼 생각도 없이 강단에 오르고, '아 그래, 할 수 없지. 설교할 때 하나님께서 나에게 할 말을 충분히 주실거야' 하는 망상을 하고, 힘써 읽거나 내가 선포해야 할 것을 생각하지 않고 강단에 오르고, 사람들을 교화시키기 위하여 성경을 어떻게 적용해야 할지 신중하게 고려하지 않는다면, 나는 교만하고 건방진 녀석임이 틀림없습니다![70]

칼빈이 이렇게 할 수 있었던 것은 앞에서 살펴봤듯이 그의 천재적 기억력과 신학적 깊이 그리고 끊임없는 연구가 뒷받침되었기 때문이다. 그러므로 단순히 칼빈의 설교를 모델로 삼아 즉흥 설교를 해야 한다든지 원고 없이 설교하는 것이 좋다는 주장은 상황과 맥락을 고려하지 않은 주장일 뿐이다.

칼빈은 원고를 남기지 않았기 때문에 지금 우리에게 전해진 설교는 데니스 라구니에(Denis de Raguenier)를 중심한 '전문 속기사들'에 의해 기록된 것들이다.[71] 그중 약 1천여 편은 유실되고 오늘날까지 1,460편의 설교 원고가 남아 있다.[72]

---

[70] C. R. xxxvi, pp. 473-474. T.H.L. Parker, 『하나님의 대언자』, 92-93 재인용.
[71] "설교 장르에 있어서는 노트에 필기된 설교와 실제로 전해진 설교 간에 심각한 차이가 있었던 것으로 전해진다." Selderhuis, 『칼빈 핸드북』, 355.
[72] 김윤규, "설교자 존 칼빈의 '연속강해 설교'와 그에 따른 '선포적-예언자적 설교'에 관한 연구," 「신학과실천」 38 (2014): 41.

(6) 칼빈 설교에서의 설교자와 청중

칼빈에게 설교자는 기본적으로 하나님의 말씀을 대언하는 말씀의 "사자"로 인식되었다. 칼빈이 강조하는 설교자의 두 가지 직무는 사자와 중보자이다.[73] 설교자는 하나님의 말씀을 연구하여 청중 앞에 서는 중보자다.

그렇다고 칼빈이 설교자의 권위를 불필요하게 높인 것은 아니다. 그는 설교자를 하나님의 대리인으로 보고 하나님은 그 사람을 사용하시는 것으로 생각했다. 하나님은 성령을 통해서 설교자를 세우시고 인간 설교자를 통해 일하신다.

결국, 칼빈은 설교와 성령의 관계는 결코 떨어질 수 없는 것으로 보았다. 설교는 사람을 통해서 이루어진다. 그러나 근본적으로 설교는 인간의 일이 아니라 하나님의 거룩한 사역이다. 그러므로 거기에는 반드시 성령의 역사가 필요하다.[74]

칼빈은 청중을 설교의 동반자로 보지 않는다.[75] 칼빈에게 청중은 설교를 통해서 변화되어야 할 대상이었고 교육의 대상이었다. 그래서 그는 청중이 설교 내용을 잘 이해할 수 있도록 쉽고 명쾌하게 표현하려 노력했다. 하지만, 본문을 잘 설명하는 것으로 좋은 설교가 되는 것은 아니다. 좋은 설교는 그 말씀이 청중들의 삶에 제대로 적용되어야 한다. 그래서 칼빈은 적용에 강조점을 두었다.[76] 청중에 대한 칼빈의 이해는 다음과 같다.

---

73 Selderhuis, 『칼빈 핸드북』, 362.
74 이현웅, 『21세기에 다시 본 존 칼빈의 설교와 예배』, 54.
75 이현웅, 『21세기에 다시 본 존 칼빈의 설교와 예배』, 95.
76 Selderhuis, 『칼빈 핸드북』, 361.

첫째, 회중들은 설교자와 마찬가지로 마음을 잘 준비하여 그날 주어지는 하나님의 말씀을 능동적으로 청취해야 한다. 둘째, 설교를 들을 때 회중들이 가져야 할 자세 중의 하나는 설교를 무비판적으로 듣고 모두 받아들여서는 안 되며, 그 내용이 성경에 부합한 것인지를 살펴야 한다는 것이다. 셋째, 회중은 설교를 통해 들은 하나님의 말씀에 전적으로 순종해야 한다는 것이다. 넷째, 특별히 칼빈의 회중론에서 주의를 기울여야 할 부분 중의 하나는 회중들의 책임에 관한 부분이다. 그는 회중들이 성경에 나온 하나님의 모든 말씀을 듣기보다는 자기들이 듣기 좋아하는 말씀을 들으려고만 해서는 안 된다고 주장한다. 다섯째, 마지막으로 칼빈은 회중이 설교를 들을 때 자신의 지혜나 능력으로 그것을 온전히 이해할 수 없다는 사실을 인정하고 성령의 도우심을 구해야 할 것임을 말하고 있다.[77]

3) 칼빈 설교의 특징을 고려한 평가

그렇다면 칼빈은 설교학적 관점에서 본다면 어떤 설교학에 해당한다고 하겠는가?

칼빈의 설교 특징들을 살펴볼 때 전통적 설교학의 특징을 가진다고 평가할 수 있다. 어거스틴 이후로 신설교학이 나오기 전까지 대부분의 설교는 전통적 설교학의 특징을 가져왔다.

---

[77] 이현웅, 『21세기에 다시 본 존 칼빈의 설교와 예배』, 69-72.

첫째, 기본적으로 시기 면에서 칼빈의 설교는 전통적 설교학의 흐름에 자리잡고 있다. 또한, 칼빈의 설교에서 청중은 중요한 위치를 차지하지 않는다. 다만, 청중은 설교를 잘 듣기 위해서 준비하고 가난한 마음으로 설교를 청취해야 할 의무가 부여될 뿐이다. 청중은 설교의 동역자나 중요한 역할을 하는 주체로 고려되지 않는다. 청중은 설교를 하나님의 말씀으로 듣고 순종해야 한다. 반면, 설교자는 하나님의 대언자로서 권위를 가진다. 칼빈은 설교자를 하나님의 말씀을 대언하는 하나님의 사자 이미지로 이해했다.

둘째, 칼빈의 설교자관과 청중관은 전통적 설교의 가치관을 일맥상통한다고 하겠다. 하지만, 칼빈에게 청중은 단순한 수동적 청자가 아니라, 능동적이며 비판적 청취를 요구받는 청자이다. 또한, 적용의 강조를 통해서 청중의 변화를 기대하고 추구하는 칼빈의 설교 철학은 청중을 무시하거나 권위주의적 태도를 엿볼 수는 없다.

셋째, 칼빈의 설교는 본문을 주해하고 설명하는 방식으로 진행되는데 이는 명제적이고 인지적 특징으로 전통적 설교학의 설교 형태와 궤를 같이한다.

전통적 설교학은 나름의 강점이 있다. 기본적으로 전통적 설교학은 아주 오랜 시간 교회에 영향을 미친 설교 방식이자 철학이다. 그러므로 가장 검증되었다고 할 수 있다. 또한, 명제적이고 논리성, 명료성을 중시하는 전통적 설교학의 특징은 논쟁적인 주제를 설명하거나 논증할 때 큰 효과를 발휘할 수 있다. 이러한 이유로 전통적 설교학은 오랜 시간 설교학의 주요 이론으로 자리하고 있다.

하지만, 시대의 변화, 설교 환경의 변화는 새로운 관점을 요구했고 신설교학이 등장하게 되었다. 신설교학은 전통적 설교학의 한계를 극복하기 위한 노력이었다.[78]

만약, 전통적 설교학을 비판했던 신설교학 학자들의 관점으로 칼빈의 설교를 평가한다면 어떤 점수를 받을 수 있을까?

4) 신설교학의 관점에서 평가하는 칼빈 설교

(1) 전달력 있는 설교인가?

신설교학의 눈에 전통적 설교학의 방법은 전달력이 떨어지는 지루한 설교로 비친다. 이는 설교자 중심의 시각을 버리지 못했기 때문이며, 시대의 변화를 읽어내지 못했기 때문이다. 그러므로 신설교학은 설교자 중심에서 청중 중심으로 이성에서 경험과 체험으로 정적인 설교에서 움직임이 강조되는 설교를 추구했다.

전통적 설교학으로 분류되는 칼빈의 설교도 설교자 중심적이며 지나치게 이성적으로 설명하는 설교 형식을 취하고 있어 자칫 청중들이 지루하게 느낄 수 있다.

물론, 당시 칼빈의 설교는 청중들에게 지루하거나 재미없는 설교가 아니었다. 많은 사람이 칼빈의 설교를 들으려 몰려들었고 칼빈의

---

[78] 이러한 비판이 전통적 설교학의 관점이 모두 잘못되었다는 주장으로 연결되어서는 안 된다. 시대가 변하면서 청중이 변화했고 청중에게 맞는 설교학의 변화가 필요하다는 관점으로 이해되어야 한다. 개혁신학의 관점에서 신설교학이 주장하는 모든 주장을 받아들일 수 있는 것도 아니다. 신설교학의 신학적 문제와 설교학적 문제도 많이 있지만, 그들의 비판의 일부분에 귀를 기울일 필요가 있다는 취지에서 신설교학의 관점을 칼빈 설교에 적용해 본다.

설교를 더 많은 대중에게 전달하기 위해서 속기사들이 자발적으로 칼빈의 설교를 기록하였다. 그 시대에 칼빈의 설교는 대중적 설교였다. 하지만, 칼빈이 오늘날 청중에게 설교한다면 그의 설교는 딱딱하고 메마른 설교라는 평가를 받을지도 모른다.

영상 미디어 환경에 익숙해진 세대들에게는 재미없는 설교가 될 수도 있다. 신설교학은 인지적이고 명제적이며 연역적이고 논리적인 설교는 더이상 청중에게 효과적으로 다가갈 수 없다고 비판했다. 칼빈의 설교는 이런 비판에서 자유로울 수 없을 것이다. 칼빈의 설교를 본받는다면 설교 형식과 전달이라는 측면에서는 다양한 변화가 필요해 보인다.

칼빈의 설교는 "주해-적용"이라는 일정한 형식으로 설교했다. 하지만, 영상 미디어에 익숙한 오늘날 젊은 세대들에게는 설명식 설교 형태가 효과적이지 않을 수도 있다. 그러므로 하나의 형식이 아니라 다양한 설교 방식을 활용한다면 현대 청중에게는 더 효과적일 수 있다. 특별히 성경 본문의 장르를 이해하고 그 장르에 따른 본문 해석과 장르를 인식한 다양한 설교 방식의 활용은 더 좋은 설교를 만들어 낼 것이다.

실제 칼빈은 내러티브로 구성된 본문도 이야기로서 흐름을 살려 접근하기보다는 짧게 본문을 정하고 교훈을 얻는 식으로 본문을 선택하고 설교했다.[79] 이런 칼빈의 설교 방식은 신설교학의 비판

---

[79] 예를 들어, 칼빈은 욥기 설교에서 욥기 1장 1절을 설교하며 욥의 성품을 드러낸다. 또한, 욥의 고난에서도 욥기 1장 20-22절을 설교 본문으로 선택하며 하나님의 고난에 대한 욥의 반응을 설교한다. 이러한 본문 선택과 설교는 욥기 1장의 전체적 흐름과 내러티브가 드러내고자 하는 움직임을 충분히 드러내지 못하는 약점을 드러낸다. Calvin, 『욥과 하나님 : 칼빈의 욥기 강해』, 56-96.

처럼 이야기의 생동감을 제대로 살리지 못하는 방식으로 변화가 필요하다.

(2) 3대지 설교, 추출식 설교인가?

전통적 설교학은 많은 경우 연역적 3대지 설교 방식을 사용한다. 필자는 전통적 설교학의 연역적 설교 방식의 가장 큰 약점이 바로 추출식 대지 설교라고 본다. 특별히 모든 설교에서 3대지를 찾아내고 만드는 방식은 해석학적으로 받아들일 수 없다.

모든 본문에서 3대지를 찾아낸다는 것이 가능한가?

그렇지 않다. 오히려 3개의 대지를 찾아내려는 시도는 본문의 원래 의미를 벗어나거나 왜곡할 위험성이 많다.[80]

그렇다면 칼빈의 설교는 어떤가?

칼빈의 설교가 연역적 설교 형식을 가지고 있지만 3대지 설교를 했다고 볼 수는 없다. 그리고 본문의 전체적인 의미를 확인하지 않고 부분 부분을 발췌해서 대지를 만드는 추출식 대지 설교를 했다고도 볼 수도 없다. 칼빈은 철저하게 성경 중심, 본문 중심 설교를 했기 때문이다. 칼빈의 설교는 내용이나 해석에 대해서는 신설교학적 비판에 해당하지 않는다.

그러므로 철저하게 성경 본문을 중심으로 바르게 해석하고 적용하려는 칼빈의 본문 중심 설교 철학은 계속 지켜지고 발전되어야 한다.

---

[80] 신성욱, "Post-Covid 시대 강단의 변화를 위한 전략 : '귀납적 방향'을 중심으로," 「복음과실천신학」 66 (2023): 52.

(3) 청중을 고려하는 설교인가?

청중을 제대로 고려하지 않고 설교자의 권위를 지나치게 높인다는 신설교학의 비판에 대해서는 어떤가?

앞서 언급했듯이 칼빈은 청중을 설교자의 파트너로, 설교의 중요한 주체로 생각하지는 않는 것 같다. 그는 설교자의 권위를 강조했고 설교자를 하나님의 사자로 인식하고 있다. 그래서 어떤 면에서는 신설교학의 비판에 수용하고 좀 더 청중 중심, 그리고 청중을 배려하는 설교의 모습으로 변화할 필요가 분명히 있어 보인다.

하지만, 그렇다고 칼빈이 청중을 무시하고 설교자의 권위만을 내세우는 권위주의적 모습을 가졌다고 말할 수는 없다. 그는 설교자 자신에게도 말씀이 철저하게 적용되어야 한다고 생각했고, 청중을 올바른 길로 인도하고자 애쓰는 마음으로 설교 사역에 최선을 다했다. 이러한 칼빈의 설교자관은 권위주의가 아니면서 설교의 바른 권위를 세우는 모델로 자리잡을 수 있다.

그리고 칼빈은 청중의 필요보다는 오히려 하나님이 청중에게 원하시는 것에 집중했다. 철저히 말씀 중심으로 설교했던 칼빈에게 청중은 중요 고려 대상은 아니었다. 이런 칼빈의 생각은 오히려 신설교학이 비판받았던 지나친 청중 중심, 문제-해결 방식의 설교 등에 대한 좋은 모델로 제시될 수 있다.

5) 답습이 아니라 발전이 필요하다

칼빈은 500여 년 전 제네바를 중심으로 한 유럽의 한 지역에서 목회하며 종교개혁을 진행했던 목회자였다.

칼빈이 오늘날 청중을 대상으로 설교한다면 청중은 그의 설교를 어떻게 평가할까?

칼빈이 오늘날 청소년들에게 설교한다면 아이들에게 환영받을 수 있을까?

그의 설교를 오늘날의 관점에서 평가하고 재단한다는 것은 가혹한 일인지 모르겠지만, 별다른 생각 없이 무조건 칼빈의 설교를 옹호하고 받아들이는 것은 500여 년의 세월을 가벼이 생각하는 어리석은 태도다.

설교학은 20세기에 이르러 꾸준하게 발전을 거듭하고 있다. 우리는 칼빈에 머무르는 것이 아니라 개혁신학과 설교의 본질을 지켜가면서도 칼빈을 넘어 더 효과적인 설교, 시대에 맞는 설교를 고민해야 한다.

칼빈의 말씀 중심의 설교 전통을 철저히 지켜가면서도 전통적 설교학이 지니는 다양한 단점을 보완하면서 설교하는 것이 필요하다. 우리는 칼빈의 철저한 성경 중심적 설교를 본받아야 한다.

하지만, 청중에 대한 더 깊은 이해와 배려를 통해서 한 걸음 청중에게 다가가는 설교를 할 필요가 있다. 또한, 좀 더 다양한 설교 형식과 방법의 활용을 통해서 현대 청중들에게 효과적으로 전해지는 전달력 있는 설교를 할 필요가 있다.

칼빈에게 설교는 하나님의 교회를 세울 수 있는 핵심 방편이었다. 그리고 설교는 당시 사람들에게 하나님을 전하는 거의 유일한 통로였다. 그러므로 칼빈은 설교 사역에 최선을 다했다. 그는 말년에 건강 악화로 거동이 어려워지자 의자에 앉은 자신을 교회로 옮겨달라고 부탁하여 설교한 적도 있었다.[81]

그만큼 그는 말씀으로 사람들을 하나님의 백성으로 길러내기에 힘썼다. 1564년 2월, '천식으로 말을 할 수 없게 된' 칼빈은 복음서의 조화에 대한 마지막 설교를 했다. 그리고 몇 달 동안 병으로 고생하다가 점점 쇠약해져서 마침내 5월 27일 저녁에 임종했다."[82]

칼빈은 당시 자신에게 주어진 상황에서 최선을 다한 설교자이자 개혁자였다. 그의 길을 따르는 후배들은 칼빈의 발걸음에 무조건적으로 함몰되어서는 안 된다. 그의 사역이 오늘날에는 어떤 의미가 있는지 돌아보고 부족한 점은 보완해야 한다. 이를 위해서 이론이 필요하고 역사가 필요하며 현 상황의 분석이 필요하다.

5. 새로운 고민이 필요하다

한국의 설교는 대부분 전통적 설교학의 지배를 받고 있다. 신설교학이 시작된지 수십 년이 지났지만, 아직 한국 교회는 전통적 설교학에서 벗어나지 못하고 있다. 앞서 살폈던 것처럼 전통적 설교학이

---

[81] DeVries, "칼빈의 설교", 182.
[82] Parker, 『하나님의 대언자』, 54.

무조건 나쁜 것도 아니고 장점이 없는 바도 아니다. 하지만, 여전히 약점도 존재한다. 청중과 소통하지 못하는 약점은 극복이 필요해 보인다. 자칫 지루해질 수 있는 전달 방식의 보완도 필요하다.

신설교학은 청중의 변화를 인식하면서 시작되었다. 문자 세대에서 영상 세대로 청중의 변화를 인식하면서 기존의 방식보다 좀 더 효과적인 전달 방법을 고민하지 않을 수 없었다. 이러한 청중의 변화에 대한 대응으로 새로운 설교학이 출발한 지도 이미 오랜 시간이 지났다.

지금은 어떤가?

스마트폰으로 각종 영상을 개개인이 너무 쉽게 접할 수 있을 뿐만 아니라 그 영상물을 누구나 만들고 공유하는 시대가 되었다. 스마트폰과 SNS를 비롯한 유튜브의 발달은 국경을 넘어 세계 여러 나라 사람과 실시간으로 소통할 수 있는 시대를 열어놓았다. 인공 지능과 메타버스와 같은 가상현실의 발전은 우리가 만나야 하는 청중이 빠르게 변화하고 있음을 보여준다.

이제 신설교학도 지금은 더이상 "신"설교학이 아니라 "구"설교학이 되어버렸다. 새로운 고민이 필요한 시점이다. 하지만, 우리 설교의 방식은 여전히 변화하지 못하고 있다.

물론, 변화가 능사는 아니다. 옛것을 무조건 부정할 필요도 없다. 새로운 것이 늘 옳은 것도 아니다. 신설교학을 옹호하거나 혹은 전통적 설교학은 거부해야 한다는 말도 아니다. 설교학의 발전과 시대의 변화를 인식하고 그에 따른 다양한 고민이 필요하다는 것이다. 전통적 설교학의 강점과 단점 그리고 신설교학의 강점과 단점을 자세히 파악하고 인지한 후, 우리의 설교를 점검하는 것이 필요하다.

변하지 않을 것 같던 전통적 설교학의 위치에 있는 강해 설교도 나름의 변화를 꾀하고 있다. 이 변화는 "본문이 이끄는 설교"(Text-Driven Preaching)로 대표되는 흐름으로 강해 설교의 강점과 단점을 파악하고 강해 설교의 철학을 놓치지 않으면서도 다양한 방법론을 적용하며 발전하고 있다. 변화하지 않으면 도태된다.

성경만 잘 전하면 된다는 너무나 옳지만, 무책임한 구호를 외치며 머물러 있어서는 안 된다. 설교가 무엇인지, 어떻게 설교하는 것이 하나님의 말씀을 제대로 전하는 길인지 고민해야 한다. 새로운 세대를 책임져야 하는 말씀 사역자들에게 더 많은 고민이 요구된다. 청중이 급격하게 변하고 있기 때문이다. 그러므로 공부가 필요하다. 각 설교학의 고민과 그에 따른 해결책을 살펴봐야 한다. 맹종이 아니라 가치를 공감하고 공유하며 신학적 고민 속에서 방법론을 찾아야 한다.

하나님 중심 설교

1. 설교란 무엇인가?

지금까지 설교가 무엇인지 알기 위해서 설교의 구성 요소를 통해 살펴봤다.

1) 예배

설교가 강의나 성경 공부와 다른 점은 예배 안에서 이뤄지는 행위라는 점이다. 그러므로 설교를 이해하기 위해서는 설교의 컨텍스트로서의 예배를 이해하는 것이 중요하다.

설교는 예배의 한 요소이다. 설교는 예배 안에서 독립될 수 없다. 이것이 사실이라면, 설교는 전체 예배의 방향, 목적과 조화를 이뤄야 한다. 예배의 목적이 하나님을 영광을 돌리는 것이라면 설교의 방향과 목적 그리고 다뤄지는 내용도 당연히 예배의 목적인 하나님께 맞춰져야 한다. 결국, 설교의 목적과 방향성은 하나님을 찬양하고 하나님께 영광 돌리는 것이어야 한다. 설교는 인간 중심적인 사고에서 벗어나 하나님 중심적이 되어야 한다.

2) 하나님

설교의 주인공은 인간이 아니라 하나님이다. 설교가 설교 되게 하는 것은 하나님의 은혜이며 그분의 주권에 달려있다. 설교는 다른 것이 아니라 하나님을 드러내야 하며 설교의 주인공인 하나님께 집중해야 한다. 설교의 근원이 되는 성경 본문은 하나님의 이야기며 하나님 자신을 계시하는 것이다. 그러므로 본문을 전달하는 설교는 하나님 중심성을 벗어나서는 안 된다.

그렇다면 설교에서 하나님을 어떻게 드러낼 것인가?

그 답은 본문 자체를 잘 해석하는 것이다. 본문이 제대로 해석되면 하나님이 그 본문을 통해서 전하고자 하는 의도와 메시지가 전달되는 것이기 때문이다.

반대로 율법주의 해석, 도덕주의 해석과 같이 잘못된 본문 해석은 오히려 설교에서 하나님을 제거한다. 그러므로 잘못된 해석을 날마다 경계해야 한다. 잘못된 해석뿐만 아니라 설교자도 설교에서 하나님의 자리를 차지할 수 있다. 설교자는 설교에서 가장 잘 드러나는 요소이기에 하나님이 자리를 차지하지 않도록 늘 조심해야 한다.

설교를 통해서 드러내야 할 분도 하나님이시며 설교가 온전히 설교 되며 하나님의 말씀이 되게 하시는 분도 하나님이시다. 이런 의미에서 설교는 늘 하나님 중심적이어야 한다.

3) 설교자

설교자는 설교에 큰 영향을 주는 중요한 요소다. 그러므로 설교자는 좋은 설교자가 되기 위해 힘써야 한다. 설교자는 본문을 바르게 해석할 수 있도록 언어와 신학적 지식을 연마해야 한다. 또한, 효과적 설교 전달을 위해 논리적 사고를 할 수 있는 훈련도 필요하다.

그리고 설교가 영향력 있는 되기 위해서는 설교자의 인격과 삶이 중요하다. 수사학에서도 화자의 로고스나 파토스보다 에토스가 설득의 가장 중요한 요소로 지적된다. 그 누구도 준비된 설교자라고 스스로 자신할 수 없다. 그러므로 설교자는 자신의 부족하고 연약함을 깨닫고 언제나 부단히 노력해야 한다. 또한, 설교자는 자신을 통해 일하실 하나님을 인식하며 절대적으로 의지해야 한다.

이렇게 설교는 설교자에게 영향을 받는 것도 분명하지만, 설교자의 어떠함과 관계없이 설교는 설교로서의 위치를 가진다. 설교는 설교자의 어떠함보다 하나님과 성경 본문의 영향을 받기 때문이다. 인간은 모두 죄인이다. 설교자의 인격과 준비의 정도는 하나님 앞에서 초라한 잣대가 된다. 이러한 사실은 지나치게 설교자에 집중하거나 의지하는 것을 방지하고 설교에서 하나님의 은혜만을 기대하게 한다.

4) 청중

청중은 누구인지 이해하는 것은 중요하다. 설교의 대상인 청중은 신자이다. 설교는 신자들에게 전해지는 하나님의 말씀이다. 이 점을 인지한다면 불신자를 고려한다는 명분으로 지나치게 설교의 수준을 낮추거나 엉뚱한 세상 이야기로 설교 시간을 채우는 잘못을 줄일 수 있게 된다.

설교에서 청중은 수동적인 역할을 강요받아 왔다. 하지만, 청중은 설교에서 적극적으로 활동해야 하며 설교자와 함께 설교를 만들어 가는 역할을 해야 한다. 청중은 무지하고 설교자는 청중을 가르칠 충분한 자격이 있다는 생각은 달라져야 한다. 교회의 여러 문제는 오히려 설교자들의 무지와 타락에서 기인했다고 봐도 틀리지 않는다. 그러므로 설교자들은 청중들을 깨우고 청중이 설교에서 적극적 역할을 할 수 있도록 도와야 한다.

신자인 청중이 기대하는 것은 설교를 통해서 하나님을 만나는 것이며 사랑하는 하나님의 뜻을 깨닫는 것이다. 청중이 설교에서 기대하는 것은 세상에서 맛볼 수 있는 재미나 감동이 아니라 하나님 말씀을 깨닫는 것이다. 말씀으로 채워질 때 청중의 필요는 채워진다. 하나님의 말씀이 설교에서 충분하고 바르게 해석될 때 청중은 그 설교를 좋은 설교, 바른 설교라고 인정할 것이다. 그러므로 설교는 하나님을 전하기 위해 애써야 한다.

5) 본문

본문은 설교의 근간을 세우는 핵심이지만 언제나 왜곡될 위험에 직면해 있다. 잘못된 해석, 하나님이 제거된 해석, 도덕주의적 해석 등이 본문을 위협하고 있다. 본문을 바르게 해석하기 위해 해석자가 벗어야 할 안경은 기복주의와 번영신학, 신비주의, 물질주의, 실용주의, 율법주의 등이다. 그리고 구속사적 관점, 언약신학적 관점, 개혁주의적 관점, 하나님 중심적 관점 등 바른 신학적 해석의 기틀을 가지고 본문으로 들어가야 한다. 또한, 바른 본문 해석을 위해 기본이라 할 수 있는 문법적, 역사적, 신학적 해석 원리를 충실히 따라야 한다.

성경은 인간의 책이면서 하나님의 책이다. 지나치게 성경을 하나님의 책으로 강조하면 제대로 된 해석을 하지 못할 때가 있다. 성경은 인간의 언어로 쓰인 문서이기에 바르게 해석하기 위해서는 철저하게 문학적이고 일반적인 해석방식을 충분히 사용해야 한다. 충실한 본문 해석을 통해 드러난 다중적이고 다차원적인 의미를 해석자는 설교에 녹여 효과적으로 전달해야 한다.

설교를 구성하는 중요한 5가지 요소를 통해 설교의 방향과 목적 그리고 내용은 궁극적으로 하나님 중심으로 이뤄져야 한다는 사실을 확인할 수 있다. 예배를 통해서, 설교의 주인 되신 하나님을 통해서, 본문이 무엇인지를 통해서, 누구에게 설교해야 하는지를 통해서, 설교자는 누구인지를 통해서 설교의 방향과 목적 그리고 내용은 하나님 중심적이어야 한다. 이것은 개혁신학의 원리와도 맞닿아 있으며 이 시대에 추구해야 할 설교의 핵심 방향성이다.

2. 하나님 중심 설교

설교는 하나님이 중심이 되며, 하나님이 드러나며, 하나님에 의해서 진행되어야 한다. 그래서 필자는 "**하나님 중심 설교**"를 제안한다.

1) 하나님 중심 설교는 설교에서 하나님이 중심되는 설교다

간단하게 말하자면, 하나님 중심적 설교는 '설교의 모든 부분에 하나님이 중심이 되는 설교'다. 이런 생각은 설교에 대한 이해에서부터 출발한다.

설교가 무엇인가?

설교는 무엇을 하는 행위인가?

설교는 하나님의 말씀을 하나님의 부르심을 받은 설교자가 하나님의 백성들에게 전하는 것이다. 그리고 이 과정에 하나님이 역사하신다. 다시 말해, 설교는 하나님의 행위다. 겉으로 보기에는 하나님이 간섭이 보이지 않는다. 그래서 많은 경우 머릿속의 하나님으로, 개념 안의 하나님으로 전락할 때가 많다.

하지만, 하나님은 설교의 시작과 끝 그리고 중심이 되신다. 그러므로 하나님 중심 설교는 너무 당연한 말이다. 물론, 많은 경우 이 당연한 일이 무시되기도 하고 생략되기도 한다. 그러므로 설교에서 하나님 중심성은 반드시 회복되어야 할 주제다.

설교에서의 하나님이 중심되어야 한다는 말은 상식에 가깝다. 하지만, 그 상식은 실제 설교 현장에서 거부되는 경우가 허다하다. 많은 경우 하나님의 자리를 인간이 차지하게 된다. 이 싸움은 태초부터 시작되었다. 하나님은 온 세상을 창조하셨다. 하나님은 창조를 통해서 자신의 영광을 드러내셨고 인간은 그 영광의 최고 반사체로 선택되었다.

하지만, 인간은 반사체가 되기를 거부하고 발광체가 되려 했다. 스스로 선악을 판단할 수 있다고 믿었고 하나님께 순종하기를 거부했다. 이것이 죄의 근본이다. 하나님을 거부하고 하나님의 자리를 차지하려는 인간의 욕망이 아담과 하와부터 우리에게 내려오고 있다.

설교에서도 마찬가지다. 하나님이 중심되지 않는 설교에서 하나님의 자리는 인간이 차지하게 되어 있다.

인간이 중심되는 설교도 있다는 말인가?

안타깝게도 그렇다. 사실 누구도 설교에서 하나님이 중심되어야 한다는 사실을 부정하지는 않을 것이다. 하지만, 막연한 개념으로는 실제 설교 사역에서는 이제 올바른 방향을 제대로 구현해 내지 못할 수가 있다. 그래서 "하나님 중심 설교"의 개념이 필요하고 이를 위한 연구와 논의가 절실해진다.

2) 하나님 중심 설교는 설교자가 아니라 하나님이 중심되는 설교다

설교에서 하나님은 쉽게 인식되지 않는다. 하나님이 없어도 설교를 이뤄질 수 있는 것처럼 보이기까지 한다. 보이지 않는 하나님, 쉽게 인식되지 않는 하나님의 속성은 하나님 중심 설교를 어렵게 만든다.

인간은 정보를 얻는 수단으로 대부분 눈에 의존한다. 눈으로 얻는 정보는 사실이 되고 확신으로 자리를 잡는다. 하지만, 눈이 언제나 옳은 것은 아니다. 설교학자 대부분이 설교의 요소로 하나님, 설교자, 청중, 본문을 제시한다. 그런데 설교에서 가장 "눈에 띄는" 요소는 설교자다.

설교자는 설교가 시작되는 시간부터 끝날 때까지 말한다. 설교자 외에는 아무런 소리가 들리지 않는다. 교회의 모든 시스템은 설교자의 음성과 모습을 명확하게 전달하기 위해서 애쓴다. 설교자의 음성 외에 다른 소리는 제거돼야 할 소음으로 치부된다.

설교자는 말하고 청중은 듣는다. 그래서 스포트라이트 대부분을 설교자가 받게 된다. 청중은 하나님을 보는 것이 아니라 설교자를 본다. 청중은 하나님의 말씀을 듣지만, 실제 들리는 음성은 설교자의 것이다. 하나님의 말씀인 성경도 설교자의 해석을 통해서 접한다.

특히나 좋은 설교 후에 설교자는 더욱더 빛나고 청중은 설교자에 주목하게 된다. 설교는 설교자에 따라 달라진다. 같은 신학 교육을 받고 똑같은 성경을 사용하지만, 설교자에 따라 설교의 내용과 전달력은 천차만별이다. 이런 상황은 설교에서 설교자를 더 주목하게 만드는 요인이다. 좋은 설교자, 훌륭한 설교자일수록 이런 위험에 더 많이 노출될 수 있다.

물론, 훌륭한 설교자는 결코 하나님 자리에 앉으려고 하지 않는다. 그럼에도 불구하고 위험이 상존한다는 사실 또한 부정할 수 없다. 청중은 좋은 설교에 설교자를 칭찬한다. 하지만, 조심해야 한다. 설교자는 하나님의 대리인, 말씀의 통로에 불과하다. 물론, 우리가 말씀을 전하는 자들을 더 많이 존경하고 존중해야 한다.

> 잘 다스리는 장로들은 배나 존경할 자로 알되 말씀과 가르침에 수고하는 이들에게는 더욱 그리할 것이니라(딤전 5:17).

그렇다고 설교자가 주인공이 되어서는 안 된다. 설교자의 주된 사명은 자신을 드러내는 것이 아니라 하나님을 드러내는 것이다. 설교자는 하나님이 사용하시는 도구일 뿐이다. 그러므로 설교자는 하나님과 청중 사이, 본문과 청중 사이에서 올바른 중계자 역할을 충실히 해야 한다. 설교자가 설교에서 하나님을 온전히 드러내지 못하면 설교는 설교자 중심적으로 변질할 수 있다. 하나님 중심 설교와는 거리가 먼 인간 중심, 설교자 중심 설교가 되고 만다.

설교자는 광야의 외치는 소리와 같이 그리스도를 드러내고 사라져야 한다. 설교자의 기쁨은 주인공을 드러내고 그 주인공 때문에 기뻐하는 신랑의 친구와 같아야 한다. 하나님은 드러나고 설교자는 사라져야 한다.

> 신부를 취하는 자는 신랑이나 서서 신랑의 음성을 듣는 친구가 크게 기뻐하나니 나는 이러한 기쁨으로 충만하였노라 그는 흥하여야 하겠고 나는 쇠하여야 하리라 하니라(요 3:29-30).

3) 하나님 중심 설교는 청중이 아니라 하나님이 중심되는 설교다

설교에서 설교자 이상으로 설교의 중심 자리를 차지할 수 있는 부분이 청중이다. 청중은 설교자의 핵심 파트너다. 설교자는 언제나 청중을 인식하고 고려해야 한다. 청중 없는 설교는 있을 수 없다.

청중이 알아듣지 못하는 설교, 청중에게 도달하지 못하는 설교는 무의미하다. 그러므로 설교자는 청중을 고려하고 배려하고 분석해야 한다. 하지만, 설교가 '지나치게' 청중에게 매여서는 안 된다. 설교가 지나치게 청중 중심으로 흐를 때 설교는 하나님 중심 설교에서 청중 중심 설교로 변질할 수밖에 없다.

설교자는 청중을 인식해야 한다. 그들의 상황과 고민 그리고 필요에 민감해야 한다. 하지만, 무엇보다 먼저 들어야 하는 것은 청중의 목소리가 아니라 본문을 통해서 전해지는 하나님의 음성이다. 하나님의 음성을 먼저 듣지 않고 청중의 목소리에 집중하면 하나님의 음성은 청중의 필요에 따라 조정될 수 있는 위험에 처한다.

지나치게 청중의 눈치를 보거나 지나치게 청중의 요구에 맞춰서 뭔가를 하려고 한다면 설교자는 하나님의 음성을 놓칠 수 있다. 설교자는 청중의 필요를 따라 본문으로 나아가는 것이 아니다. 청중이 설교의 중심에 오면 말씀이 가감되고 왜곡될 수 있다. 그러므로 설교는 청중이 아니라 하나님이 중심되어야 한다.

4) 하나님 중심 설교는 본문이 중심되는 설교이다

설교자도 청중도 설교의 중심이 아니다. 설교의 중심은 하나님이시다.

그렇다면 하나님이 설교에서 중심이 된다는 것은 어떤 의미인가?

설교에서 하나님은 어떻게 중심이 될 수 있는가?

설교에서 하나님께 영광을 돌린다는 말만으로 하나님 중심성이 세워지는 것은 아니다.

그러면 하나님 중심 설교는 어떻게 진행되어야 하는가?

핵심은 본문에 있다. 하나님이 중심되는 설교를 위해 우리의 관심은 본문으로 향해야 한다. 성경 본문은 하나님의 자기 계시이기 때문이다. 하나님은 본문을 통해서 하나님의 백성들에게 말씀하신다.

성경은 완성된 최종 계시로 삼위 하나님을 보여주는 유일한 통로다. 설교자는 본문을 통해서 하나님을 드러내고 그분의 뜻을 청중에게 전달한다. 그러므로 하나님 중심 설교는 말씀에 집중하게 된다.

하나님 중심적 설교는 본문이 중심되는 설교다. 설교는 성경에서 나와야 한다. 설교는 성경적 이야기, 기독교적 이야기를 하는 것이 아니라 설교를 위해 정한 "그 본문"의 이야기를 해야 한다. 설교자가 본문에서 이탈하면 설교는 설교자의 이야기, 세상의 이야기, 어떤 사람의 이야기로 변질할 수밖에 없다. 설교는 하나님의 말씀이 되려면 설교가 본문에 충실해야 한다.

설교는 설교자의 생각이 아니라 본문의 이야기를 전하는 것이다. 설교자가 본문의 이야기에 귀 기울이지 않는다면 설교는 엉뚱한 이야기로 가득찰 것이다. 설교자는 해석자가 되어 수천 년 전 다른 언어와 문화를 배경으로 쓰인 하나님의 이야기를 오늘 청중이 알아들을 수 있도록 해석해야 한다. 해석자로서의 설교자의 역할이 경시될 때 설교는 그 능력을 상실한다. 설교의 능력은 본문으로부터 나오기 때문이다.

5) 하나님 중심 설교는 인본주의, 실용주의, 물질주의, 기복주의, 율법주의 등을 배격하는 설교다

하나님 중심 설교는 하나님이 중심이 되고 본문이 중심되는 설교이기에 인본주의, 실용주의, 물질주의, 기복주의, 율법주의와 같은 세상적 관점이 철저하게 거부한다.

신본주의(Theocentricism)와 인본주의(Anthropocentrism)는 인류 역사의 핵심을 차지하는 두 축이다. 하나님은 신본주의를 요구하시지만, 인간은 하나님의 뜻을 따르지 않고 인본주의로 살고자 했다. 이 두 사상의 싸움은 우리 인생 깊숙이 자리잡은 근원적 싸움이다.

하나님을 우리 삶의 왕으로 모실 것인가?

내가 내 삶의 주인으로 살아갈 것인가?

성경은 그리스도를 "주"로 모시고 살아가는 새로운 피조물이 될 것을 도전한다. 하나님의 백성은 이 거룩한 부르심에 응답해야 한다.

> 그러므로 너희가 그리스도 예수를 주로 받았으니 그 안에서 행하되(골 2:6).

> 내가 그리스도와 함께 십자가에 못 박혔나니 그런즉 이제는 내가 사는 것이 아니요 오직 내 안에 그리스도께서 사시는 것이라 이제 내가 육체 가운데 사는 것은 나를 사랑하사 나를 위하여 자기 자신을 버리신 하나님의 아들을 믿는 믿음 안에서 사는 것이라(갈 2:20).

인본주의는 물질주의와 기복주의와 연결된다. 삶의 주인이 자신이 되고 자신이 이 땅에서 행복할 방법으로 물질적 부를 추구하기 때문이다. 물질적 부를 얻기 위해서 하나님은 부를 얻는 수단으로 전락하게 된다. 하나님, 교회, 말씀 등 다양한 기독교적 개념이 사용되지만, 핵심은 세상에서의 성공에 있고 그 성공을 위해서 하나님의 능력이 필요할 뿐이다. 내가 내 삶의 주인이기에 하나님은 램프의 요정처럼 인식된다.

내가 원하는 것을 얻기 위해 하나님을 감동하게 하려는 다양한 방법이 동원되기도 한다. 헌신과 봉사, 헌금도 하나님을 감동하게 하려는 수단이 된다. 무언가를 열심히 해서 분량을 채우고 그 반대급부를 얻어내려는 노력은 율법주의의 특징이기도 하다.

실용주의도 문제다. 원하는 결과를 가져오는 모든 방법은 선으로 둔갑한다. 과정에 관한 질문은 생략되고 결과만이 주목된다. 하나님의 뜻은 결과로만 평가되고 물질적 성공만이 하나님의 복으로 인식된다. 많아지는 것, 높아지는 것, 풍요와 번성만이 하나님의 뜻과 복으로 인식되는 실용주의는 하나님의 주권을 인정하지 않는다.

인본주의에서 비롯되는 물질주의, 기복주의, 율법주의, 실용주의는 모두 하나님의 뜻과는 거리가 있다. 이런 잘못된 관점들은 왜곡된 성경 해석을 낳는다. 본문의 원뜻은 사라지고 세상에서의 성공과 부와 명예가 복의 자리를 대체한다. 이는 하나님의 뜻이 설교에서 왜곡되고 사라지는 것을 의미한다.

결국, 하나님은 사라지고 세상의 거짓된 사상이 설교에서 가득차게 된다. 하나님 중심 설교는 이를 반대한다. 하나님 중심 설교는 세상의 잘못된 사상을 거부하고 하나님의 뜻을 추구한다.

> 하나님 아는 것을 대적하여 높아진 것을 다 무너뜨리고 모든 생각을 사로잡아 그리스도에게 복종하게 하니(고후 10:5).

6) 하나님 중심 설교는 개혁신학을 추구하는 설교이다

하나님 중심 설교는 하나님의 영광에 초점을 두는 개혁신학과 궤를 같이한다. 바꿔 말하면, 개혁신학을 추구하는 모든 사람은 하나님 중심 설교를 추구해야 한다. 신학은 단순한 구호가 아니다. 신학은 삶으로 실천되어야 하며 교회에 적용되어야 한다.

하나님만 높이고 하나님께만 영광을 돌리는 것에 초점을 두는 개혁신학적 설교는 당연히 하나님 중심 설교로 수렴되어야 한다. 개혁신학 안에서 설교의 방법과 모양은 다양할 수 있지만, 근원은 하나님 중심적이어야 한다.

7) 하나님 중심 설교는 성령 하나님의 역사를 추구하는 설교다

하나님 중심 설교는 성령의 역사를 추구하는 설교다. 설교자가 본문을 깨닫는 것은 성령의 역사이다. 또한, 설교자가 설교할 때 청중이 그 말씀을 듣고 깨닫게 되는 것도 성령의 역사다. 들은 말씀이 청중의 삶에서 열매 맺는 것도 성령의 역사로 가능해진다. 그러므로 설교자와 청중은 설교 가운데 성령의 역사를 간절히 추구하고 소망해야 한다.

겉으로 보기에 설교는 철저히 인간의 노력 여하에 따라 달라지는 듯하다. 설교자가 열심히 설교를 준비해야 하고 효과적으로 전달하기 위해서 다양한 방법을 고민해야 한다. 청중도 설교를 잘 듣기 위해서 집중하고 경청하는 자세를 가져야 한다. 하지만, 설교는 인간의 작업으로 끝나서는 안 된다.

설교는 성령의 작업이다. 성령의 역사가 없는 설교는 공허한 외침에 불과하다. 설교에서 성령 하나님의 일하심이 드러날 때 설교는 설교가 된다. 그러므로 하나님 중심 설교를 성령 하나님의 일하심을 추구하고 소망한다. 이것이 설교가 공허한 인간의 외침이 되지 않기 위한 핵심이다.

에필로그

1. 함께했던 고민들

우리는 지금까지 설교의 5요소를 통해서 설교가 하나님 중심성을 가져야 함을 살펴봤다. 하나님 중심성을 가지는 예배의 한 요소로서 설교는 예배의 방향과 일치된 목적을 가져야 한다. 예배의 목적이 하나님께 영광을 돌리며 하나님을 찬양하고 하나님이 하신 일을 드러내는 것이라면 설교의 목적도 이와 같아야 한다.

설교의 일차적인 관심은 하나님이어야 한다. 하지만, 많은 경우, 설교에서 하나님이 제거되고 있다. 하나님보다 인간이 주목받고 관심의 대상이 된다. 하나님은 설교를 설교 되게 하시는 분이다. 그분을 의지하고 그분을 드러내고 그분을 설교할 때 설교에서 하나님의 능력이 온전히 드러나게 될 것이다. 설교에서 설교자는 겉으로는 가장 주목받고 영향력 있는 요소로 인식된다.

설교자가 설교를 만들고 그 내용을 전하기 때문이다. 어떤 면에서 설교자가 설교를 시작해서 설교자가 설교를 마친다. 그러므로 설교자는 하나님의 말씀을 온전히 전하기 위해서 잘 준비되어야 한다. 또한, 늘 겸손하게 자신이 아니라 설교에서 하나님을 드러내는 데 힘써야 한다. 청중은 신자다. 불신자는 설교의 일차적 대상이 아니다. 성도가 들어야 할 말씀은 세상의 잡다한 이야기가 아니라 하나님이며 하나님의 말씀인 성경 본문이다. 청중은 설교에서 은혜를 사모한다.

설교에서 은혜라는 것은 하나님의 말씀이 잘 풀어져 해석되는 것이다. 그러므로 은혜로운 설교는 하나님의 말씀이 제대로 해석되어 청중에게 전달되는 설교다. 성경은 하나님의 말씀이며 하나님이 주인공인 이야기이므로 청중은 본문이 잘 드러나는, 본문 속에서 하나님이 드러나는 설교를 통해서 은혜를 받게 된다. 설교에서 청중은 수동적 자세가 아니라 적극적인 역할을 감당해야 한다.

설교에서 전달되는 말씀이 본문에 충실한지, 하나님을 잘 드러내는지 고민하고 비평할 수 있어야 한다. 본문은 해석자를 통해서 해석되어야 한다. 하지만, 본문은 잘못된 해석, 하나님이 제거된 해석, 도덕주의적 해석 등으로 왜곡될 위험에 직면해 있다. 그러므로 성실한 해석자는 본문의 원 의미를 충실하게 해석하여 청중들에게 전달해야 한다. 본문은 다중적이고 다차원적인 의미가 있으므로 다각도의 관점에서 충실히 해석할 필요가 있다.

본문을 바르게 해석하기 위해서 제거해야 할 선입관은 기복주의와 번영신학, 신비주의, 물질주의, 실용주의, 율법주의 등이다. 그리고 문법적, 역사적, 신학적, 성경적 원리를 따라 본문을 해석해야 한다. 특별히 개혁신학을 기반으로 하는 필자는 개혁신학적 핵심 원리를 기반으로 본문을 해석할 것을 제안했다. 개혁신학은 하나님 중심적 신학이라고 말해도 과언이 아니다. 그러므로 성경 해석도 하나님 중심적으로 이뤄져야 한다.

2. 계속되어야 할 고민들

좋은 설교를 위한 완벽한 정답은 없다. 각자가 하나님을 위한 열정과 하나님의 말씀을 전하고자 하는 열망으로 하나님 앞에 그리고 청중 앞에 서는 것이다. 하지만, 열정과 열망만으로는 충분하지 않다. 많은 고민과 여러 상황과 질문 앞에서 대답할 수 있는 신학적 지식의 준비가 필요하다. 설교가 건전하고 바른길을 가기 위한 더 좋고 더 올바른 방향은 분명 존재한다고 생각한다.

지금 가고 있는 길이 그리고 가려는 길이, 바른 방향에 서 있는지 고민하기를 바란다. 그 고민에 지금까지 논의가 도움이 될 수 있기를 바란다. 말씀 속에서 하나님을 발견하고 그 하나님으로 인해 감격하고 그 감격으로 인해 말씀을 전하고 싶은 마음이 솟아난다면 바른길을 가고 있는 것이다. 그리고 전해준 그 말씀으로 인해 다른 사람이 함께 말씀의 감격을 누릴 수 있다면 그 길은 의미 있고 행복한 길이 될 것이다.

참고 문헌

Buttrick, David. *A Captive Voice: The Liberation of Preaching*. Louisville: Westminister/John Knox Press, 1994.

Calvin, John. *Sermons from Job*. 서문강 역.『욥과 하나님 : 칼빈의 욥기 강해』. 서울: 지평서원, 2000.

Campbell, Charles L. *Preaching Jesus : New Directions for Homiletics in Hans Frei's Postliberal Theology*. Grand Rapids: W.B. Eerdmans, 1997.

Cilliers, Johan H. *The living Voice of the Gospel: Revisiting the basic principles of preaching*. 이승진 역.『설교 심포니, 살아 있는 복음의 음성』서울: 기독교문서선교회, 2014.

Craddock, Fred B. *As One Without Authority*. Missouri: Chalice Press, 2001.

Craddock, Fred B. *Preaching*. 김영일 역.『설교-열린 체계로서의 귀납적 설교방식』서울: 컨콜디아사, 1997.

DeVries, Dawn. "칼빈의 설교". ed. McKim, Donald K. *The Cambridge Companion to John Calvin*, 한동수 역.『칼빈 이해의 길잡이』. 서울: 부흥과개혁사, 2012: 181-208.

Eslinger, Richard L. *A New Hearing: Living Options in Homiletic Method*. Nashville: Abingdon Press, 1987.

Kapic, Kelly M. & Lugt, Wesley Vander. *Pocket Dictionary of the Reformed Tradition*. 송동민 역.『개혁신학 용어 사전』. 경기도: 도서출판 100, 2018.

Lee, Seungwoo. "The Relationship between Preaching and Worship : A Practical-Theological Enquiry." M.Th. Diss, Stellenbosch University, 2014.

Long, Thomas G. *The Witness of Preaching*. 서병채 역.『설교자는 증인이다』. 서울: 기독교문서선교회, 1998.

Lowry, Eugene. *The sermon : dancing the edge of mystery*. Nashville: Abingdon Press, 1997.

McKee, Elsie Anne. *John Calvin : writings on pastoral piety*. 이정숙 역.『칼뱅의 목회 신학』. 서울: 두란노아카데미, 2011.

Parker, T.H.L. *Oracles of God: an introduction to the reaching of John Calvin*. 황영철 역.『하나님의 대언자』. 서울: 익투스, 2006.

Poythress, Vern S. *God-Centered Biblical Interpretation*. 최승락 역.『하나님 중심의 성경해석학』. 경기도: 이레서원, 2018.

Randolph, David J. *The Renewal of Preaching*. Philadelphia: Fortress Press, 1969.

Rose, Lucy Atkinson. *Sharing the Word: Preaching in the Roundtable Church*. 이승진 역.『하나님 말씀과 대화 설교』. 서울: 기독교문서선교회, 2010.

Selderhuis, Herman J. *Calvin-Handbuch*. 김귀탁 역.『칼빈 핸드북』. 서울: 부흥과개혁사, 2013.

김윤규. "설교자 존 칼빈의 '연속강해 설교' 와 그에 따른 '선포적-예언자적 설교' 에 관한 연구."「신학과 실천」38 (2014): 33-59.

김창훈. "설교자는 누구인가?."「총신대 논총」24 (2004): 283-295.

박세환.『존 칼빈의 신학 사상과 설교』. 서울: 도서출판 영문, 2001.

박완철.『개혁주의 설교의 원리』. 수원: 합신대학교출판부, 2007.

박태현. "칼빈의 설교 연구: 시편 119편을 중심으로."「개혁논총」42 (2017): 159-200.

신성욱. "Post-Covid 시대 강단의 변화를 위한 전략 : '귀납적 방향' 을 중심으로."「복음과 실천신학」66 (2023): 37-78.

안명준.『칼빈의 성경해석학』. 서울: 기독교문서선교회, 1997.

이승우. "설교 사역에서 지나친 설교자의 인격 강조의 위험성에 관한 연구."「개혁논총」48 (2018): 105-127.

이승우. "설교에서의 청중참여를 위한 실천적 제언."「신학 논단」97 (2919): 155-185.

이은선. "목회자로서의 칼빈".『칼빈과 한국교회』. 서울: 생명의말씀사, 2009: 109-167.

이현웅. 『21세기에 다시 본 존 칼빈의 설교와 예배』. 서울: 도서출판이레서원, 2009.

최진봉. "후기 새로운 설교학의 등장에 관한 연구". 「신학과 실천」 22 (2010): 175-208.